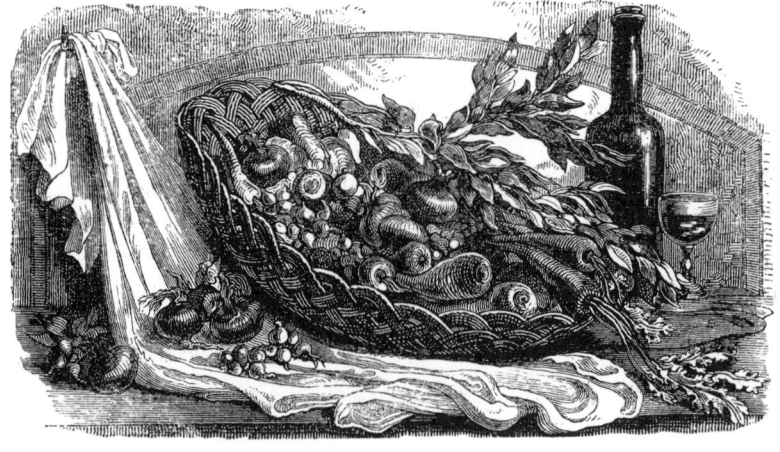

WOLF UECKER

Das Püree in der Kniekehle der Geliebten

Kulinarische Vorlieben
berühmter Leute

DROEMER KNAUR

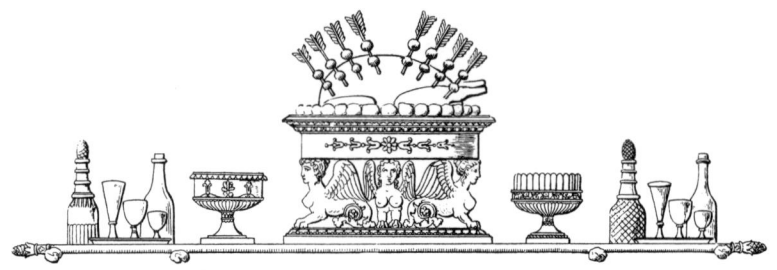

CIP-Titelaufnahme der Deutschen Bibliothek

Uecker, Wolf : Das Püree in der Kniekehle der Geliebten : Kulinarische Vorlieben berühmter Leute / Wolf Uecker. – München : Droemer Knaur, 1989
ISBN 3-426-26423-4

© Droemersche Verlagsanstalt Th. Knaur Nachf., München 1989
Das Werk einschließlich aller seiner Teile ist urheberrechtlich geschützt. Jede Verwertung außerhalb der engen Grenzen des Urheberrechtsgesetzes ist ohne Zustimmung des Verlages unzulässig und strafbar. Das gilt insbesondere für Vervielfältigungen, Übersetzungen, Mikroverfilmungen und die Einspeicherung und Verarbeitung in elektronischen Systemen.
Einbandgestaltung: Atelier ZERO, München
Satz: Ludwig Auer, Donauwörth
Druck und Bindearbeiten: May & Co., Darmstadt
Printed in Germany   5 4 3 2 1
ISBN 3-426-26423-4

Inhaltsverzeichnis

Die Niederungen des Kreativen — 9

John Montagu, Vierter Earl of Sandwich (1718–1792):
Die Klapp-Stulle des Falschspielers — 13

Marquise de Pompadour (1721–1764):
Bett und Tisch: Insignien der Macht — 19

Jeanne Du Barry (1743–1793):
Karriere zum Schafott — 29

Benjamin Graf von Rumford (1753–1814):
Der Graf, der den Eintopf erfand — 37

Horatio, Viscount of Nelson (1758–1805):
Ein Toast dem Admiral — 45

François René Vicomte de Chateaubriand (1768–1848):
Liebe, Luxus und Literatur — 53

Giacomo Meyerbeer (1791–1864):
Theaterdonner und Lammnieren — 59

Gioacchino Rossini (1792–1868):
Partituren für den Herd — 67

75	*Heinrich Heine (1797–1856):* Der Mensch ist, was er ißt
85	*Honoré de Balzac (1799–1850):* Die geniale Gefräßigkeit
93	*Alexandre Dumas (1802–1870):* Besessen vom Schreiben, vom Essen und vom Kochen
103	*Carl Spitzweg (1808–1885):* »Armer Poet« mit feiner Zunge
109	*Giuseppe Verdi (1813–1901):* Steinbutt Aida oder die Macht des Schicksals
117	*Claude Monet (1840–1926):* Das Frühstück im Freien und andere Freuden
123	*Henri Marie Raymond de Toulouse-Lautrec-Montfa (1864–1901):* Der Wille zur totalen Lust
131	*Frank Wedekind (1864–1918):* Pfeffer aus Pandoras Büchse
139	*Marcel Proust (1871–1922):* Denkmal der Vergänglichkeit
147	*Enrico Caruso (1873–1921):* Die große Arie vom fröhlichen Hunger
153	*Ernst Rowohlt (1887–1960):* Die Kraft und die Herrlichkeit
161	*Ernest Hemingway (1899–1961):* Der alte Mann und der Herd

Alfred Hitchcock (1899–1980): Seezunge, mit Spannung geladen	171
Humphrey Bogart (1899–1957) *Ingrid Bergman (1915–1982):* Das Duett am Herd	181
John Steinbeck (1902–1968): Der Truthahn und die Schornsteinfeger	189
Georges Simenon (geb. 1903): Maigret am Rande der Autobahn	197
Salvador Dali (1904–1989): Das Püree in der Kniekehle der Geliebten	205
Peter Ustinov (geb. 1921): Das geliebte Ich	213
Grace Kelly (1929–1982): Die kühle Artischocke	219
Elizabeth Taylor (geb. 1932): Wechselbad aus Ehe und Gewicht	227
Sophia Loren (geb. 1934): Köchin mit erotischem Flair	237
Bibliographie	246
Bildnachweis	249
Register	250

*Anfang und Wurzel alles Guten
ist die Freude des Magens;
selbst Weisheit und alles,
was noch über sie hinausgeht,
steht in Beziehung zu ihr.*

                      Epikur

Die Niederungen des Kreativen

Gerichte zu erfinden, sie makellos zuzubereiten, Getränke zu komponieren, deren Unverwechselbarkeit und Wohlgeschmack süchtig machen, Eßvorlieben zu haben, deren Erfüllung Augenblicke höchsten Glücksgefühles auslöst – das ist nach gültigen Maßstäben die geringere, die profane Seite der Kreativität. Diese Form sinnlicher Erfahrung ist allen musischen Menschen zugänglich, aber: In welch überirdische Höhen führt uns dagegen das Genie. Das Meisterwerk bildender Kunst. Die Macht der Musik. Die Flügel der Poesie. Die Ideen großer Denker. Die Liebe einer Frau. Die Inkarnationen des Schauspielers.
Stimmt das so?
Gäbe es solche Ambivalenz der Kreativität – wie erklärte sich dann Henri de Toulouse-Lautrec als Kochbuchautor, wie Rossini, der das Notenpapier gegen die Küchenschürze eintauschte, und wie Marcel Proust, dem ein simpler Teekuchen, die Madeleine, symbolistischer Fetisch war? Was trieb den Denker und Staatsmann Rumford an, eine Suppe zu erfinden, und den genialen Strategen Nelson, einen Toast zu kreieren?
Gewiß, auch so, mit Werkzeugen wie Topf und Pfanne, mit Messer und Gabel, Glas oder Zunge läßt sich der Name für die Nachwelt bewahren. Nur – bei all denen, die in Historie und Kunstgeschichte, Literatur, Musik, Theater und Film diesen Gipfel bereits auf anderem Wege erreicht haben – Ruhm übers Leben hinaus kann ihr Motiv nicht gewesen sein.

Für die Tatsache, daß so viele prominente Figuren in drei Jahrhunderten sich neben ihren Werken, neben ihrer überragenden gesellschaftlichen Stellung erfolgreich mit gastrosophischen Fragen beschäftigten, gibt es nur die eine Erklärung: Es war für sie ein unverzichtbarer Teil ihrer Verwirklichung. Sie alle müssen besessen von jener Leidenschaft gewesen sein, die aus den Versen des schönen deutschen Gedichtes über das Essen spricht.

Carl Zuckmayer hat 1924 dies Bekenntnis zu überschäumender Sinnenfreude und Lebenslust abgelegt:

Das Essen

Ein Mensch beim Essen ist ein gut Gesicht,
Wenn er nichts denkt und nur die Kiefer mahlen,
Die Zähne malmen und die Blicke strahlen
Von einem sonderbaren Urweltlicht.

Vorspeisen sind wie Segel über Buchten,
Schlank und zum Hafen schnellend in erregter Fahrt,
Indes die schweren Fleischgerichte wuchten
Gewaltig über Wiesen von Gemüsen zart.

Welch ein entzücktes Spiel: zu hohen Festen
Erlesner Bissen Liebreiz zu erflehn,
Und welche Lust: sich mächtig vollzumästen,
Satt und mit Saft gefüllt vom Hals bis zu den Zeh'n.

Fischfleisch ist weiß und heilig oder rosen,
Und manchmal rauchgebeizt und lauchgewürzt.
Auch kleine Fische gibt's in blanken Dosen,
Die man wie Schnäpse jach hinunterstürzt.

Wildbret: Du Perle Cumberlands, von edler Fäule,
Und nackter Horden rohgebratner Fraß!
Wohl dem, der Schneehuhn oder Renntierkeule
(Gespickt, mit Sahne) hoch im Norden aß.

Beefsteak tatare ist fast so stark an Gnade
Wie ein am Grill gebratnes Lendenstück,
Und viele Götter leben im Salate,
Saftrot und samenkerngeschwellt das Weib Tomate,
Und grünes Kraut im Frühling ist ein kühles Glück.

Wenn du Kartoffeln oder Spargel ißt,
Schmeckst du den Sand der Felder und den Wurzelsegen,
Des Himmels Hitze und den großen Regen,
Die kühlen Wässer und den warmen Mist.

Laßt mich hier schweigen vom Besoffensein,
Vom tiefsten, tödlichsten Hinübergleiten,
Vom hellsten, wachsten Indiewindereiten,
Die Welt ist groß und unser Wort ist klein.

Laßt mich hier schweigen von dem Blutgericht
Geheimster Liebe in verrauschten Zeiten –
Laßt mich nur essen, dankbar und bescheiden –
Ein Mensch beim Essen ist ein gut Gesicht.

*John Montagu,
Vierter Earl of Sandwich*

Die Klapp-Stulle des Falschspielers

Es ist kein Zufall, daß Rezepte keinen Urheberschutz genießen. Sie haben fast alle zu viele Väter. Und Variationen sind nun mal keine originären Erfindungen. Selbst die erfolgreichste aller Kochbuch-Autorinnen, Henriette Davidis, die es in hundert Jahren auf Buchauflagen von über 4 Millionen Exemplaren brachte, mußte mit dieser bitteren Erkenntnis leben: Sie hielt sich für die Erfinderin der Bratkartoffeln. Kaum hatte sie das hingeschrieben, wiesen Konkurrentinnen und Köche ihr nach, daß man Bratkartoffeln schon lange vor ihrer Geburt gekannt hat. C'est la vie!

Die Geschichte der Küche kennt nur eine hieb- und stichfeste Ausnahme dieser Einschränkung – den SANDWICH. Der Mann, der ihn erfand, war weder Küchenmeister noch Kochbuchautor. Heute würden wir ihn einen Schwerkriminellen nennen, und auch damals – im 18. Jahrhundert – hat ihn nur sein Adelsstand vor dem Galgen gerettet.

Der Hochwohlgeborene John Montagu, Vierter Graf von Sandwich und Erster Lord der Admiralität der Flotte Seiner britischen Majestät, hat kaum eine Untat ausgelassen: Er war ein Meister der Korruption, ein Ehebrecher von ungewöhnlicher Phantasie, ein meineidiger Verräter, ein Falschspieler und Blutschänder.

Selbst die britische Geschichtsschreibung, sonst nicht gerade pin-

John Montagu, Vierter Earl of Sandwich (1718–1792). Gemälde von John Zoffany.

gelig im Verschweigen von Missetaten ihrer Helden, nennt außer seinem Geburts- und Todesjahr nur noch seine Stellung als Chef der Admiralität. Kein Wort mehr.

Wegen seines kurzes Gastspieles als Postmaster general (Postminister) im Jahre 1768, eine Stellung, aus der er wegen eines unerklärlichen Defizites in der Postkasse rasch wieder entfernt wurde, hätten ihn die Chronisten nicht so geringschätzig behandelt. Aber Ruf und Kampfkraft der englischen Flotte durch maßlose Bestechung, Erpressung und Nepotismus in elf Jahren total zu ruinieren ist ein unverzeihliches Sakrileg.

Die riesigen Summen, die er sich auf diese unehrenhafte Weise verschaffte, verlor er umgehend beim Glücksspiel, und zwar so gründlich, daß er schließlich durch Falschspielertricks am Kartentisch auffiel, angezeigt, verhaftet und sofort wieder freigelassen wurde.

Auch mit seiner Frau ging er nicht gerade nobel um. Als sie älter wurde, setzte er es durch, daß seine Geliebte als Dauergast ins eheliche Schlafzimmer einzog. In Gegenwart seiner Gattin zeugte er dort im Laufe von fünf Jahren vier uneheliche Kinder – erst zwei Töchter, dann zwei Söhne. Kaum waren die Mädchen pubertätsreif, dehnte der Earl of Sandwich sein Sexualleben auf »Kükenfleisch«, wie er es nannte, aus. Das war selbst Lady Montagu zuviel. Sie entledigte sich der Nebenbuhlerin durch Mord. Ob sie es selbst tat oder durch einen gedungenen Mörder erledigen ließ, ist bis heute ungeklärt.

Als diese Vorgänge an die Öffentlichkeit durchsickerten, schien der Graf trotz aller Protektion verloren. Aber er meisterte auch diese Gefahr, indem er seinen engsten Freund dieses Mordes bezichtigte. Vor Gericht gestellt und durch bezahlte Zeugen »überführt«, wurde der Unschuldige zum Tode verurteilt und gehenkt.

Die Nacht vom 6. August 1762 verbrachte der Lord wie so viele andere in einem Spielclub in London. Bekannt dafür, daß er am Spieltisch bis zu 24 Stunden aushalten konnte, gab es diesmal einen besonderen Grund, das Spiel trotz beißenden Hungers nicht zu unterbrechen: Seine Lordschaft hatten eine Glückssträhne. Gegen drei Uhr morgens orderte er zwei Scheiben Roastbeef, dünn mit Mayonnaise und Meerrettich bestrichen, eingebettet in

zwei Scheiben Weißbrot und in mundgerechte Dreiecke geschnitten. Das Spiel konnte weitergehen.
Auch seinen Kumpanen gefiel diese praktische Art von Zocker-Verpflegung. Sie, die im Verlust waren, wollten das Spiel ebensowenig unterbrechen und bestellten auch für sich »so ein Brot wie Sandwich«.
Damit war jener Name geboren, mit dem man seit über 300 Jahren in jeder Sprache der Welt ein zwei- oder dreistöckiges belegtes Brot bestellt.
Schon bald servierte der Koch des Spielclubs die Sandwiches nicht nur mit Roastbeef, sondern variierte den Belag mit Kresse, Hühnerbrust, Pökelzunge, Lachs, Sardellen, Thunfisch, Käse und Caviar. Dieser Koch, dessen Name verschollen ist, hat auch das Rezept für Sandwich-Spread als Brotaufstrich entwickelt. Heute kann man Spread, der aus gehackten, gekochten Gemüsen, Gurken und Oliven, Kräutern und rotem Paprika, Ei, Öl, Essig, Zucker und Salz besteht, als Fertigprodukt in Tuben oder Gläsern kaufen.
Vorsichtig geschätzt werden jährlich bei Empfängen und Partys, zum englischen High-Tea, zur Verpflegung von Flugpassagieren, in Lunchpaketen, an Kiosken, in Schnellgaststätten und bei anderen Gelegenheiten weltweit 5 Milliarden Sandwiches verzehrt.
Seit den Zeiten des Lord of Sandwich sind die Grundregeln für die Bereitung eines SANDWICHES die gleichen gelieben:

SANDWICH

Die Brotscheiben, einerlei ob schwarz, grau oder weiß, werden fast immer von einem Kastenbrot geschnitten und entrindet.
Beide Scheiben werden sehr dünn mit Butter bestrichen, ehe sie belegt werden.
Der Belag ist so zurechtzuschneiden, daß er, auch ohne Messer und Gabel, kein Hindernis beim Abbeißen aus der Hand ist.
Es hängt vom Sandwich-Rezept ab, ob die Scheiben geröstet werden oder das Brot im Naturzustand bleibt. Ein Sandwich wird immer in der Diagonale in zwei Dreiecke geschnitten.

Der Klassiker in der Gastronomie ist der CLUB-SANDWICH. Er ist ein »Dreistöcker« und muß handwarm serviert werden.
Drei entrindete Weißbrotscheiben werden in Butter angeröstet.
Scheibe 1 wird mit dünngeschnittenem Hühnerfleisch belegt und mit Streifen von in Mayonnaise gebundenem Kopfsalat abgedeckt. Darauf kommt ein Scheibchen angebratener roher Schinken; die Scheibe 2 wird aufgelegt, derselbe Vorgang wiederholt und mit Scheibe 3 abgeschlossen. Die dreieckig geschnittenen Stücke werden auf warmem Teller serviert.

Häufig liest man auf Speisekarten die Bezeichnung RESTAURANT-SANDWICH. Wenn er vorschriftsmäßig gemacht wird, besteht er aus grauem oder weißem Brot und ist übereinander belegt mit dünnen Scheiben von Schinken, gebratenem kaltem Rinderfilet, Sardellen und Pökelzunge.

Den SANDWICH LUCULLUS bestreicht man nur mit getrüffelter Gänseleber-Creme, die mit etwas weicher Butter verrührt und mit Madeira aromatisiert wurde.

Der englischen Küche läßt sich nicht gerade viel Gutes nachsagen. Aber in zwei Dingen sind die Briten Weltmeister. Im Roastbeef-Braten und im Sandwich-Zubereiten.

In Amerika, wo kulinarisch so manches erlaubt ist, wird einem häufig ein Sandwich mit Erdnußbutter, kombiniert mit Gemüse und Mayonnaise serviert. Ich bin sicher, daß selbst der abgebrühte Lord Sandwich sich bei dieser Ungeheuerlichkeit im Grabe umdrehen würde.

Besser ist da schon der in den USA beliebte Sandwich als Personenkult.

Shirley MacLaine wird zum Beispiel mit einem Sandwich, der mit einer verführerischen Mischung aus Stör und Räucherlachs belegt ist, geehrt.

Eine wirklich bemerkenswerte US-Komposition ist der SANDWICH DIANA ROSS. Ebenso dunkel und exzentrisch wie die schöne Sängerin selbst.

SANDWICH DIANA ROSS

Zwei Scheiben dunkles Sirupbrot oder Pumpernickel, ein Eßlöffel cremiger Käse (wie Philadelphia) und ein Teelöffel Johannisbeergelee bilden die streichfähige Grundlage. Die untere Scheibe mit der Käsecreme dünn bestreichen und darauf das Johannisbeergelee verteilen. Belegt wird mit dünnen Scheiben geräucherter Zunge, darauf kleingehackte Mixed Pickles und sehr dünne Scheiben von Cornichons. Auch die abschließende Scheibe Brot wird mit der Käsecreme, jedoch ohne Gelee, bestrichen.

Eine große englische und eine dänische Variante dieser Form der kalten Küche darf in der Geschichte der gräflichen Klapp-Stulle nicht verschwiegen werden. Schon deshalb nicht, weil man sie nachmachen sollte:

Der CHICKEN-DELUXE-SANDWICH ist eine auch für Feinschmecker ernstzunehmende moderne britische Weiterentwicklung des alten Klassikers. Dieser Sandwich eignet sich zusammen mit einer kühlen Flasche weißen Burgunders als Mahlzeit für zwei Personen.

CHICKEN-DELUXE-SANDWICH

Um die Brotscheiben in die richtige Größe zu kriegen, wird ein mittleres Kastenweißbrot der Länge nach in zwei daumendicke und zwei weitere, etwas dünnere Scheiben geschnitten und entrindet. Schon vorher sollten ca. 20 Spargelspitzen – frisch oder aus dem Glas – gar sein. Sie werden mit Salatdressing, das mit Kräutern und Knoblauch und etwas Zitronensaft veredelt wurde, übergossen und müssen im Kühlschrank kalt werden.
Als Aufstrichmasse wird eine Senfbutter zubereitet, die man aus einer Vierteltasse weicher Butter, zwei Spritzern Worcestershire-Sauce, einer Prise Salz und zwei Eßlöffeln mittel-

scharfem Senf zusammenrührt. Die Senfbutter wird zunächst auf die langen, dickeren Scheiben des entrindeten Weißbrotes gestrichen. Auf diese Unterlage kommen je vier in Streifen geschnittene Scheiben gekochter Schinken, ebenso feingeschnittenes weißes Hühnerfleisch, darauf dünne Scheiben von Radieschen, je vier halbe Scheiben rohe Salatgurke und ein dünn geschnittenes hartes Ei. Auf diese Unterlage werden zum Abschluß die Spargelspitzen aufgelegt. Mit den etwas dünner geschnittenen Weißbrotscheiben – auch sie mit Senfbutter bestrichen – endet das Kunstwerk, das in Dreiecke geschnitten wird.

Die Nordländer sind durch ihre Smørrebrød-Kultur, die natürlich auch auf dem Sandwich gründet, positiv vorbelastet.
In Dänemark habe ich einen Sandwich kennengelernt, der für mich das Nonplusultra aller Feinschmeckerei darstellt. Diese Gourmandise führt den Namen SANDWICH PATARD.

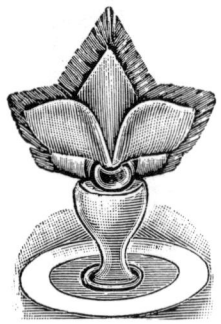

SANDWICH PATARD

Zwei entrindete Weißbrotscheiben (oder mehr) werden nur von der Außenseite getoastet und nicht bestrichen. In heißem Gänseschmalz werden kleine, in Scheiben geschnittene Steinpilze mit einer Prise Safran und einer feingehackten Knoblauchzehe kurz angeröstet und mit je einem Eßlöffel gewürfelter gekochter Schinkenscheiben und ebenso geschnittenen enthäuteten und entkernten Tomaten vermischt. Zugedeckt einige Minuten dünsten lassen. Zum Schluß mit eingekochtem Kalbsjus beträufeln und dick auf die ungeröstete Seite der Brotscheibe geben. Bevor der Deckel draufkommt, wird der Belag mit wenig feingehacktem frischem Salbei bestreut. Wenn es je einen Sandwich gab, der sich als extravagante Vorspeise empfiehlt – dieser ist es.

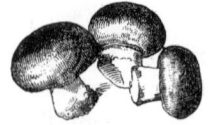

Marquise de Pompadour

Bett und Tisch: Insignien der Macht

»Die Liebe eines Mannes wird im Bett gewonnen und bei Tisch erhalten. Auch ein König ist ein Mann.«
In dieser Erkenntnis, die sie erst gegen Ende ihres Lebens so formulierte, bestand das Erfolgsgeheimnis von Jeanne-Antoinette, die als Tochter des Stallmeisters Poisson 1721 in Paris zur Welt kam. Das Mädchen genoß eine gutbürgerliche Erziehung und wurde mit zwanzig dem Unterfinanzpächter Le Normant d'Etioles vermählt, nachdem sie schon seit ihrem 16. Lebensjahr die Geliebte des Herrn de Tourneau gewesen war. Der hatte, entzückt von der kindlichen Schönheit seiner Geliebten, viel in ihre Ausbildung investiert. In Tanz, Musik und Gesang ließ er sie ausbilden, sorgte dafür, daß sie Italienisch lernte, um kleine Romanzen und Arien in der Originalfassung vortragen zu können, und lehrte sie, höfisches Betragen mit steter Liebenswürdigkeit zu verbinden. So sorgte er, wenn auch ungewollt, dafür, daß sie ihre Ehe mit d'Etioles nur als Sprungbrett zum Minnedienst bei Hofe verstand. Die Natur hatte sie für ihr hochgestecktes Ziel, »un morceau de roi« – ein zum König gehörendes Stück – zu werden, mit allem ausgestattet. Sie war von überdurchschnittlicher Größe – schlank, geschmeidig, elegant. Ihr Gesicht – ein regelmäßiges Oval. Schönes Haar, das eher hell-kastanienbraun als blond war, große

Jeanne Antoinette Poisson, Marquise de Pompadour (1721–1764). Gemälde von François Boucher.

Augen mit sanft geschwungenen Brauen. Die Nase fein geschnitten, der Mund sinnlich-reizend, die Zähne sehr schön und ihr Lächeln bezaubernd. Der besondere Reiz ihrer Augen lag in der Unbestimmtheit der Farbe: Sie hatten weder den lebhaften Glanz schwarzer noch das Schmachten blauer Augen. Ihre graugrüne Färbung schien sie für jede Art von Verführung zu prädestinieren und verlieh allen Regungen ihrer lebhaften Seele Ausdruck. In ihren Zügen gab es keine Disharmonie. Eine vollkommene Büste krönte ihre Figur, und ihre makellose Haut war von jener zarten Blässe, von der sie einmal selbst sagte, daß dies die Farbe der Zärtlichkeit und der Wollust gleichermaßen sei.

François Boucher, der sie 1759 zum wiederholten Male porträtierte, vermittelt in diesem bestechenden Bild alle Attribute ihrer mädchenhaften Schönheit – obwohl sie sich zu dieser Zeit schon den Fünfzigern näherte.

Gerade 23jährig, hatte sie Ludwig XV. auf einem Ball in Paris kennengelernt und sich von ihm zur Marquise de Pompadour erhöhen lassen, schon führte sie ihn an ihrer kleinen Hand zielstrebig in eine neue Welt ein.

Bis dahin war das Leben dieses vorletzten Bourbonenkönigs eher von Phlegma bestimmt. Seine ganze Leidenschaft erschöpfte sich in der Jagd, und sein Hang zu flüchtigen Zerstreuungen half ihm aus der Öde und Langeweile, die auch von ihm ausging, nicht heraus. Eben diesen König riß die so sanftmütig erscheinende Geliebte aus seiner Lethargie und zog ihn mit in eine endlose Kette von Festen und Vergnügungen.

Sie erschloß ihm die Welt der Künste – in der Liebe, in der Malerei, in der Küche, in der Literatur. Selbst die Gründung eines Theaters, des »Théâtre des Petits Cabinets«, diente ihrem Vergnügungsprogramm für Ludwig XV. Der bis dahin eher knauserige König stellte große Beträge zur Verfügung, damit für einen intimen Kreis der Hofgesellschaft Theaterstücke, Opern und Ballette aufgeführt werden konnten.

Im 18. Jahrhundert stand sich eine Maitresse nicht schlecht. Sowohl was ihren Einfluß als auch ihr Ansehen betraf. Daß bei einem so ambitionierten Leben auch das eine oder andere noble Geschenk anfiel, verstand sich von selbst. So hatte auch Ludwig,

Die Marquise wird von van Loo gemalt.
Lithographie von Lasalle.

kaum daß die Pompadour ihm unentbehrlich war, sich nicht lumpen lassen und Madame, außer einigen entzückenden Domizilen, das ganze Dorf Sèvres geschenkt. Es spricht für die Marquise, daß sie dieses Geschenk nicht als private Spielwiese nutzte, sondern mit großer Energie dort alsbald eine blühende Porzellan-Manufaktur aufzog, die nicht nur das verhaßte Meißen in den Schatten stellen sollte, sondern auch vielen Künstlern und Handwerkern Lohn und Brot gab.
Die wundervollen Farbtöne Rose Pompadour, Bleu du Roi und das berühmte Apfelgrün wurden hier erfunden.

In Versailles fand von da an jedes Jahr in den königlichen Gemächern eine Art Flohmarkt statt, bei dem die Erzeugnisse der Manufaktur an die Höflinge verkauft wurden. Bisweilen hielt der König selbst die Ware feil und verlangte für eine Milchkanne und eine Zuckerschale achtundzwanzig Louisdor. Damals ein wahrhaft stolzer Preis.

Großbürgerliche Reminiszenzen an das Elternhaus in Paris nahmen jetzt fürstliche Ausmaße an: Die Küche der Pompadour wurde schnell legendär. Selbst den König begeisterte sie für die Kochkunst. Das ging so weit, daß der Monarch – zunächst nur, um ihr zu gefallen – sich von seinem Leibkoch Montier Kochunterricht erteilen ließ und als Folge davon jedes Buch las, das sich mit der Kochkunst beschäftigte.

Als in Paris die Nachricht von der Niederlage der Armee bei Roßbach eintraf, sagte er: »Das muß man dem Marquis de Brandenbourg schon lassen – er kann sich schlagen. Aber ich wette, daß er keine so schönen Sahnetörtchen zustande bringt wie ich.«

Die Pompadour, die den Preußenkönig zutiefst haßte, kommentierte den gleichen Anlaß mit dem Ausspruch: »Nach uns die Sintflut.«

Friedrich der Große hatte die ferne Maitresse vor allem durch Spottverse gekränkt, wobei er offensichtlich ihren Einfluß auf die französische Politik unterschätzte. Sie sah jedenfalls den Siebenjährigen Krieg so sehr als ihre ureigenste Angelegenheit an, daß sie einmal dem Marschall d'Estrées einen Operationsplan schickte, auf dem die Stellungen der französischen Truppen durch Schönheitspflästerchen markiert waren, die sie eigenhändig aufgeklebt hatte.

Wie erfolgreich die Pompadour ihren König beeinflußt hat, zeigt folgende Geschichte:

Bei einem Besuch in den Gemächern der Marquise traf Ludwig ihren neuen Küchenchef. Der hatte den König noch nie gesehen und hielt ihn für einen Kollegen, weil er mit ihm zu fachsimpeln begann. Nach einer Weile erkundigte sich der Pompadour-Koch bei ihm, wie hoch denn sein Gehalt sei. Der König war auf dieses Mißverständnis ungeheuer stolz, betrachtete es als Kompliment von Koch zu Koch und erzählte die Geschichte immer wieder, wenn er die Spitzen der Hofgesellschaft zu einem von ihm selbst gekochten Essen ins Trianon-Schlößchen einlud, das er für die Pompadour im Park von Versailles gebaut hatte.

Weniger erbaut von seinen Kochkünsten waren allerdings die Gäste der Soupers. Vom Kardinal Richelieu ist bekannt, daß er sich beklagte, die verbrannten Omelettes des Königs essen und sie obendrein auch noch loben zu müssen. Wenn Madame dagegen die Regie über die Tafel übernahm, war das Essen ein reines Vergnügen.

Nicht minder bewundernswert war ihre Fähigkeit, sich Freunde zu schaffen, die ihren Einfluß auf die französische Politik akzeptierten. Die Karriere des Herzogs von Choiseul zeigt, auf welche Höhe ein Mann steigen konnte, der sich die Pompadour zur Verbündeten machte.

Der Herzog verschaffte sich in der Zeit, als eine seiner Cousinen danach strebte, die Geliebte des Königs zu werden und die Marquise aus ihrer Stellung zu verdrängen, einige Briefe des Königs an diese Dame. Er spielte sie der Pompadour zu. So gewarnt, konnte sie ihre mögliche Gegnerin rechtzeitig vom Hof entfernen. Die Belohnung der Marquise für diese Gefälligkeit ist wahrhaft königlich: Durch ihre Protektion wird Choiseul Botschafter in Rom, Minister des Auswärtigen, Herzog und Pair von Frankreich, Gouverneur der Touraine und Generaloberst der Schweizer, eine Stellung, die vorher Prinzen des königlichen Hauses vorbehalten war. Allein aus diesen Ämtern bezieht er ein jährliches Einkommen von einer Million Livres.

Jahrelang beherrscht Choiseul mit der Pompadour Frankreichs Politik. Sie verstärken das Bündnis mit Maria Theresia, planen die Hochzeit des künftigen Königs (Ludwig XVI.) mit der Erzherzogin Marie Antoinette und setzen gegen den Willen mehrerer europäischer Monarchen und der mächtigen kirchlichen Partei am Hofe die Vertreibung der Jesuiten aus Frankreich durch, um damit ihre Freunde, die Philosophen um Voltaire, und die Parlamente zufriedenzustellen.

Nicht nur in Kunst, Politik und Küche, auch in ihrer Liebesbeziehung zum König zeigte sich die Pompadour als große Strategin. Als sie nach fast fünfzehn Jahren spürte, daß das körperliche

Verlangen des Königs sich allmählich auf andere, jüngere Damen richtete, tolerierte sie nicht nur diese kleinen Affären, sondern schuf für ihn jenen »Hirschpark«, der nichts anderes als ein exklusives Bordell war. Diesen Hirschpark, der mit seinem Schlößchen Bestandteil des Schloßareals von Versailles war, ließ sie mit anonymen Mädchen bevölkern, von denen sie wußte, daß sie ihr nicht gefährlich werden konnten. Für jeden königlichen Besuch veranlaßte sie eine neue Besetzung der Lustwiese, wobei sie berücksichtigte, daß die Vorliebe des Königs sich immer mehr auf die Altersgruppe zwischen zwölf und vierzehn Jahren zuspitzte.

In dieser Zeit, in der der König noch ihr Herr, aber nicht mehr ihr Geliebter war, erfand sie für sich jenen bestickten Handbeutel, der immer noch »Pompadour« heißt, und für ihn Woche für Woche neue Rezepte. Viele davon tragen noch heute ihren Namen in der Gastronomie.

Die Schwindsucht hatte in ihrem Körper ihr zerstörerisches Werk begonnen, und ohne Selbstmitleid erkannte sie, daß sie den immer noch Geliebten nur dadurch weiter an sich fesseln konnte, daß sie das Bett endgültig gegen den Tisch tauschte. Dieser Austausch gelang um so reibungsloser, als gerade in dieser Zeit eine kulinarische Entdeckung der anderen folgte: Tee, Kaffee, Kakao, Schokolade, Champagner waren nur einige der vielen Neuheiten, die die Gourmets begeisterten.

Unter den vielen anspruchsvollen kulinarischen Eigenschöpfungen der Pompadour, die bis heute zum Repertoire der Grande Cuisine zählen, fällt ein einziges Rezept aus dem Rahmen – HECHT À LA POMPADOUR. Damit hat es folgende Bewandtnis: Da die Marquise die eher bescheidene Begabung Ludwigs am Herd aus leidiger Erfahrung kannte, aber wohl wußte, wie sehr er sich freute, wenn man ihn als Koch lobte, brachte sie ihm eine simple Fischzubereitung bei:

HECHT À LA POMPADOUR

Ein in Stücke zerteilter, entgräteter Hecht wird in Butter gebraten, mit kleinen Kartoffel-Croquettes umgeben, mit feingewiegter Petersilie bestreut und mit Sauce Tatare angerichtet.

Zur Bereitung der Tatarensauce werden an eine Mayonnaise ein gekochtes, grobgehacktes Ei, eine feingehackte Zwiebel, eine gehackte Essiggurke, reichlich Kräuter, ein Stückchen geriebener Apfel, Meerrettich und Senf gegeben und gut miteinander vermischt.

Kerbel

Der Herrscher briet, hackte und servierte, und die Pompadour lobte ihn überschwenglich. Voller Glück und Dankbarkeit verlieh der König dem Hechtgericht ihren Namen. Dabei ist es bis heute geblieben.
Von anderer Qualität sind die wirklichen Pompadour-Rezepte. Allem voran die

---

CONSOMMÉ
À LA POMPADOUR

Ein vorbereitetes Suppenhuhn in Öl leicht anbraten und in ausreichend Wasser mit 250 g schierem Rindfleisch, Möhren, Lauch und Salz mindestens eine Stunde kochen.
Brühe durch ein Sieb abgießen, mit Eiweiß klären, durch ein Leinentuch filtern und ganz frisch bereitete Klößchen aus Geflügelfarce zusetzen.
Die Consommé mit feinen Trüffelstreifen und einer in Fleischbrühe pochierten Julienne von Sellerie abschmekken.
In jede Suppentasse 1–3 in Champagner gegarte Krebsschwänze geben.

Auch die SAUCE POMPADOUR ist zum Klassiker der Köche geworden:
Weißwein-Sauce, mit Krebsbutter aufgeschlagen, garniert mit Trüffel-Julienne, gewürfelten Krebsschwänzen, gehacktem Kerbel und Estragon.

Ein Fischrezept von hohem Anspruch ist AAL POMPADOUR:
Da werden kleine Aale, zur Spirale gebunden, mit Villeroy-Sauce und Zwiebelpüree maskiert, paniert, gebacken, mit Dauphine-Kartoffeln garniert und mit Choron-Sauce serviert.

Die internationale Küche kennt 53 verschiedene Arten der Hummerzubereitung; eine davon trägt den Namen der Pompadour. Ebenso wie jener köstliche Karpfen für das kalte Buffet, wobei der ganze Fisch auf Scheiben von Mohrrüben und Zwiebeln in Rotwein mit Fischfond braisiert wird. Dann, wenn er erkaltet ist, mit einem Gelee aus dem Fond nappiert und mit gefüllten Artischockenböden und Russischem Salat garniert wird.

Für Lachs-Medaillons und Seezungen gibt es Rezepturen, die von der Hand der Marquise stammen und die ebenso vorzüglich sind wie jene Vorspeise, die zur Gattung der RISSOLEN gehört (Rissolen werden aus Blätterteig oder gesalzenem Mürbeteig in verschiedenen Formen in tiefem Fett gebacken und stets ohne Sauce als warme Vorspeise oder kleines Zwischengericht serviert.) Madame de Pompadour verwendet für ihre RISSOLEN ein feines Ragout von Gänseleber, Pökelzunge, Champignons und Trüffeln, mit einer dicken Trüffelsauce gebunden. Die Mischung wird zwischen zwei runde Böden aus Blätterteig, mit einer Scheibe blanchiertem Ochsenmark in der Mitte, gefüllt, die Teigseiten angedrückt und dann in schwimmendem Fett gebacken.

Estragon

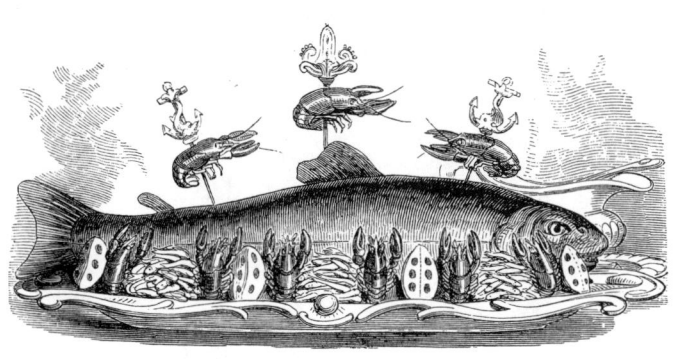

Auf dem schwierigen Gebiet der sogenannten Garnituren hat sich die große Maitresse mit ihrem Namen ein gastronomisches Denkmal errichtet. Steht auf einer Speisekarte zwischen San Francisco und Stockholm bei einem Fischgericht »À LA POMPADOUR«, so hat der Gast folgendes zu erwarten: Die Filets durch zerlassene Butter gezogen, in Weißbrotkrume gewälzt, in Butter gebraten; Trüffelscheibe durch Fleischglace gezogen auf dem Filet, Pariser Kartoffeln und Choron-Sauce.
Steht die gleiche Bezeichnung bei kleinen Fleischstücken, so bedeutet das, daß sie von Artischockenböden, die mit Linsenpüree gefüllt und mit Trüffelscheiben bedeckt sind, begleitet werden und daß es dazu murmelgroße Kartoffel-Croquetten mit einer leichten Trüffelsauce gibt.

Um dieser unvollständigen Aufzählung der Pompadour-Rezepte den Dessertabschluß zu geben, sei noch der APFEL POMPADOUR genannt.
Er wird geschält, ausgehöhlt, pochiert, ausgekühlt; auf Mürbeteig-Tartelett gesetzt, mit Haselnußeis gefüllt, mit Meringue-Masse bedeckt und dekoriert und im Ofen abgeflämmt.

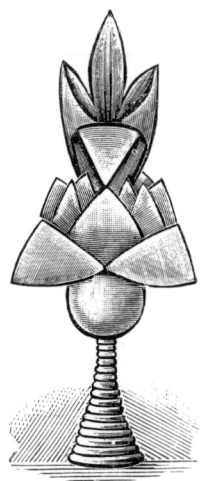

Marquise de Pompadour. Gemälde von F. H. Drouais, um 1760.

Alle kulinarischen Bemühungen, alle Schonung, die sie sich immer mehr gönnte, konnten den körperlichen Verfall nicht aufhalten. Vom Januar des Jahres 1764 an wartet Madame de Pompadour auf ihren Tod. Die Schwindsucht hat sie völlig ausgezehrt. Noch kurz bevor sie stirbt, schreibt Ludwig XV. an seinen Schwiegersohn einen tiefbekümmerten Brief: »... Ich habe Angst, daß es bald mit ihr zu Ende geht. Dann endet auch eine Freundschaft, die so felsenfest fast zwanzig Jahre bestand, daß ich dafür immer nur danken kann. Allein, Gottes Willen muß ich mich fügen...«

Die letzten Tage war der König ständig in ihrem Zimmer. Dann, am 15. April, einem Palmsonntag, kam das Ende. Sie verlangte nach einem Priester, beichtete und empfing die Letzte Ölung. Danach durfte der König sie nicht mehr sehen. Er betete den ganzen Tag in der Kirche für sie.

Als der Priester gehen wollte, sagte sie: »Einen Augenblick, ehrwürdiger Vater, ich gehe mit Ihnen«, und starb.

Jeanne Du Barry

Karriere zum Schafott

Am Hofe König Ludwigs XV. von Frankreich herrscht düstere Stimmung. Vorbei die glanzvollen Feste, die großen Diners, das Wispern in den Boudoirs – das Lachen in Versailles ist verstummt. Monatelang verharrt der König in Depressionen, von unbekannten Krankheiten gequält. 59 Jahre ist er jetzt alt, und immer wieder hat der Tod ihn verwundet: seine heißgeliebte Tochter, die Infantin, der Sohn, die Schwiegertochter, der älteste seiner Enkel und schließlich 1764 die geliebte Vertraute, die Marquise de Pompadour.
Seine Frau ist ihm längst fremd geworden.
Auch die Hofkamarilla leidet unter diesem Klima. Mußte man es wirklich hinnehmen, daß der Kammerdiener Le Bel, der für den jugendlichen Nachwuchs im Hirschpark sorgte – den Ludwig immer seltener besuchte –, die formelle Einsetzung einer neuen Maitresse verhinderte? Ohne eine solche Dame war die höfische Hierarchie nicht komplett. Man war im Begriff, die Macht über den gnadenausteilenden König an einen Kammerdiener zu verlieren, der allenfalls ein subalterner Verbündeter sein konnte, nicht aber eine Persönlichkeit, bei der man aus wohlerwogenen Gründen antichambrierte.
Hatte nicht eben noch die Herzogin von Gramont energisch versucht, den leeren Platz an des Königs Seite auszufüllen? Sie, die statt jung und schön groß und derbknochig war. Sieht sich diese

Frau von über vierzig Jahren etwa schon als eine morganatische Gattin? Sie ist abends in die Gemächer des Königs eingedrungen, hat mit seinem schon lange ungestillten Hunger nach reiferen Frauen gerechnet und erreicht durch wilde Entschlossenheit, daß er mit ihr aufs Bett sinkt und ihren Liebkosungen nachgibt.

Am nächsten Tag ist der König so wütend über die Vergewaltigung durch diese reife Dame, daß er seinem Vertrauten, dem Herzog von Richelieu, höhnisch von dem unfreiwilligen Unterricht in Osteologie erzählt, den er in den bärenstarken Armen der hageren Herzogin eine Nacht lang genossen hat. Für Richelieu steht fest, daß der König dringend eine neue ständige Geliebte braucht, die auch für die Höflinge eine berechenbare Größe ist. Bald schwirrt es am Hof von Namen. Wer könnte wohl eine würdige Nachfolgerin der Pompadour sein?

Das war die Konstellation, in der der Toulouser Abenteurer und zweifelhafte Graf Jean Du Barry die Chance seines Lebens sah. Der Graf, bekannt für sein zügelloses Liebesleben in Paris, versicherte dem Herzog, er habe die passende Dame in seiner Umgebung. Sie sei jung, hübsch, intelligent und sinnlich, vorurteilslos und ehrgeizig. Der Nachteil, daß sie keine Dame von Stand sei, lasse sich rasch korrigieren. Richelieus Erkundigungen bestätigten die Anpreisungen des Grafen Jean Du Barry, und er beauftragte den Kuppler, die Inszenierung zu betreiben.

Für das 23jährige Mädchen Jeanne Bécu kam die große Stunde ihres Lebens, als der Bruder ihres verheirateten Liebhabers, ein etwas täppischer pensionierter Marineoffizier, sie zum Altar führte und sie zur Gräfin Du Barry machte. Zwar wußte sie, daß diese Ehe nur geschlossen wurde, um sie bei Hofe gesellschaftsfähig zu machen, aber daß der Pseudo-Ehemann Chevalier Guillaume Du Barry für seinen Dienst ein stattliches Honorar bekam, blieb ihr unbekannt. Schon wenige Tage nach der Eheschließung verläßt der Scheingemahl Paris und lebt wieder im Süden Frankreichs, in Lévignac, wo er mit dem erheirateten Geld ein fröhliches Leben als Nichtstuer führt.

Ganz anders verhält sich Graf Jean Du Barry. Als leidenschaftlicher Spieler setzt er alles, was er hat und sich borgen kann, auf die Karte Jeanne Bécu. Er sorgt für Lakaien, Karossen, elegante Klei-

Jeanne Bécu, bekannt unter dem Namen Madame Du Barry (1743–1793). Lithographie von A. Kneisel.

der und Schmuck, gibt ihr gar noch seine verwachsene Schwester Chon als Zofe mit. All das tut er, um seinem König eine Dame zu präsentieren, deren Hingabe und Liebe nur durch die Stellung einer anerkannten, bei Hofe etablierten Favoritin gebührend belohnt werden kann.
Durch einen arrangierten Zufall hat Ludwig das Mädchen Jeanne in Paris gesehen und danach in Versailles zwei Nächte mit ihr verbracht. Von ihrer Heiterkeit und Schönheit ist er begeistert. Aber sie ist für ihn nur ein königliches Abenteuer, nichts sonst.
Der König will sie wiedersehen. Und nun beginnt der hohe Einsatz von Ehe und Ausstattung sich für den Grafen Du Barry auszuzahlen. Die Gräfin Du Barry zieht nach Versailles – zunächst in die Räume des inzwischen verstorbenen Kammerdieners Le Bel. Dem Einzug ins königliche Schloß folgt eine Flut von Intrigen. Von allen Seiten werden dem König Informationen über diese Jeanne Du Barry zugetragen. Als uneheliches Kind einer Köchin sei sie geboren worden. Der Vater soll ein Kapuzinermönch gewesen sein, und schon spotten die Höflinge, daß der Stammbaum der Jeanne Bécu bis zum heiligen Franz von Assisi zurückreiche. Als die Mutter dann in Paris eine Stellung annahm, habe Jeanne ihre Kindheit zwischen Mägden, Kutschern und Küche verbracht und schon damals ihre außergewöhnliche Schönheit ausgespielt.

Nach der Schule geht sie zu einem Friseur in die Lehre, der von ihrer Schönheit entzückt ist. Der junge Coiffeur verliebt sich so leidenschaftlich in den Lehrling, daß er sein Geschäft verkommen läßt und Schulden macht. Die Mutter des Verliebten ist empört und droht Jeanne öffentlich, »sie werde sie zu den Huren in das Spital bringen lassen«.
Jeanne Bécu wird Verkäuferin im Modehaus Labille. Dort lauern Offiziere, die eine Geliebte suchen, Herren vom Hofe und Finanzpächter, aber auch Diener, die ihre Brotgeber mit Damen zu versorgen haben, den Mädchen auf. Hier lernt Jeanne den Grafen Jean Du Barry kennen, der sie neben anderen Schönen als Geliebte in sein Haus aufnimmt und sie über vier Jahre lang den nicht legitimierten Namen einer Gräfin Du Barry führen läßt.
Alle diese Einflüsterungen beeindrucken den König nicht. Auch die Abschrift eines Briefes von ihrer Hand vermag nichts auszu-

richten. Als Fünfzehnjährige hatte sie an einen Liebhaber geschrieben: »Sie machten mir wohl viele Versprechungen, als Sie mich zu lieben anfingen. Ich war Ihr kleiner Engel, Ihr kleiner Schatz, und Sie sagten mir, daß ich nur verlangen könnte. Ich forderte von Ihnen eine Robe von Taffet; Sie sagten mir immer, wenn Sie hierher kämen, würden Sie mir selbige geben, und nun haben Sie schon drey Reisen hierher gethan, ohne an mich zu gedenken. Das ist nicht brav, mein Herr! Sie haben mich angeführt. Wenn ich den Werth von demjenigen gekannt hätte, so ich Ihnen hingab, ich hätte mich nicht so leicht verleiten lassen.«
Gegen alle Intrigen setzt der König seinen Willen durch. Jeanne Du Barry wird offiziell am Hof vorgestellt und erhält ihren Platz als Maitresse du Roi.
Von diesem Augenblick an zeigt die Tochter der Köchin, was alles in ihr steckt. Zunächst betreibt sie den Sturz des mächtigen Herrn Choiseul, der ihren Einzug in Versailles verhindern wollte. Es dauert Jahre, aber sie erreicht ihr Ziel. Sie wohnt jetzt in den Cabinets intimes, in denen ihre Vorgängerin residierte. Dennoch gibt es einen fundamentalen Unterschied: Mit Jeanne zieht das Volk in Versailles ein.
Lachend nimmt der König ihre Ungezogenheiten hin, wenn sie ihn vor allen Leuten anfährt: »Sie sind ein Lügner, der allergrößte Lügner von der Welt!«
Der König wird an ihrer Seite immer gelöster und glücklicher. Selbst seine fast schon vergessene Neigung, die kleinen abendlichen Soupers an der Seite seiner Maitresse zuzubereiten, lebt wieder auf. Und auch hier erweist sich die Du Barry als ebenbürtige Nachfolgerin der Pompadour. Sie läßt sich von ihrer Mutter

Rezepte schicken. An diesen Rezepten ändert sie so lange herum, bis sie ihren und des Königs Geschmack treffen. Man weiß nicht genau, wer von beiden ein so begeisterter Freund von Blumenkohl war, daß die meisten der Rezepte, die den Namen der Du Barry tragen, mit den weißen Röschen des *chou-fleur* zu tun haben.

Steht heute auf einer Menükarte CONSOMMÉ DU BARRY, so handelt es sich um Rinderkraftbrühe, leicht mit Tapioka gebunden, garniert mit Blumenkohlröschen und Würfeln von Blumenkohl-Eierstich.

Die pochierten Eier werden auf mit Blumenkohlpüree gefüllte Tarteletts gesetzt, mit Mornay-Sauce nappiert, mit geriebenem Käse bestreut, mit Butter beträufelt und gratiniert.

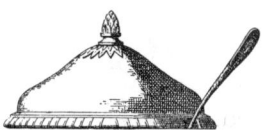

Eine SOUPE DU BARRY ist dagegen eine durchgestrichene Suppe von Blumenkohl und Kartoffeln, garniert mit Blumenkohlröschen und mit Rahm verfeinert.

Selbstverständlich gehört Blumenkohl auch zu dem Rezept POCHIERTE EIER DU BARRY.

Auch bei den Garnituren machte sich die Nachfolgerin der Pompadour einen großen Namen. In jeder internationalen Küche schreibt die Bezeichnung À LA DU BARRY zu geschmortem Fleisch kleine Blumenkohl-Kugeln, glaciert, Schloßkartoffeln und gebundene Jus vor.

Das REHFILET DU BARRY, das gebraten und mit Madeira-Sauce nappiert wird, verlangt wie das FILET DE BOEUF DU BARRY gebieterisch nach kleinen überkrusteten Blumenkohlröschen.

Daß auch die ARTISCHOKKENBÖDEN DU BARRY mit Blumenkohlröschen gefüllt werden, bevor man sie mit Mornay-Sauce beträufelt, mit geriebenem Käse bestreut und dann überkrustet, kann einen kaum noch wundern. Und daß der Name Du Barry in der Küchensprache noch heute für Blumenkohlpüree steht, ist beinahe zwingend.

Nur beim Dessert ließ sich der blütenförmige weiße Kohl wohl beim besten Willen nicht unterbringen. Auch ohne ihn ist die KIRSCHTORTE DU BARRY ein großer Leckerbissen: ein flacher Tortenring, mit Auslegeteig ausgefüttert, der Boden mit Zucker bestreut und mit entsteinten Kirschen bedeckt, gebacken, ausgekühlt; darauf gestoßene Makronen, mit Schlagsahne vermischt, glattgestrichen und mit Sahne dekoriert.

Ganz anders als ihre Vorgängerin wurde die Du Barry vom Volk geliebt. Ihre nie erlahmende Wohltätigkeit, ihr stetes Bemühen, Kränkungen zu vergessen, und nicht zuletzt ihr immer wieder erfolgreicher Einsatz beim König, die Begnadigung von Leuten, die wegen kleiner Vergehen zum Tode verurteilt waren, zu bewirken, trugen zu dieser Verehrung bei. Am Aufwand, den die Du Barry treibt, nimmt niemand Anstoß. Das ist der Bürger vom König gewohnt, ja gerade die Armen erwarten es und sind stolz darauf. Ein Zeitgenosse berichtet von der strahlenden Ausstattung der Feste, die Ludwig XV. zur Hochzeit seiner drei Enkel anordnete:

Am Ehrentisch wird nur von goldenem und feuervergoldetem Geschirr gegessen. Eine Marmor-Balustrade trennt ihn von den Neugierigen, die in immer neuen Wogen vorbeiströmen. Täglich gibt es Vorbeimärsche, Theatervorstellungen, Balletts, Balparé und Feuerwerk. 200 000 Neugierige füllen den Park. 160 000 Lampions hängen in den Bäumen. Das Schloß ist überrieselt von Licht. Gondeln mit Musikanten gleiten über den Kanal. Von Diamanten funkelnd erscheint der König als Schlußbild, neben sich die Du Barry auf dem Balkon der Großen Galerie. Endlich hat Frankreich wieder einen König.

In dieser Zeit des Glanzes ließ der König unter anderen Prunkbauten auch das Schloß von Louveciennes bauen und schenkte es seiner Geliebten.
Drei Jahre sind der Du Barry noch an der Seite ihres geliebten Ludwig vergönnt. 1774 stirbt Ludwig XV. an den Blattern.
Sein Enkel, verheiratet mit der Österreicherin Marie Antoinette, folgt ihm als Ludwig XVI. auf den Thron. Das neue Königspaar haßt die Du Barry. Mit Hilfe der klerikalen Partei am Hof bewirkt es unmittelbar nach dem Tod des Königs die Verbannung der Jeanne Du Barry in ein Kloster. Doch zwei Jahre später kann sie wieder in Louveciennes Einzug halten. Alle Vorwürfe, mit denen man sie für immer kaltstellen wollte, haben sich als haltlos erwiesen. Einer ihrer alten Freunde vom Hofe hält weiter zu ihr. Der einflußreiche Herzog von Brissac wird für die kommenden zwei Jahrzehnte erst ihr Beschützer, dann ihr Geliebter.
Unaufhaltsam treibt das Königtum in dieser Zeit seinem Untergang zu. Am 30. Mai 1792 spürt die Du Barry zum ersten Mal die gnadenlose Revolution. Brissac wird verhaftet und vom Pöbel erschlagen. Sein Kopf, auf eine Stange gespießt, wird durch Versailles und Paris getragen. Die verzweifelte Du Barry schreibt darüber an einen Freund:

Ich bin in einem Zustande des Schmerzes, den Sie leicht begreifen werden. Jetzt ist es vollbracht, dieses schreckliche Verbrechen, das mich so unglücklich macht und mich ewigem Bedauern aussetzt. Inmitten der Schrecken und Schändlichkeiten, die mich umgeben, erhält sich meine Gesundheit. Man stirbt nicht vor Schmerz. Ich bin tief gerührt von Ihrer Aufmerksamkeit; sie könnte mein Leid mildern, wenn ich es nicht jeden Augenblick empfinden würde.

Die Blutherrschaft der Guillotine hat begonnen. Und wieder zeigt die Du Barry ihre menschliche Größe. Sie schreibt der Königin Marie Antoinette, von der sie nur Schlimmes erfahren hat, ungeachtet der Gefahr, die das für sie bedeutet, ins Gefängnis, daß sie ihr Hab und Gut hergeben wolle, wenn es der Befreiung der Königin nütze. Sie ist ohne Rachsucht, keine Royalistin, nur eine Frau, die denen helfen will, die nun in Not geraten sind. Sie verkauft aus Louveciennes Möbel, Tapisserien und Porzellane, auch ihren Schmuck schont sie nicht, um den ärmeren Dorfbewohnern täglich Nahrungsmittel und Kleider zu schicken. Von ihren Dienern wird sie bestohlen. Zwei davon entläßt sie; nicht wegen des Diebstahls, sondern weil sie die Gaben für die Armen unterschlagen. Und eben das sollte sie den Kopf kosten.
Die Entlassenen bestürmen die Behörden mit Anzeigen gegen die »Royalistin Du Barry«. Obgleich sich zur Gefangensetzung keine Handhabe bietet, wird sie verhaftet und in denselben Raum gesperrt, den Marie Antoinette vor ihrer letzten Fahrt bewohnt hat. Mit kurzgeschnittenen Haaren schrie sie fassungslos auf dem Karren, der sie zur Guillotine brachte: »Das Leben! Das Leben! Wenn es mir geschenkt wird, gebe ich der Nation all mein Vermögen!«
Ein Zuschauer rief ihr zu: »Das gehört der Nation ohnehin.«
Da drehte sich ein Kohlenträger um und schlug dem Mann ins Gesicht. Der Mann aus dem Volk sah in der unglücklichen Frau nur seinesgleichen.
Sie, die immer so gelebt hatte, wie es ihr ihre natürlichen Instinkte eingaben, und der es den Verstand verwirrte, daß man sie ums Leben brachte, war fünfzig Jahre alt, als ihr Haupt fiel.

Benjamin Graf von Rumford

Der Graf, der den Eintopf erfand

Wer durch München spaziert und den glitzernden Teil der Maximilianstraße – die Boutiquen, Galerien und Antiquitätengeschäfte – hinter sich hat, sieht vor sich in dem nun breiter werdenden Boulevard – jenseits der Isar in erhöhter Position – das Maximilianeum. Auf der linken Straßenseite, gegenüber dem Völkerkundemuseum, steht ein Denkmal, das Maximilian II., König von Bayern, für einen Mann errichten ließ, der sich größte Verdienste um sein Land erworben hatte. Die Sockelinschrift sagt, daß es sich um Benjamin Thompson Graf von Rumford, geboren zu Woburn, handelt.
Ganze 31 Jahre war dieser Mann alt, als er, aus England kommend, 1784 in bayrische Dienste trat. Damals regierte in Bayern Kurfürst Karl Theodor, der seinem Neubürger zu einer Blitzkarriere verhalf. Innerhalb von vier Jahren wurde er Geheimer Rat, Generalmajor, Staatsrat und Kriegsminister des Kurfürsten.
Daß sein Name auch heute noch bekannt ist, verdankt er nicht etwa diesem Denkmal, sondern einer von ihm erfundenen Suppe, nach der sich alle Eintopf-Freunde die Finger lecken, der RUMFORD-SUPPE.
In dem kleinen Städtchen North Woburn in Massachusetts wurde Benjamin Thompson am 26. März 1753 geboren, studierte in

Concord Physik und stellte sich im amerikanischen Befreiungskrieg auf die falsche, die britische Seite. Ihm blieb nur die überstürzte Flucht nach England, wo er 1776 eintraf. Seine Frau und die kleine Tochter Sally blieben in den USA zurück.

Während der acht Jahre seines Aufenthaltes in Großbritannien beginnt eine Erfolgsserie, die bis zu seinem Tode nicht mehr abreißen sollte. Nach den ersten beiden Wintern in England wollte er nicht länger sechs Monate im Jahr husten und frieren. Damals nahmen es die Engländer als schicksalhaft hin, von Oktober bis März in rauchigen, eiskalten Zimmern vor einem schlecht ziehenden Kamin die naßkalte Jahreszeit zu verbringen. Benjamin Thompson machte dem ein Ende.

Er erfand einen neuen Kamin mit Verengung des Kaminschlundes, einer wesentlich verkleinerten Heizungsöffnung und einer Abschrägung der seitlichen Ummantelung. Jetzt zog der Rauch ab, und der größte Teil der Wärme strahlte ins Zimmer. Da die Verbesserung weder teuer noch schwierig zu installieren war, erreichte der »Thompson-Kamin« – später »Rumford-Kamin« genannt – schnell große Popularität. Zwar wurde jetzt die Vorderseite der Menschen leicht geröstet, und der Rücken blieb eiskalt, aber das Tränen der Augen und der Husten hörten auf. Auch diesem Mangel wollte er abhelfen, indem er einen Sparofen erfand, den Vorläufer unseres heutigen Kachelofens; aber die konservativen Briten lehnten weitere Heizungswunder ab.

Einmal dabei, sich mit der praktischen Seite der Wärmephysik zu beschäftigen, entwickelte er einen Herd mit Klappen und Schiebern und indirekter Beheizung der Backröhre, der die gesamte Küchentechnik revolutionierte. Englands König, Georg III., verlieh ihm für seine Verdienste den Titel »Sir« und ließ ihn, als er um die Erlaubnis bat, 1784 in bayrische Dienste zu treten, zum Ritter schlagen.

Am Hofe in München beginnt rasch seine große Karriere. Kaum ist er zum Kriegsminister ernannt, führt er die Kartoffel als Grundnahrungsmittel in Bayern ein.

Jede Garnison mußte ein Kartoffelfeld anlegen, Saatkartoffeln gab es kostenlos. Den Soldaten wurde pro Mann eine Kartoffelparzelle von 365 Quadratfuß zugeteilt. Dieses Stück Garten blieb

Rumford vor seinem Kamin. Karikatur von Gillray, um 1800.

während der Dienstzeit im Regiment sein Eigentum. Mit dem Ertrag konnte der Soldat machen, was er wollte. Bedingung war, daß er die Parzelle pflegte, frei von Unkraut hielt und Pflanz- und Erntearbeit sorgfältig ausführte. War er faul oder nachlässig, wurde ihm das Stück Land weggenommen.
Sir Thompsons Rechnung ging auf: Nach der Dienstzeit nahm sich jeder einige Kartoffeln mit nach Hause, und in kürzester Zeit befreundete sich das bayrische Volk – vor allem in Form von Knödeln – mit der neuen Massennahrung.
Nicht weniger genial war Thompsons genau durchdachter Plan, die damaligen sozialen Übelstände durch eine Reform der Armee zu überwinden. Die Soldaten erhielten anständige Kleidung und einen für damalige Verhältnisse ordentlichen Sold. Die Verpflegung wurde verbessert. So verwandelte er eine Ansammlung von Vagabunden, Straßenräubern und Bettlern zu einem Heer, das zum Grundpfeiler einer neuen Gesellschaft wurde. Soldaten entwickelten sich zu vorbildlichen Bürgern. Ihre militärische Tätigkeit wurde immer mehr zur Nebenbeschäftigung. Auf dieser Grundlage beginnt Sir Benjamin eine das ganze Land umfassende Sozialreform:
Er richtet die ersten Manufakturen und Arbeitshäuser zur freiwilligen Beschäftigung der Unterprivilegierten ein und legt, bis heute das Lieblingskind aller Münchner, den Englischen Garten mit dem Chinesischen Turm an, der, so oft er auch abbrannte, immer wieder in altem Stil errichtet wurde.

Benjamin Graf von Rumford (1753–1814).

Unter seiner Leitung werden die ersten Militärlazarette errichtet, Schulen für Soldatenkinder gegründet und die dafür notwendigen Gebäude selbstverständlich mit seinen Sparöfen und Herden ausgestattet. Ganz nebenbei erfindet er dafür die Zentralheizung.
Jetzt verleiht ihm der deutsche Kaiser Franz II. für seine Verdienste den erblichen Adelsstand als Reichsgraf. In Erinnerung an seine Studienzeit in dem kleinen amerikanischen Städtchen Concord, das früher Rumford geheißen hatte, nennt er sich nun Benjamin Graf von Rumford.
Obwohl er inzwischen nicht nur Kriegsminister und Staatsrat, sondern auch Polizeiminister und General ist, läßt ihm der Gedanke an seinen Herd keine Ruhe. Was kann er mit diesem Instrument tun, um die Verpflegung großer Gruppen beim Heer und in den Armenhäusern zu verbessern? Nächtelang probiert er im Kriegsministerium selbsterdachte Rezepturen aus. Was dabei herauskommt, nennt er »Meine Suppenküche«. Tatsächlich ist dies die Geburtsstunde des deutschen Eintopfes.
Was immer er erfindet und anordnet, es wird zum Erfolg. Nicht zuletzt durch eine fast übermenschliche Präzision, die sich auf jedes Detail erstreckt. Typisch dafür ist eine Anweisung, wie man einen von ihm erfundenen Pudding essen soll:

Man verspeise den Pudding mit Messer und Gabel, wobei man am äußeren Rand der Scheibe beginnt und sich der Mitte mit Regelmäßigkeit nähert; dabei wird jedes Stück des Puddings mit der Gabel aufgehoben und in die Butter getaucht – oder, wie dies wohl allgemein üblich ist, nur teilweise in die Butter getaucht, ehe es zum Munde geführt wird.

Neben seinen Kochtopf-Experimenten entdeckt er durch Versuchsreihen Ursache und Wirkung der Reibungswärme, bis heute eine der Grundlagen der Physik. Sein Hauptinteresse in dieser Zeit gilt jedoch »... einem nach Entstehung und Beschaffenheit, durch Ernährungserfahrung zusammengesetzten schmackhaften Brei...«, der RUMFORD-SUPPE. Dieser wohlschmeckende Eintopf aus Erbsen, Graupen, Kartoffeln und Speckfleisch bietet endlich die Möglichkeit, für wenig Geld vielen Menschen eine sättigende Mahlzeit zu geben.

Längst ist in der Öffentlichkeit der Name Benjamin Thompson, obwohl schon in England und Deutschland so bekannt gewesen, durch seinen neuen Namen, Graf Rumford, verdrängt.
Das Rezept für seine Suppe schickt er mit der Bitte, es an einer größeren Personengruppe zu testen, auch nach Kiel. In den »Schleswig-Holsteinischen Blättern für Polizei und Kultur – Jahrgang 1799« findet sich darüber folgender Bericht:

Nachricht von der Einführung der Rumfordschen Suppe im Zuchthause zu Glückstadt

Ich theilte dem Zuchthausinspektor Herrn Laehndorff mit, daß von der vom Grafen von Rumford erfundenen, so wohlfeilen als gesunden Speise in dem hiesigen Zucht- und Irrenhause Gebrauch zu machen wäre.
Wie indes jede neue, selbst noch so zwekmäßige Einrichtung mit Vorurtheilen zu kämpfen hat, so erging es auch diesem Versuche. Der Widerstand ging hier von Seiten der Gefangenen selbst aus, deren Schicksal man dadurch erleichtern wollte. Mehrere von ihnen weigerten sich unter dem Vorwande, daß diese ihnen nicht konsistent genug erscheinende Speise für sie nicht nahrhaft genug sein könnte. Durch Erfahrung wurden die Widerspenstigen eines besseren belehrt und seit Mai vorigen Jahres ist diese Suppe allsonntäglich das willkommenste Gastmahl für die im Zuchthaus Detinierten.
Es ist eine so gesunde, schmack- und nahrhafte Kost, wie ein geringer Mann sie sicher nicht auf seinem Tische hat und womit mancher vom Mittelstande gerne vorlieb nehmen würde.

Durch das gute Ergebnis im Zuchthaus beflügelt, veranstaltet Rumford nun in München und später in Berlin und Genf auf seine Kosten Massenspeisungen mit seiner neuen Suppe. Bis zu zweitausend Personen nehmen daran teil.

Während der Großversuch mit dem neuen Eintopf noch läuft, hat er längst mit der Reform der Kurfürstlichen Verwaltung, die in heilloser Unordnung ist, begonnen. Wie immer beginnt er systematisch auf der untersten Stufe: Er führt das Einwohner-Meldeamt ein. Darauf bauen sich eine geordnete Finanzverwaltung und der rationelle Einsatz von Arbeitskräften auf. Die bisher übliche Korruption und Bereicherung an öffentlichem Eigentum verschwindet. Kein Wunder, daß die Hofschranzen ihm das übelnehmen und ihn mit intrigantem Sarkasmus den »Amerikaner« nennen. Das Volk aber, das er immer mehr aus seiner dumpfen Notlage befreit, nennt ihn den »Wohltäter«.

1792 stirbt in Amerika seine Frau. Immer öfter denkt er voller Sehnsucht an seine Tochter Sally, die inzwischen zu einer jungen Dame herangewachsen ist. Im Januar 1796 trifft er sich mit ihr in London. Doch schon nach kurzer Zeit, als er mit ihr nach München reist, trübt sich diese Freude. Allzu oft schreibt ihr der Vater Verhaltensweisen vor, die die junge freiheitlich erzogene Amerikanerin nicht akzeptieren will.

1799 stirbt Kurfürst Karl Theodor, und Rumford verläßt Bayern. Der ständige Kampf gegen die Hofintrigen hat ihn ermüdet. Nach kurzem Aufenthalt in London gründet er dort, sozusagen im Vorübergehen, die »Royal Institution«. Sie wird von England aus zum Vorbild für Grundlagenforschung in der gesamten wissenschaftlichen Welt, und das industrielle Zeitalter ist ohne ihre Einrichtung kaum vorstellbar.

Weiter geht es nach Paris. In fünf Jahren schreibt er dort sein grundlegendes vierbändiges Werk: Essays, political, economical, philosophical, erst die englische, dann die deutsche Fassung.

1805 heiratet er zum zweiten Male. Seine Ehe mit Anne Lavoisier ist nur kurze Zeit glücklich. Die vermögende Frau liebt Feste, Bälle und Prachtentfaltung – alles Dinge, die Rumford verhaßt sind.

1808 schreibt er an Sally, die inzwischen wieder in Amerika lebt, in einem Brief:

Ich habe das Unglück, mit der herrschsüchtigsten, tyrannischsten, gefühllosesten Frau verheiratet zu sein, die es je gab, und deren Starrköpfigkeit bei der Verfolgung eines Plans nicht geringer ist, als die abgrundtiefe Schlauheit und Schlechtigkeit mit der sie ihn ausheckt. So kann es auf keinen Fall weitergehen, und wir werden uns trennen. Es wäre wirklich ein Unglück, wenn ich nicht mein eigenes Leben leben könnte, anstatt an diese grausame, verschlagene, despotische Frau gefesselt zu sein!

Anfang 1809 wird diese Ehe geschieden. Rumford kauft sich in Auteuil ein Haus. In der neuen Umgebung bessert sich seine in der Ehe zerrüttete Gesundheit von Tag zu Tag. Doch das Glück, nicht mehr mit seinem »weiblichen Drachen« unter einem Dach leben zu müssen, ist nur kurz. Am 21. August 1814 wird er von einem plötzlichen heftigen Fieber gepackt und stirbt innerhalb weniger Stunden.
Generationen von Köchen haben an seinem zweiten, flüssigen Denkmal, dem Eintopf, noch gebastelt. Doch von einigen Verfeinerungen abgesehen, wird die RUMFORD-SUPPE heute noch nach seinem Original-Rezept in vielen Ländern gekocht:

RUMFORD-SUPPE

Zubereitungszeit: 1½ Stunden
Zutaten für 4–6 Personen

Zur Brühe:
1 kg Suppenknochen
1 Scheibe Ochsenbein, ca 600 g
400 g Porree
400 g Sellerieknolle
400 g Mohrrüben
1 Petersilienwurzel, in Würfel schneiden
1 Zwiebel, klein würfeln

Zur Einlage:
125 g gelbe Erbsen, geschält, am Vorabend in ¾ l Wasser einweichen
500 g Schweineschulter oder Nacken
125 g durchwachsener Schinken
100 g Perlgraupen (Gerste)
500 g Kartoffeln
1 Bund glatte Petersilie
1 TL Majoran
1 kleine Zehe Knoblauch
½ TL Zucker
1 TL Salz, schwarzer Pfeffer
¼ TL Muskatblüte
4 TL gekörnte Brühe

Majoran

Petersilienwurzel

Suppenknochen und Ochsenbeim mit 2 l Wasser kalt aufsetzen. 45 Minuten – die letzten 20 Minuten ohne Deckel – kochen lassen, dabei den Schaum abschöpfen. Dann Knochen und Bein herausnehmen. Knochen wegwerfen – Bein zu anderer Verwendung aufheben.
Die Menge der Brühe halbieren. Eine Hälfte beiseitestellen. In die weiterkochende Hälfte das kleingeschnittene Suppengemüse, Petersilienwurzel und Zwiebel zusammen mit den Erbsen und ihrem restlichen Einweichwasser geben. 30 Minuten mit Deckel köcheln lassen.
In einem zweiten großen Topf die gut gewaschenen Graupen mit der anderen Hälfte der Brühe aufsetzen. 10 Minuten nach dem Aufkochen das kleingewürfelte Schweinefleisch dazugeben und insgesamt 30 Minuten weiter köcheln.
Den Inhalt des anderen Topfes mit den Gemüsen durch ein Sieb in den Topf zu den Graupen gießen. Siebinhalt mit dem Mixer pürieren.

Kartoffeln klein würfeln. Das Püree in den Topf einrühren, die zerdrückte Knoblauchzehe, Majoran und Kartoffelwürfel dazugeben. Alles zusammen weitere 10 Minuten kochen lassen. Gelegentlich mit Holzlöffel durchrühren.
Den gewürfelten Schinken anbraten und mit der gekörnten Brühe einrühren. Weitere 5 Minuten kochen lassen. Mit Zukker, Salz, schwarzem Pfeffer und Muskatblüte abschmecken. Herd ausschalten und die feingehackte Petersilie und gekörnte Brühe in den Eintopf rühren.

Tip: Ohne Petersilie läßt sich die Rumfordsuppe gut einfrieren. Haltbarkeit 6 Wochen.

Beilage: Toast von Roggenbrot.

Kein Geringerer als Präsident Franklin Delano Roosevelt hat dem abtrünnigen Amerikaner Rumford die höchste Anerkennung ausgesprochen:

Thomas Jefferson, Benjamin Franklin und Graf Rumford waren die drei größten Geister, die Amerika hervorgebracht hat.

Horatio, Viscount of Nelson
Ein Toast dem Admiral

Ein Pfarrerssohn, den es zu höheren Würden, als das geistliche Amt sie bietet, hinzieht, muß früh anfangen mit seiner Karriere. Horatio Nelson begann seine mit neun Jahren. Ein Onkel nahm ihn nach dem Tod der Mutter mit auf See. Anfang Vierzig hatte er es zum Viscount, Baron, Lord und Admiral und dem einmaligen Titel »Hero of the Nile« gebracht.

Dazwischen liegt ein abenteuerliches Leben. Schon mit 21 Jahren bekam er das Kommando über sein erstes Schiff. Ein Jüngling von eher kleiner, drahtiger Gestalt, strahlte er schon damals Charme und Autorität aus. Heute würden wir ihn einen Mann mit Charisma nennen.

Dabei entfaltete er seine Wirkung auf Menschen nicht auf den ersten Blick. 1781 nennt ihn der Herzog von Clarence, später Wilhelm IV. Clarence:

... den kindlichsten Kapitän, den ich je sah, einen richtigen Jungen; sein Aufzug war bemerkenswert. Er trug eine über und über dekorierte Uniform, sein ungepudertes Haar war zu einem hessischen Zopf von ungewöhnlicher Länge gebunden; die altmodischen Schöße seiner Weste verstärkten das wunderlich Altväterische seiner ganzen Erscheinung und gaben ihm ein Aussehen, das mein Interesse fesselte, denn ich hatte nie zuvor etwas Ähnliches gesehen noch konnte ich mir vorstellen, was er war oder was er

wollte. Meine Zweifel wurden jedoch zerstreut, als Admiral Hood ihn mir vorstellte. Da war etwas unwiderstehlich Anziehendes in seinem Betragen und seinem Gespräch und eine Begeisterung, wenn er über berufliche Fragen sprach, die zeigten, daß er kein gewöhnlicher Mensch war.

Die Risiken seines Berufes verlangten schon früh ihren Tribut. Kommandofahrten in alle Welt brachten ihm neben Ruhm auch Malaria, Gelbfieber und Skorbut. In den Seeschlachten gegen Franzosen, Dänen und Spanier – bei Abukir (1798), Kopenhagen (1801) und Trafalgar (1805) – gewann er für England die absolute Herrschaft zur See. Diese Siege bezahlte er zunächst mit dem Verlust eines Armes und eines Auges, dann, bei Trafalgar, mit seinem Leben.

Sein Ansehen bei der Mannschaft litt unter den Blessuren ebensowenig, wie es seiner Wirkung auf Frauen schadete. Mit 27 Jahren heiratete er die gebildete und sensible Witwe Fanny Nisbet. Bei ihr fand er in einem ländlichen Domizil die häusliche Ruhe zwischen seinen Fahrten und Kämpfen.

Durch ihre Küche lernte er die leichten Gerichte mit selbstgezogenem Gemüse schätzen. Kein Wunder, denn er hatte den Skorbut, den Schrecken aller Seefahrer seiner Zeit, an sich erfahren müssen.

Auch wenn Nelson an Bord stets seinen eigenen Koch, seinen Steward und sein Tafelsilber hatte, war er doch, genau wie die Mannschaft, den harten und kargen Gegebenheiten eines Seemannes im 18. Jahrhundert unterworfen.

Die sahen etwa so aus:

Jeder Mann besaß ein Messer, das er immer bei sich trug, einen Löffel, eine irdene Schüssel und einen flachen Teller. In der Kombüse unter Deck benutzte der Schiffskoch riesige Kessel, um das gepökelte Fleisch zu kochen. Die Mannschaftskost bestand aus Hartbrot, gesalzenem Ochsen- und Schweinefleisch, Erbsen, Hafermehl, Zucker, Butter und Käse; aber die Qualität dieser Nahrungsmittel war schauderhaft und die Rationen streng begrenzt. Das Fleisch war knorpelig, voller Fasern und glitzerte von Salzkristallen. Es war so hart, daß man Schmuckstücke daraus

Horatio, Viscount of Nelson
(1758–1805).
Gemälde von Francis
Lemuel Abbott.

schnitzen konnte, die sich wunderbar polieren ließen. Das Wasser war schlecht, das Bier ein bißchen besser, der Rum am besten. Den Grog, den es damals schon gab, mochte Nelson nicht. Er meinte, daß Wein für die körperliche Verfassung der Mannschaft besser sei als Rum, aber er fand bei den Leuten damit wenig Gegenliebe.

Das Ende der ländlichen Eheidylle kam mit dem Jahr 1793. Nelson wurde von der Regierung nach Neapel geschickt, um dort Truppen gegen die Franzosen zu sammeln. Hier traf der schüchterne und gesellschaftlich unerfahrene Kapitän auf Lady Emma Hamilton, die 33jährige Ehefrau des 63jährigen Sir William Hamilton.

Goethe beschrieb diese Frau, die, ungewöhnlich genug für ihre Zeit, dem Maler Gainsborough als Aktmodell gestanden hatte, so:

Sie ist schön und wohlgebaut. Hamilton, der noch immer als englischer Gesandter hier in Neapel lebt, hat ihr ein griechisch Gewand machen lassen, das sie trefflich kleidet; dazu löst sie ihre Haare auf, nimmt ein paar Shawls und macht eine Abwechslung von Stellungen, Gebärden, Mienen, daß man zuletzt wirklich meint, man träume. In ihr findet man alle Antiken, alle schönen Profile der sizilianischen Münzen, ja den Belveder'schen Apoll selbst.

Von der ersten Begegnung an ging die schöne Lady Hamilton Nelson nicht mehr aus dem Sinn. Aber erst fünf Jahre später, als Nelson durch seinen Sieg über Frankreichs Flotte und Armee in Ägypten schon der »Held des Nils« geworden war, trafen sie sich wieder. Lord Hamilton selbst hatte den Seehelden von Abukir schriftlich gebeten, sich in seinem Palast in Neapel zu erholen und dort seine Wunden pflegen zu lassen.

»In meinem Haus ist eine hübsche Wohnung für Sie bereit. Emma wird Sie mit den weichsten Kissen versorgen, damit Sie die müden Glieder ausruhen können, die Ihnen noch geblieben sind.«

Diesmal sollte Nelsons Begegnung mit Lady Emma ein Treffen für immer sein. Er war bereits zur lebenden Legende geworden. Ein ausgemergelter, mehrfach verwundeter, müder Mann, der ständig von Husten und Kopfschmerzen geplagt wurde. Mit anderen Worten: ein Wesen, dem keine Frau der Welt widerstehen kann. Emma päppelte ihn mit Eselsmilch und anderen stärkenden Leckereien auf und unterhielt ihn zwischendurch mit den schon von Goethe angedeuteten erotischen Tanzeinlagen. Kurz: Sie bot ihm eine Kur an, die Nelson mit den feineren Genüssen des Lebens bekannt machte.

Bald schwebten die beiden, jeweils noch anderweitig verheiratet, über allen Konventionen. Emma lud zu Nelsons vierzigstem Geburtstag in Neapel 1800 Gäste ein und überbot selbst diese gesellschaftliche Herausforderung noch durch die Tatsache, daß sie wenig später von Nelson schwanger wurde. Aber auch das führte zu keiner Trübung der freundschaftlichen Gefühle des Lord Hamilton gegenüber Nelson. Er sah in ihm vor allem den heldenhaften Retter Englands. Sir William tat sein Bestes »to keep up appearances« auch dann, als seine Frau die neugeborene Tochter auf den Namen »Horatia« taufen ließ. Der Respekt der beiden

Männer füreinander war ebenso tief wie ihre Liebe zu derselben Frau.

An Bord seines Schlachtschiffes »Vanguard« bewirtete Nelson die Geliebte und gelegentlich auch ihren Ehemann mit Spezialitäten, die sein Schiffskoch erfand. Die überschwengliche Woge der Begeisterung aller Briten über seinen Sieg vor Abukir verlieh später allen diesen kulinarischen Köstlichkeiten den Beinamen »Nelson«.

Da steht an erster Stelle jener TOAST NELSON, den alle berühmten Köche der Welt noch zu verfeinern suchten und dem dann schließlich der Gastronom Alfred Walterspiel in unserem Jahrhundert die endgültige Form gab.

»Dieser Toast ist vielleicht mein bester«, schrieb er in seinem kulinarischen Vermächtnis »Meine Kunst in Küche und Keller«.

Seinen TOAST NELSON bereitete er so:

TOAST NELSON

Frische weiße Brötchen schneide ich in je vier lange Scheiben und backe sie in frischer Butter sorgfältig heraus. Natürlich darf man diese Brotschnitten nicht in kalte Butter werfen oder in den Ofen schieben, sondern sie kommen in dem Augenblick hinein, in dem die Butter in der Pfanne gelblich zu werden beginnt, um den angenehmen Nußgeschmack der Butter aufzusaugen.

Vorher präpariere ich ein mit Eigelb legiertes, dick eingekochtes Zwiebelmus, zwei Millimeter dick geschnittene rohe Markscheiben und gleich dicke gekochte Hummerscheiben.

Die gerösteten Schnitten bestreiche ich mit in Weißwein aufgelöstem englischem Senf. Darauf streiche ich die Zwiebelmasse, so daß sie in der Mitte ungefähr ein Zentimeter hoch ist, und belege sie abwechselnd mit einer Scheibe Mark und einer Scheibe Hummer, so daß diese dachförmig übereinander zu liegen kommen.

Zwei Markscheiben und zwei Hummerscheiben genügen. Ich salze wenig, beträufle mit dünner Glace de viande, bestreue mit wenig Mie de pain und gebe noch einige Tropfen zerlassene Butter darüber.

Zehn Minuten vor dem Gebrauch stelle ich diese kleinen Toasts in den mittelwarmen

Ofen, lediglich um sie durchzuwärmen, und im Moment vor dem Servieren glaciere ich sie unter dem Salamander (Grill) ab. Auch hierzu gebe ich eine Maître d'Hôtel, jedoch ohne Worcestersauce und ohne Knoblauch, aber mit etwas mehr (ungefähr zu einem Drittel) Kalbsjus, außerdem einer sehr kleinen Menge feingehackter Schalottenzwiebel und Zitronensaft vermischt. Man gibt die Butter auf die warme Porzellanplatte, natürlich nur sehr wenig, weil das Gericht sonst zu mächtig wird. Die fertigen Toasts werden heiß daraufgelegt, so daß sie die Butter aufsaugen.

Nicht minder berühmt ist unter Feinschmeckern das BEEFSTEAK NELSON.
Ein aus der Mitte geschnittenes Filetsteak wird leicht geklopft, gewürzt und in einer Pfanne mit Butter schnell zu schöner Farbe angebraten. Inzwischen schwitzt man in einem Service-Kasseröllchen etwas feingehackte Zwiebeln an, dämpft mit Madeira ab, gibt dann einen Löffel braune Sauce hinzu und nach dem eine Garnitur, die sich aus glasierten Zwiebelchen, Champignonköpfen, einigen Karotten und rund ausgebohrten, gut blanchierten Kartoffeln zusammensetzt. Darauf legt man das Filetsteak und läßt dann das Ganze zugedeckt einige Minuten dämpfen, gibt noch etwas klein geschnittene Mixed Pickles hinzu und serviert in der Kasserolle.

Auch ein LAMMSATTEL À LA NELSON hat die Unsterblichkeit des Seehelden in der kulinarischen Literatur wohl für immer sichergestellt.
Der Braten wird sanft geschmort, tranchiert und in Scheiben geschnitten. Diese werden mit weißem Zwiebelpüree bestrichen, mit einer kleinen Schinkenscheibe belegt und als Ganzes wieder zusammengesetzt. Nun wird der knochenlose Sattel mit einer Käseauflaufmasse, die mit Trüffelmus vermischt ist, zugedeckt und im Ofen gebacken. Dazu gibt es gebundenen Kalbsjus.

Zeichnung von Grignon, 1797.

> Wer ein ganzes Menü nach Nelson zu sich nehmen will, braucht auf das Dessert nicht zu verzichten. Zum Nachtisch gibt es ORANGENKÖRBCHEN NELSON:
> Orangen werden zu kleinen Körbchen geschnitzt und dann ausgehöhlt. Für die Füllung benötigt man einen aus dem Orangenfleisch und Pfirsichen zusammengesetzten, mit Curaçao marinierten Fruchtsalat. Die Füllung dann noch mit einem Löffel Weinschaum überziehen. Mit Orangenfilets bestreut, setzt man diese Körbchen um Haselnuß-Halbgefrorenes.

Nach dem Tode von Lord Hamilton blieben dem berühmtesten Liebespaar des 18. Jahrhunderts nur wenige glückliche Monate in ihrem gemeinsamen Londoner Heim Merton Place. Obwohl Admiral Nelson vor der Schlacht von Trafalgar, aus der er nicht zurückkehren sollte, schriftlich und mündlich Lady Hamilton und ihre Tochter dem König und der ganzen Nation mit der Bitte ans Herz legte, für ihr weiteres Wohlergehen zu sorgen, ignorierten die Moralapostel seinen letzten Wunsch.

Emmas Leben endete im Elend, während der Held posthum noch einmal mit allen Ehren überhäuft wurde, die das britische Empire zu bieten hatte.

In Portsmouth liegt Nelsons letztes Flaggschiff »H. M. S. Victory«, Englands stolzestes Nationalheiligtum, als Museumsschiff im Trokkendock. Dort kann man ein riesiges Panorama der Schlacht von Trafalgar bewundern.

Auch in Mowmouth, der Geburtsstadt Heinrichs V., am Zusammenfluß von Monnow und Wye, gibt es noch ein kleines, fast unbekanntes Museum. Dort sind in der Market Hall in Priory Street viele Reliquien versammelt, die an Admiral Nelson und Lady Hamilton erinnern. Hier befindet sich auch der letzte, unvollendet gebliebene Brief an die geliebte Lady Hamilton, den Nelson an Bord seines Flaggschiffes »Victory« schrieb, bevor er tödlich verwundet wurde. Er endet mit den Worten: »Möge Gott der Allmächtige uns über diese Burschen den Sieg schenken und uns ermöglichen, zu einem Frieden zu kommen.«

François René Vicomte de Chateaubriand
Liebe, Luxus und Literatur

In der Literaturgeschichte der Gastrosophie kennt man wenige Gerichte, die ohne jede weitere Erklärung nur mit dem Namen einer berühmten Persönlichkeit bezeichnet werden. Aber jeder kultivierte Esser weiß sofort, daß ein Chateaubriand nur jenes köstliche doppelte Lendenstück sein kann, das stets aus der Mitte des Rinderfilets geschnitten und natürlich niemals völlig durchgebraten wird.
Einen ähnlich gloriosen Platz belegt mit seinem Namen nur noch der Fürst Pückler-Muskau, dessen favorisiertes halbgefrorenes Schlagrahm-Dessert, das Fürst-Pückler-Eis, von einem Lausitzer Konditor namens Schulz 1846 erfunden wurde. Schließlich wäre noch Bismarck zu erwähnen, der der Zubereitungsart eines Herings ungebrochenen Nachruhm verdankt.
Unangefochten haben diese Denkmäler des Küchenruhmes alle 18 Auflagen der Bibel aller Köche, des »Hering-Lexikons der Küche«, überstanden; aber Chateaubriand ist das größte von ihnen.

François René Vicomte de Chateaubriand (1768–1848). Lithographie nach einem Kupferstich aus dem Jahre 1834.

François René Vicomte de Chateaubriand, in der Hafenstadt Saint-Malo geboren, verbrachte seine Jugend im Schloß Combourg in der schwermütigen Landschaft der bretonischen Heide. Schon früh wird er von Gegensätzlichkeiten geprägt, die sein ganzes Leben bestimmen werden: Leidenschaft und Überdruß. Friedrich Sieburg schreibt über Chateaubriand:

In diesem Leben ist alles gleich. Der gleiche Mensch hat den Hunger gekannt und den besten Koch Europas in seinen Diensten gehabt, er ist immer einsam gewesen und hat die rückhaltlose Hingabe der schönsten Frauen seiner Zeit genossen. Er hat auf seine Art einen hartnäckigen Kampf mit Napoleon geführt und doch schöner sein Lob gesungen als irgendein anderer Schriftsteller seiner Zeit. Er hat den Bourbonen mit musterhafter Treue gedient und sie doch verachtet. Er hat viele Tausende von Seiten mit seiner berauschenden Prosa beschrieben und doch meistens nicht gewußt, was er mit seiner Zeit anfangen sollte.

Zunächst wußte das der junge Mann sehr wohl. Er diente als Leutnant in der Armee, er schrieb seine ersten Bücher, er lebte und liebte in Paris und erlebte dort auch 1789 den Sturm auf die Bastille. Dieses Bild schockte den jungen Aristokraten dermaßen, daß er nur noch einen Wunsch hatte: fort – so schnell und so weit wie möglich.

1791 schifft sich der Dreiundzwanzigjährige auf einer Brigantine nach Baltimore ein. Als Waldläufer mit Bart und langen Haaren durchstreift er monatelang das »Indianerland«. Seine Erlebnisse dort schildert er in dem Buch »Voyage en Amérique«.

Als er nach Frankreich zurückkehrt, ist das Land nur dem Namen nach noch eine Monarchie. Nach der Kanonade von Valmy verläßt Chateaubriand ein weiteres Mal die Heimat, die er anscheinend nur noch aus der Ferne lieben kann. Er emigriert über Brüssel nach England, wo er in London zunächst in einer elenden Dachkammer haust. Er hat Hunger. An eisigen Winterabenden steht er stundenlang vor den Auslagen eines Ladens mit Früchten und Schinken und kann sich zu seiner Qual nicht davon losreißen.

Es gibt Tage, an denen er seinen Magen dadurch täuscht, daß er Stroh und Papier kaut oder an einem Stück Leinen saugt, das er mit Wasser getränkt hat. Husten quält ihn. Der Arzt, der ihn untersucht, erklärt: »Sie dürfen nicht auf eine lange Karriere hoffen.«
Diese düstere Prognose sollte sich als falsch erweisen.
Chateaubriand verfestigt seinen literarischen Ruf mit dem »Essai sur les Révolutions« (1797), heiratet dann Céleste, eine Freundin seiner Schwester, ohne sich in der Ehe gefühlsmäßig sehr zu engagieren. Daran hindern ihn seine vielen leidenschaftlichen Liebesaffären, von denen eine sein Leben lang andauern wird: Seine ständige Geliebte ist die berühmteste Frau ihrer Zeit, Madame Juliette de Récamier.
1802 veröffentlicht er seine Absage an die voltairianische Aufklärung »Le Génie du Christianisme« mit der eingeschobenen Novelle »René«, die als das französische Gegenstück zum »Werther« gilt.
Mit Chateaubriands Büchern beginnt die farbige und indiskrete Vermischung von Liebe, Literatur und Politik. Nun interessiert er sich besonders für die Staatskunst und setzt seine Theorien auch in die Praxis um. Bald zeigt sich, daß er zwar den geistigen, nicht aber den materiellen Bedingungen dieses Lebens gewachsen ist: Ob als Gesandter Napoleons in Rom oder, nach dessen Sturz, als Geschäftsträger unter Talleyrand, im Dienst der Bourbonen und mit welchem Salär auch immer – Chateaubriand ist stets hoch verschuldet. Die Mätressen, der Haushalt, die Reisen, die Uniformen, das alles kostet mehr Geld, als er verdienen kann.
Als Pair von Frankreich und Botschafter in London führt er ein glänzendes Haus. In dem schönen Botschaftsgebäude am Portland Place veranstaltet er glanzvolle Empfänge und gibt gewissenhaft die großen Summen aus, die ihm für seinen Aufwand zur Verfügung stehen – und immer noch einen kräftigen Teil darüber hinaus. Er hat den besten Koch seiner Zeit, den berühmten Montmirel, der den Namen des Botschafters für alle Zeiten an ein Rindsfilet knüpft, das von nun an einfach CHATEAUBRIAND heißen wird.
So wird das Original zubereitet:

CHATEAUBRIAND

Fleischscheiben aus der Mitte des Filets in doppelter bis dreifacher Stärke eines Beefsteaks schneiden (Gewicht ca. 400 g). Mit Öl einreiben, auf dem Rost vorsichtig braten, ohne daß sich eine äußere Kruste bildet. Bratzeit pro Seite, je nach Garungsgrad, 4–7 Minuten. Ruhen lassen. Dann salzen und pfeffern, ein Stück Kräuterbutter auflegen und mit reichlich Kresse überstreuen. Gewöhnlich wird das Chateaubriand für zwei Personen angerichtet und bei Tisch vor den Augen der Gäste geschnitten.

Nicht minder berühmt wird die SAUCE CHATEAUBRIAND. Sie besteht aus gehackten Schalotten, Thymian, Lorbeerblatt und Champignons, wird mit Weißwein eingekocht, passiert, mit flüssiger Fleischglace vermischt, mit Butter aufgeschlagen und mit gehackter Petersilie und Estragon vervollständigt.

Als eines Abends der Küchenchef Montmirel ein besonders geglücktes Gericht für seine Tafel liefert, sagt Chateaubriand etwas wehmütig:

Ein einziges dieser gastronomischen Meisterwerke, in das Montmirel soviel Genie legt, hätte, in Gold umgerechnet, vor vielen Jahren genügt, meinen schlimmen Hunger und den Selbstmordversuch meines hungernden Freundes zu verhindern.

Immer wieder kommen ihm, nun, da er im Überfluß lebt, die alten Hungerzeiten in den Sinn. Der Tokajer, der bei den Rothschilds in Strömen fließt, erinnert ihn daran, daß er einst »halbtot vor Hunger« in gierigen Zügen viele Gläser klaren Wassers heruntergestürzt hatte. Die Bilder aus der Vergangenheit verhelfen ihm nicht nur dazu, die Gegenwart zu genießen, sondern auch philosophische Betrachtungen über die Vergänglichkeit alles Irdischen anzustellen. Und vieles davon schreibt er an Madame Récamier, die geliebte Freundin, die ihm all die Jahre hindurch treu verbunden geblieben ist.

Die meiste Zeit verwendet er jetzt an sein größtes Werk, »Erinnerungen von jenseits des Grabes« (Mémoires d'Outre-Tombe), in dem er vor allem seine Erlebnisse während der englischen Emigration niederschreibt.

Diejenigen, die meine Memoiren lesen, werden kaum merken, daß ich sie zweimal unterbrochen habe: Einmal, um für den Herzog von York, den Bruder des Königs, ein großes Festessen zu geben, und ein zweites Mal, um den Tag zu feiern, an dem der König von Frankreich in Paris einzog. Dieses Fest hat mich 40 000 Francs gekostet. Der englische Hochadel, die Botschafter und die vornehmen Ausländer haben sich in meinen Salons eingefunden. Die Tische strahlten im feurigen Glanz der Kristall-Lüster, im goldenen Schimmer des Sèvre-Porzellans und drohten unter dem Überfluß der auserlesenen Speisen und Blumen zusammenzubrechen. In Portland Place waren die schönsten Wagen Londons vorgefahren. Almacks Musik entzückte die modische Melancholie der Dandys und die träumerische Eleganz der nachdenklich tanzenden Ladies...

Sind das nicht Feste, von denen wir heute nur träumen können? Hat man je in Jet-set-Berichten etwas von »nachdenklich tanzenden Ladies« gelesen?

Nach Zwistigkeiten mit der bourbonischen Regierung ging Chateaubriand in die Opposition. Nachdem er mehrmals seine politische Gesinnung gewechselt hatte, Minister des Auswärtigen und Gesandter in Rom gewesen war, zog er sich 1830 schließlich ganz vom öffentlichen Wirken zurück. Die »Mémoires d'Outre-Tombe« beschäftigen ihn weiterhin. Wenn er nicht auf Reisen ist, trifft er fast täglich Madame Récamier.

Zu seiner Frau Céleste hat er nur noch eine äußerliche, formelle Beziehung. Sie, die sich in den ersten Ehejahren noch durch einen trockenen Sarkasmus auszeichnete, hat diesen inzwischen gegen eine raumumspannende Frömmigkeit umgetauscht. Raumumspannend auch insoweit, als sie neben der gemeinsamen Wohnung ein großes Pflegeheim für alte Priester und Schwestern eingerichtet hat. Nicht gerade ungehalten, aber auch nicht ohne leichte Überheblichkeit bemerkt Chateaubriand zu dieser Atmosphäre: »Pflegeschwestern in schwarzen Büßergewändern und weißen Flügelhauben, alte Priester und Rekonvaleszente gehen zwischen Flieder, Azaleen und Rhododendron, zwischen den Beerensträuchern und den Kräutergärten der Küche hin und her. Die Drosseln flöten, die Grasmücken zirpen und die Nachtigallen wetteifern mit den Kirchenliedern.«

Er, der alte Dichter, ist in dieser frommen Gesellschaft hoch angesehen. Vor allem deshalb, weil häufig vornehme Damen erscheinen und sich gegen beachtliche Almosen den berühmten Mann zeigen lassen, der am Fenster arbeitet oder sich in seinem eigenen Gärtchen ergeht.

Die Schwestern stellen in ihrer Küche eine »Chateaubriand-Schokolade« her, die sie zu hohen Preisen an die Besucher verkaufen. Und selbst der junge Victor Hugo, der bitter arm ist, wird eines Tages, als er Chateaubriand besuchen will, von den Gottesdienerinnen abgefangen und muß zähneknirschend für zwanzig Franc fromme Schokolade kaufen. Eine Summe, von der er eine ganze Woche hätte leben können. Für Victor Hugo brach eben erst die »große Zeit« an, die Chateaubriand schon fast hinter sich hatte. Der mochte das nicht wahrhaben und ging dabei so weit, daß er vorgab, die neuen Wilden nicht einmal dem Namen nach zu kennen, und bisweilen fragte, wer denn dieser »Hector Rhugo« eigentlich sei. In Wahrheit las er täglich in den Büchern der Jungen und freute sich darüber, daß sie so viel von ihm gelernt hatten.

In den schicksalsträchtigen Junitagen des Jahres 1848 hört der sterbende Chateaubriand den Kanonendonner nur noch von ferne. An seinem Bett sitzt die geliebte Juliette Récamier, der so viele Männer zu Füßen lagen und die doch nur dem einen, dem »bretonischen Junker«, die Treue hielt.

Seine letzte Ruhestätte wurde, seinem Wunsch gemäß, ein einsamer Felsen im Meer vor der alten Hafenstadt Saint-Malo. Eine Granitplatte, ein Kreuz – kein Name, keine Inschrift. Ein Grab wie sein Leben: einsam, romantisch und ein wenig theatralisch.

Giacomo Meyerbeer

Theaterdonner und Lammnieren

Dämmerung auf der Bühne. Aus Gräbern, die sich öffnen, schwebt ein Nonnenballett zum Theaterhimmel. Das Pariser Opernpublikum ist entzückt.
Wir schreiben das Jahr 1831 und wohnen der Premiere von Meyerbeers erster Oper »Robert le Diable« (Robert der Teufel) bei. Romantik ist in diesen Jahren gefragt, und der Komponist und Regisseur hat dem Zeitgeschmack auch mit technischen Mitteln Rechnung getragen: Zum ersten Mal wird auf einer Bühne mit Gaslicht gearbeitet.
Was in Paris reüssiert, hat die Welt für sich gewonnen. Innerhalb von drei Jahren wird »Robert le Diable« an 77 Bühnen in 11 Ländern erfolgreich aufgeführt. Europa liegt Giacomo Meyerbeer zu Füßen.
Nur fünf Jahre später – 1836 – folgt die Uraufführung der Oper »Die Hugenotten«. Massenaufzüge und bombastische Kulissenmanipulationen garantieren von vornherein die jubelnde Zustimmung des Volkes. Aber auch die Musikkenner stimmen in den Beifall ein – sie sind von den dezenten, verinnerlichten Szenen und Duetten begeistert.
1849 überschlägt sich die Phantasie des Meisters: In seiner neuen Oper »Le Prophète« tritt ein Ballett auf Schlittschuhen auf – eine

Giacomo Meyerbeer
(1791–1864).
Lithographie, um 1835.

Inkunabel von »Holiday on Ice« –, und im Finale fliegt durch eine Explosion ein ganzer Palast in die Luft. Ob es so im Westfalen der Reformation zuging – dort spielt die Geschichte des Prophète –, ist fürs Pariser Publikum ohne Belang. Meyerbeer wird gefeiert wie hundert Jahre später Cecile B. de Mille.
Jakob Liebmann Beer hatte sich die richtigen Eltern ausgesucht.

Jedenfalls was Reichtum, Lebensstil und Kunstverständnis anbetraf. Die jüdische Abstammung machte ihm freilich zeitlebens zu schaffen. Was sich auch bei seiner Suche nach dem »richtigen« Namen ausdrückte. Er nannte sich später Meyerbeer und wechselte auch den Vornamen von Jakob zu Giacomo, letzteres wohl aus Liebe zu Italien.

Karikatur aus dem »Kladderadatsch«, 1860.

Der Sohn eines reichen Berliner Bankiers erlebte eine sorglose Kindheit. In seinem glanzvollen Elternhaus ging ein und aus, was damals bei Hofe strahlte und in Kunst und Wissenschaft glänzte. Später ermöglichten ihm seine Eltern jahrelange Reisen durch ganz Europa – in Italien lernte er bei Rossini und trieb Musikstudien bei den besten Lehrern seiner Zeit.
Nie mußte Meyerbeer eine einzige Note um des Broterwerbs willen schreiben. Unbeschwert konnte er sich auf die Karriere eines Opernkomponisten vorbereiten.
Mit seinen Werken gab er seiner Zeit, was sie brauchte: die große Oper, das historisch-romantische Prunkstück, in dem das aufstrebende Bürgertum, der offiziellen Parole »Enrichez-vous« gern folgend, Ohrenschmaus und Augenweide, gesellschaftliche Repräsentation und kultivierte Unterhaltung fand.
Mit unterlegenem Kunstverstand, aber weit überlegenen techni-

schen Mitteln hat später Hollywood diesen Unterhaltungspart übernommen.

1842 wurde Meyerbeer als Generalmusikdirektor nach Berlin berufen und genoß hier seinen Erfolg, professionell und privat.

Seit 1826 war er mit seiner Kusine Minna Mosson verheiratet, die lieber den Berliner Haushalt führte, als ihn bei seinen ausgedehnten Auslandsaufenthalten zu begleiten.

Angeregt von den Pariser Diners und Soireen, die Meyerbeer dort für Komponisten und Dichter, Operndirektoren und Sänger, für Journalisten und Freunde häufig gab, fing er bald an, in Berlin selbst am Herd kreativ zu werden.

Wie viele Gerichte muß man selbst erfunden, erfahren, erschmeckt und bereitet haben, bis eines nach einem benannt wird? Auch das hat Meyerbeer spielend geschafft: das KALBSSTEAK MEYERBEER steht heute in jedem etwas anspruchsvolleren allgemeinen Kochbuch:

KALBSSTEAK MEYERBEER

4 Kalbssteaks à 150 g
5–6 weiße Pfefferkörner
½ TL Delikateß-Paprika
2 Prisen Thymian
½ TL Dijon-Senf à l'Estragon
1 Stück Schale einer unbehandelten Zitrone
2 EL Öl
2 EL Butter
100 g Geflügelleber
1 fingerdicke Scheibe Kalbsniere
5 Späne Perigord-Trüffel
1 Schalotte
1 Glas Madeira
⅛ l Fleischbrühe mit
1 TL Liebig Fleischextrakt verrührt

Die zerdrückten Pfefferkörner, Paprika, Thymian und die Zitronenschale mit dem Öl zwei bis drei Stunden ziehen lassen, dann das Öl durchsieben und die Steaks gut damit bestreichen. Nochmals 15 Minuten marinieren lassen. Die Steaks in einer flachen, heißen Kasserolle beidseitig kurz braten und dann warm stellen. In einer Bratpfanne in heißer Butter die fein geschnetzelte Geflügelleber und die Kalbsniere schnell anbraten und in einem Topf warm stellen (am besten im Ofen zu den Steaks bei 50–75 Grad).

Die fein gehackte Schalotte andämpfen, mit Madeira ablö-

> schen und auf die Hälfte einkochen, mit Fleischbrühe angießen, nochmals etwas einkochen lassen, die Sauce durchsieben und mit den Trüffelschnitzen und der Geflügelleber mischen. Die Kalbssteaks auf einer vorgewärmten Platte anrichten und mit der Sauce nappieren.

Gab es tatsächlich nur Sonnenschein im Leben von Giacomo Meyerbeer, von dem Berlioz nicht frei von Neid sagte: »Meyerbeer hatte das Glück, Talent zu haben, er hatte aber auch ein großes Talent, Glück zu haben.«

Der Erfolg schien ihn überall zu begleiten. Die Ehe war gut, drei hübsche Töchter gab es, und der Wohlstand war so selbstverständlich wie der berufliche Erfolg. Einige Wermutstropfen hat das Schicksal aber auch ihm ins Glas gegossen. Als der Wagnerkult am üppigsten blühte, sahen immer mehr Kritiker in Meyerbeer das Synonym für Hohlheit. »Wirkung ohne Ursache« lautete ein bissiges Bonmot von Richard Wagner. Üble antisemitische Polemik stempelte ihn zum geldgierigen Musikfabrikanten, zu einem »Hemmschuh echter deutscher Kunst«. Hugo Wolf schrieb in einer Kritik: »Was soll man dazu sagen, wenn einen ganzen Monat hindurch keine Wagnersche Oper, hingegen dreimal in der Woche Meyerbeer gespielt wird? Sind wir in Palästina oder in einer deutschen Stadt?«

Erhaben über kleinkarierten Neid und nationale Engstirnigkeit war, wie immer natürlich, Goethe, der über einen möglichen Komponisten seines »Faust« an Eckermann schrieb: »Es müßte einer seyn..., der wie Meyerbeer lange in Italien gelebt hat, so daß er seine deutsche Natur mit der italienischen Art und Weise verbände.«

Wenn ihm die deutsche Kritik auch hart zusetzte, das Publikum blieb Meyerbeer treu, überall, in allen Ländern. Während die Deutschen das Fremdartige an seinen Opern schätzten, empfanden ihn Franzosen und Italiener als einen deutschen Romantiker. Kulinarisch muß man Meyerbeer eher als Kosmopolit einordnen, so wie es seiner Erziehung und seinem weltläufigen Elternhaus entsprach.

In beiden Bereichen, dem der Musik und dem der Küche, gilt Meyerbeers Name viel. Wer in der professionellen Gastronomie Meyerbeer sagt, meint HALBE SAUTIERTE ODER GRILLIERTE HAMMEL- ODER LAMMNIEREN mit Sauce Madeira oder Périgueux. Wer sich genau an die Vorschrift der dazu gehörenden SPIEGELEIER MEYERBEER hält, der darf sich auf ein großes kulinarisches Erlebnis freuen.

LAMMNIEREN MEYERBEER

Zunächst müssen die Eier in der Schale auf Zimmertemperatur gebracht werden, während man längs halbierte Kalbs- oder Lammniere 30 Minuten in lauwarme Milch legt. Dann trocknen und häuten und mit etwas Zitrone beträufeln. In sehr heißer Butter werden die Nieren von beiden Seiten zischend angebraten, so daß sie innen noch rosig sind. Sofort vom Feuer nehmen, in dünne Scheiben schneiden, erst jetzt salzen und pfeffern und im Ofen bei 50–75 Grad warm halten.

SPIEGELEIER

Für 4 Spiegeleier bei schwacher Hitze zwei Eßlöffel Butter in der Pfanne zerlassen, eine Prise Salz einstreuen und die aufgeschlagenen Eier in die Pfanne geben. Mit einem Löffel die Eier mit der flüssigen Butter übergießen, im Augenblick des Gerinnens nur das Weiße mit einer Drehung aus der Pfeffermühle würzen (weißer Pfeffer) und die Pfanne zudecken. Nach reichlich einer Minute sind die Eier perfekt. Jetzt die Nierenscheiben auf das Eiweiß legen und auf vorgewärmter Platte servieren.

Gelegentlich erweiterte Meyerbeer seine Spiegeleier noch auf pompöse Art: Dann umrahmte er sie mit einer dick eingekochten Teufelsauce und garnierte mit feinen Streifen schwarzer Périgord-Trüffel und einigen Blättern frischer Brunnenkresse.

Die Art, etwas à la Meyerbeer anzurichten, verzeichnete Franz Pfordte, der berühmte Hamburger Koch, so:
»Auf Brotkrusten anrichten. Mit einer eingeschnittenen, aufgeklappten und gebratenen Lammniere belegen und die Niere mit einem feinen Trüffel- und Champignonragout, welches mit Madeira-Sauce gebunden ist, füllen. Madeira-Sauce extra.«
Bei Hammelnieren hielt auch Pfordte sich an die Vorschrift des Komponisten, sie nur mit Tomatensauce zu den Spiegeleiern zu geben.

Ein Rezept, an dem sich Meyerbeer immer wieder versuchte, ist das Rumpsteak. Schließlich gelang es ihm perfekt. Seine Zubereitungsart fand Eingang in die Vorschriften der internationalen Kochkunst:

Für ein RUMPSTEAK À LA MEYERBEER wird das vorschriftsmäßig gebratene Fleisch so nappiert: Geflügelleber und Champignons werden mit Madeira-Sauce gebunden und über das zu servierende Rumpsteak gegeben. Das Ganze wird mit gehackter Petersilie bestreut.

Meyerbeer verstand es zeitlebens, den Alltag zu genießen. Sein »cosmopolitan feeling« ließ ihn in der Kunst italienischen Belcanto mit deutschem Gefühl und französischer Eleganz verbinden.
Daß sein künstlerischer Erfolg sich auch finanziell niederschlug, schien dem Bankierssohn ganz normal zu sein. Er war nicht nur Komponist und Kosmopolit aus Weltanschauung, er war auch überzeugter Kapitalist. Stets beschäftigte er mehrere Justitiare, die sein Vermögen verwalteten.
Mit seinem Geld tat er viel Gutes, ohne sich als Spender zu erkennen zu geben: Er unterstützte notleidende Künstler und ließ bedürftige Kinder ausbilden.
In späteren Jahren war er ein selbstkritischer, belesener und tief religiöser Mann. Dabei blieb er, auch als er die Beschwernisse des

Alters spürte, ohne Selbstmitleid. Er sah auch diese Problematik kulinarisch-humorvoll an. Anläßlich eines Festessens zu seinem Siebzigsten sagte er: »Das Leben ist ein Menü. Ich bin jetzt schon beim Käse angelangt; aber er schmeckt mir gut.«

Meyerbeer lebte, liebte und schaffte in *seiner* Zeit für *seine* Zeitgenossen. Damit teilte er das Schicksal aller Künstler, die ihrer Zeit so sehr tributpflichtig waren, daß ihre Bedeutung von späteren Generationen nicht mehr voll erkannt wurde.

Nach seinem Tod, am 2. Mai 1864, komponierte ein Neffe Meyerbeers zu dessen Gedenken einen Trauermarsch. Er spielte ihn Rossini vor und bat um sein Urteil. »Es wäre mir lieber, Sie wären gestorben«, sagte Rossini, »und Ihr Onkel hätte den Trauermarsch zu Ihrem Andenken komponiert.«

Gioacchino Rossini

Partituren für den Herd

»Ruhm ist eine Illusion und Arbeit eine Last!« – so epikureische Statements gab Rossini nicht nur zum besten; er lebte auch danach.
Schon mit vierzig gelang ihm, wovon wir alle träumen: der Rückzug ins Privatleben.
Dieser vorgezogene Ruhestand spielte sich freilich nicht im kleinen Stübchen und auf Rentenbasis ab. Der inzwischen vermögende Maestro versammelte in seiner Villa die Elite der zeitgenössischen Künstler um sich und bewirtete sie als Meisterkoch mit den Kreationen seiner exquisiten Küche. Das nötige Kleingeld dazu war dem Sohn eines Hornisten und Fleischbeschauers aus Pesaro freilich nicht vom Papa in die Wiege gestreut worden.
Als er mit acht Jahren im Kirchenchor zum Unterhalt der Familie beitrug, war noch nicht abzusehen, daß er mit achtzehn seine erste Opera buffa in Venedig herausbringen würde, die sogleich gefiel.
Zwei Jahre später eroberte er mit der »Liebesprobe« schon die Scala, und 1813 löste er mit der Opera seria »Tancredi« im Teatro Fenice in Venedig den ersten Rossini-Taumel aus. Ab da regnete es Aufträge.
Zwei Wochen brauchte Rossini für seinen Geniewurf, den »Barbier von Sevilla«, und schüttelte dann jedes Jahr drei bis vier Opern aus dem Ärmel.

Gioacchino Rossini (1792–1868).

In vollen Zügen genoß er die Früchte seines Ruhms, die altitalienische Weltherrschaft des Belcanto noch einmal erneuert zu haben. Die Hauptpartien der meisten seiner Opern waren für die Kehle einer Primadonna geschrieben: Isabella Colbrán. Sie wurde, obwohl sieben Jahre älter, auch die Primadonna seines Privatlebens. Mit ihr zusammen versetzte er die Hauptstädte Europas in eine wahre Rossini-Raserei und scheffelte Honorare von bis dahin unbekannter Höhe.

Der Maestro wußte immer, was gut für ihn war. Als Isabella mit den Jahren zickig wurde, zog er es vor, getrennt zu leben. Später heiratete er die schöne Olympe, die seine Lebensweise in etwas ruhigere Bahnen brachte.

Herbert Weinstock vermittelt in seiner Rossini-Biographie das genaue Protokoll eines »normalen Vormittags«:

Er stand um 8 Uhr auf und nahm zum Frühstück ein Brötchen und ein großes Glas Kaffee zu sich, manchmal in späteren Jahren ersetzt durch zwei weichgekochte Eier und ein Glas Bordeaux. Gleichzeitig öffnete Olympe die Morgenpost und berichtete ihm zusammenfassend deren Inhalt. Dann empfing Rossini Besucher bis ungefähr ½11, worauf er einen langen Überrock anzog, seine Krawatte mit seiner Lieblingsnadel, die das Bild Händels zeigte, befestigte und loszog. Wenn das Wetter es erlaubte, ging er eine Stunde lang auf den Boulevards spazieren und stieg dann in einen Fiaker, um Freunde wie die Rothschilds und Comte Pillet-Will aufzusuchen. Er besuchte oft auch verschiedene Geschäfte, um Aufträge für Olympe zu erledigen und Eßwaren einzukaufen.

Eines Tages begleitete der junge Edmond Michotte Rossini bei einem Ausflug in die Gegend des Marais mit einem Pasta-Laden als Ziel, den der Italiener Canaveri führte. Als sie die Treppe zum 3. Stock hinaufgestiegen waren, wandte sich Rossini an den Besitzer: »Sind Sie Canaveri? Ich habe gehört, daß Sie neapolitanische Makkaroni haben. Zeigen Sie sie mir.« Dann sagte er, während er auf das, was der Mann vor ihn hinlegte, mit kaltem Blick starrte: »Das? Aber das sind Makkaroni aus Genua!«

»Signore, ich versichere Ihnen...«, fing der Mann an zu protestieren.

»So, das sollen sie sein?« antwortete Rossini. »Wenn Sie keine Makkaroni aus Neapel haben, will ich nichts weiter wissen. Guten Tag!« Und damit stieg er die Treppe wieder hinunter.
Michotte blieb noch oben und sagte zu Canaveri: »Wissen Sie, wer der Herr war? Rossini, der große Komponist.«
»Rossini?« antwortete der Händler. »Ich kenne ihn nicht. Aber wenn er so viel von Musik versteht wie von Makkaroni, dann muß er sehr gute Sachen schreiben.«
Unten berichtete Michotte dem wartenden Rossini seine Unterhaltung, worauf Rossini bemerkte: »Das ist ja gut! Nicht ein einziger meiner Lobredner hat es je zu einer solchen Lobeshymne gebracht!«

Bezeichnend für Rossinis Freude am Dolce vita ist auch diese Beschwerde eines Mitarbeiters:

Ich kann die Aufmerksamkeit des Maestro immer nur für Augenblicke festhalten, und es ist hier viel schwieriger als in Paris, etwas mit ihm zu besprechen, da er sich mit diesen verfluchten Bologneser Faulenzern amüsiert – der Teufel soll sie holen! Sie kommen von Mittag an in sein Haus gelaufen, um ihn zu stören, wenn er kaum aufgestanden ist, und sie lassen ihn bis 1 Uhr morgens nicht in Ruhe...

Das sah der Mann falsch. Von »stören« konnte keine Rede sein. Rossini plante halt wieder, wie so oft, ein umfangreiches Menü im Freundeskreis.
Die glückliche Veranlagung des Italieners hatte ihn, als er auf der Höhe des Ruhms seine künstlerische Schaffenskraft erlahmen fühlte, davor bewahrt, nach Art nordischer Genies in Wahnsinn zu verfallen. Rossini verlagerte seine Kreativität einfach auf ein anderes Gebiet: das Kochen, das gute Essen und Trinken! Hier die Philosophie des Meisters im O-Ton:

...Nach dem Nichtstun weiß ich für mich keine köstlichere Beschäftigung als zu essen, anständig zu essen, versteht sich. Das, was die Liebe für das Herz ist, ist der Appetit für den Magen. Der

Porträt-Karikatur nach einer Zeichnung von E. Carjat, 1856.

Magen ist der Dirigent, der das große Orchester unserer Leidenschaften leitet und aktiviert. Den leeren Magen stellt das Fagott dar, das das Mißvergnügen brummend intoniert, oder die Pikkoloflöte, die das Verlangen hinausschreit. Der volle Magen hingegen ist die Triangel des Vergnügens oder die Kesselpauke die Freude. Was die Liebe anbelangt, so halte ich sie für die Prima donna par excellence, für die Diva, die in meinem Gemüt die Cavatinen dahinträllert, die das Ohr betören und das Herz entzücken. Essen und Lieben, Singen und Verdauen, das sind im wahrsten Sinne des Wortes die vier Akte der Opera buffa, die man gemeinhin das Leben nennt – und das vergeht wie der Schaum einer Champagnerflasche. Wer es dahinschwinden läßt, ohne es genossen zu haben, ist ein Erznarr.

Reiche und berühmte Leute bekommen bekanntlich viele Geschenke. Bei Rossini mußte man sich nicht lang den Kopf zerbrechen, womit man ihn erfreuen konnte. Alle paar Tage wurden ihm Delikatessen ins Haus geschickt: Makkaroni, handgemacht von den Nonnen in L'Aquila, Schinken aus Sevilla, Zamponi (gefüllte Schweinefüße) aus Modena, Oliven aus Ascoli-Piceno, Mortadella aus Bologna, Käse aus Gorgonzola und noble Weine aus der Toscana und dem Friaul.
Neue kulinarische Eigenschöpfungen begeisterten ihn dermaßen, daß er sogleich in Briefen an Freunde darüber berichten mußte:

Das, was Sie wohl außer meiner Oper noch interessieren wird, ist die Entdeckung eines neuen Salats, deren Rezept ich Ihnen gleich zukommen lassen will.
Nehmen Sie Olivenöl aus der Provence, englischen Senf, französischen Essig, ein wenig Zitronensaft, Pfeffer und Salz. Das alles tüchtig verrühren und gut vermischen. Einige Trüffel dazugeben, die Sie sorgfältig in dünne Scheiben geschnitten haben. Die Trüffel verleihen der Würze so etwas wie einen Heiligenschein, um ein Leckermaul in Ekstase zu versetzen. Der Kardinalssekretär, dessen Bekanntschaft ich die letzten Tage gemacht habe, hat mir für diese Erfindung den apostolischen Segen gegeben. Der Trüffel ist der Mozart der Pilze. Um ehrlich zu sein, ich weiß für den Don Juan

keinen besseren Vergleich als den Trüffel. Beide haben es in sich, daß, je öfter man sie genießt, um so mehr Reiz entfalten sie.

Nach dieser noblen Eröffnung eines Menüs, von denen es viele gab in Rossinis elegantem Pariser Domizil an der Chaussée d'Antin, kommen wir nun zur bekanntesten seiner kulinarischen Erfindungen: den TOURNEDOS À LA ROSSINI.
Wie bei jedem berühmten Gericht ranken sich Anekdoten um die Entstehung des Namens. Die folgende scheint mir durchaus akzeptabel:
Rossini hatte seine Erfindung, kurz in der Pfanne gebräunte Rindsfilets auf Toast zu legen und mit Gänseleber und Trüffeln zu garnieren, seinem Koch beigebracht. Dieser sollte das neue Gericht vor geladenen Gästen in einer Ecke des Speisezimmers zubereiten, damit Rossini ihn dabei ständig kontrollieren konnte – ein sehr einleuchtender Wunsch für jeden kulinarisch Ambitionierten. Auch ich würde unruhig am Tisch sitzen und ständig denken: »Was macht der Kerl in der Küche aus meiner Erfindung?«
Dem Majordomus freilich war das Ganze eher peinlich, und er sagte: »Maestro, ich kann eine so banale Küchenangelegenheit wie Fleischbraten doch nicht vor Ihnen und allen Gästen ausführen.« – »Na, dann drehen Sie mir doch einfach dabei den Rücken zu«, meinte Rossini – »Tournez-moi le dos!« – (und schon war das Wort »Tournedos« geboren).
Hier das Rezept, wie ich es heute – auch im Angesicht meiner Freunde – bereite:

TOURNEDOS À LA ROSSINI

Zutaten für 4 Personen:
4 Scheiben Rinderfilet
(à 150 g), ca. 4 cm dick
4 Weißbrotscheiben, rund geschnitten
4 Scheiben Gänseleber, ca. 5 mm dick
4 Scheiben Trüffel
100 g Butter
¼ l Madeira
2 EL Trüffelsaft
2 EL Petersilie, feingehackt
¼ l eingekochte Champignonsauce
Salz
Pfeffer

⅛ l Madeira mit Trüffelsaft kurz einkochen lassen. Champignonsauce und Petersilie unterrühren und Sauce warm stellen.
Weißbrotscheiben in der Hälfte der Butter von beiden Seiten in der Pfanne bräunen, warm stellen.
Fleisch in ca. 30 g Butter in der Pfanne von jeder Seite ca. 3 Minuten braten. Salzen, pfeffern und auf die Brotscheiben setzen.
Gänseleberscheiben in 20 g Butter kurz sautieren und auf die Fleischstücke verteilen. Jedes mit einer Trüffelscheibe belegen.
Den Bratensaft mit 2 cl Madeira löschen, mit der warmgestellten Sauce mischen, durch ein Sieb passieren und jeweils die Hälfte eines Tournedos damit begießen.

Dazu müssen Sie nicht unbedingt eine Arie des Barbiers zu Gehör bringen. Rossini hat auch kleine Stücke geschrieben, die sich als Begleitmusik eignen. Er nannte sie »Les petits Riens«. Sie haben so hübsche Titel wie »Les Hors d'Oeuvres«, »Les Anchois«, »Les Radis« oder »Eine Liebkosung für meine Frau«.

Des Meisters Verhältnis zum Aufsteiger Richard Wagner war nicht ganz unproblematisch.
Wagner hatte vor einem Besuch bei Rossini zu einem Freund gesagt: »Rossini – es stimmt, ich habe ihn noch nicht gesehen,

aber es gibt Karikaturen von ihm als Feinschmecker, der nicht mit Musik, sondern mit Mortadella vollgestopft ist.«

Rossinis Rache folgte prompt. Bei einem seiner wöchentlichen Abendessen setzten die Diener den Gästen, in dem Moment, als das Menu Filet de Sole »Wagner« angekündigt wurde, nur eine getrüffelte Weißweinsauce mit winzigen gefüllten Torteletts vor. Jeder nahm ein wenig davon, aber dann wurde nicht weiterserviert. Die Seezungenfilets erschienen nicht. Die erstaunten Gäste fragten einander: Was macht man mit der Sauce? Rossini freute sich hämisch über die Verlegenheit und schluckte etwas von der Sauce hinunter. Dann rief er aus: »Sie können mir glauben, sie ist ausgezeichnet. Was die Seezungen anbelangt – es ist schade... das Hauptgericht... Der Fischlieferant vergaß im letzten Moment, sie zu bringen. Seien Sie nicht erstaunt; ist es nicht mit Wagners Musik dasselbe?... Gute Sauce, keine Seezungen.., keine Melodie!«

Die Bezeichnung »Filet de Sole Wagner« hatte sich Rossini eigens für diesen Abend ausgedacht. Tatsächlich ist diese Zubereitung der Seezunge mit Weißweinsauce eine Rossini-Erfindung. Für alle Zeiten hat das Repertoire der Grande Cuisine sie unter dem Namen FILET DE SOLE ROSSINI festgeschrieben. Und so werden diese Rossinis heute von den Küchenchefs in aller Welt zubereitet:

FILET DE SOLE ROSSINI

Seezungenfilets werden mit Fischfarce und Gänseleberpüree bestrichen und zu Röllchen geformt. Sie werden in Weißwein mit Fischsud pochiert, mit gehackter Périgord-Trüffel bestreut und mit winzigen Torteletts garniert, die mit der gleichen Farce gefüllt, mit einer Trüffelscheibe belegt sind.
Dazu gibt es eine Weißweinsauce, die auf der Basis von stark reduziertem Fischfond und Weißwein entsteht. Die Sauce wird mit Eigelb und Sahne gebunden, mit Cayennepfeffer gewürzt und mit Zitronensaft abgeschmeckt.

Rossini hat in seinem Leben dreimal geweint – erzählte man schon zu seinen Lebzeiten; zum ersten Mal, als der »Barbier von Sevilla« ausgepfiffen wurde, ein zweites Mal, als er zuhören mußte, wie sein Landsmann Carafa eine Arie sang, und schließlich, als ihm bei einer Bootsfahrt ein getrüffelter Truthahn ins Wasser fiel und vor seinen Augen versank.
Vor zwei Dingen hatte der sonst stets heitere Lebenskünstler Gioacchino Rossini Angst: vor Katarrhen und Zeitungsschreibern! Erstere machten ihm »humeurs mauvaises« – körperliches Unwohlsein und letztere »mauvaise humeur« – schlechte Laune. Möge er mir posthum verzeihen.

Heinrich Heine
Der Mensch ist, was er ißt

Heine muß so um die 25 Jahre alt gewesen sein, als er bei einer Veranstaltung des Vereins für Kultur und Wissenschaft der Juden einer Hamburger Reedersgattin vorgestellt wurde, deren literarischer Salon großen Ruf hatte. Oft lud sie aufstrebende musische Talente in ihr Haus an der Elbchaussee zur Tafel – Heine war nie unter den Eingeladenen. »Seiner jüdischen Abstammung wegen«, vermutete man. Überraschend sagte die Mäzenin zu ihm: »Kommen Sie doch am Freitag zu einer Tasse Kaffee.«
Heine antwortete: »Leider kann ich Ihre Einladung nicht annehmen. Ich trinke meinen Kaffee nur dort, wo ich gegessen habe.«
Ob diese Geschichte wahr ist oder nur von Heine gut erfunden wurde, die Pointe paßt zu ihm. Genauso wie die Tatsache, daß man bis heute nicht genau weiß, wann dieser große Dichter des neunzehnten Jahrhunderts geboren wurde. Heine selbst nannte sich nämlich scherzhaft ». . . einen der ersten Männer des Jahrhunderts, weil ich in der Neujahrsnacht 1800 geboren bin«.
Später vernichtete ein Feuer alle Familienpapiere. Nachdem im Laufe der Zeit einige Argumente bekannt wurden, die mit großer Wahrscheinlichkeit für den 13. Dezember 1797 als Geburtsdatum in Düsseldorf sprachen, wurde Heine zu diesem Punkte befragt.
»La chose la plus importante, c'est que je suis né«, antwortete er – Hauptsache, ich bin da.

Eine Tatsache ist es dagegen, daß Heine auf den Vornamen Harry getauft wurde und erst ab 1825, dem Jahr seines Übertrittes zum Protestantismus, den Vornamen Heinrich führte.

Keine sechzig Jahre dauerte das Leben des Mannes, der wie kein anderer vor ihm auch noch nach seinem Tode von seinen Landsleuten geschmäht und getadelt, im Ausland dagegen – ob in Italien, Rußland, England, Frankreich oder Amerika – schon längst als der große Poet deutscher Sprache gefeiert wurde.

Heines Mutter Betty hatte für ihre vier Kinder fest umrissene Erziehungsprinzipien. Eines ihrer Gesetze lautete: Wenn man eingeladen ist, darf man nicht alles aufessen, was auf dem Teller liegt. Diesen Anstandsrest nannte sie den »Respect«.

Eines Tages besuchten die Heines ein Gartencafé am Stadtrand von Düsseldorf. Als sie das Ausflugslokal verließen, nahm Harrys jüngerer Bruder Maximilian unbemerkt von der Mutter das letzte Stück Kuchen vom Tisch und aß es hinter ihrem Rücken schnell auf. Harry war über diesen Gesetzesbruch so tief betroffen, daß er zu seiner Mutter sagte: »Denk dir, Mama, Maximilian hat den Respect aufgegessen.«

1815 verließ der Jüngling das Elternhaus, um – wie sich bald herausstellte, vergeblich – in Frankfurt beim Bankier Rindskopf das Bankgeschäft zu erlernen. Schließlich gelang dieses Vorhaben 1817 in Hamburg. Im Bankhaus seines Onkels Salomon Heine brachte er ein Volontariat als Bankkaufmann zum Abschluß.

Mutter Betty hatte zwei Idealvorstellungen vom Beruf ihres Ältesten gehabt. Solange Napoleons Ruhm im Steigen war, hatte sie ihren Harry – mit goldenen Epauletten – für eine militärische Karriere vorgesehen; als Napoleons Stern erlosch, setzte sie, ungerührt und pragmatisch, wie es sich für eine jüdische Mama ziemt, das Vorbild Rothschilds an die Stelle des Korsen.

Schon 1818 richtete Onkel Salomon, den die Familie Heine nie ohne den bewundernden Beinamen »der Millionär« erwähnte, dem Neffen in Hamburg ein Kommissionsgeschäft ein: Harry Heine & Co. Dieses unternehmerische Zwischenspiel in Heines Leben endete schon im zweiten Geschäftsjahr mit einem Fiasko. Dank der kaufmännischen Untüchtigkeit des jungen Inhabers machte die Firma Bankrott. Immerhin reichte diese Zeit kurzen

Wohlstandes aus, um Harry Heine die kulinarische Sonnenseite des Lebens in Hamburg zu zeigen. Das »gute Essen«, das er in vielen Gedichten erst allgemeiner, später dezidiert nach Gerichten, so oft besungen hat, inspirierte ihn zu dieser ersten Hamburger Küchen-Eloge.

Der Hamburger ist, war er ißt

Der Tisch war gedeckt. Hier fand ich
die altgermanische Küche.
Sei mir gegrüßt, mein Sauerkraut,
holdselig sind deine Gerüche.
Gestovte Kastanien im grünen Kohl,
so aß ich einst bei der Mutter!
Ihr heimischen Stockfische, seid mir gegrüßt,
wie schwimmt ihr klug in der Butter.
Jedwedem fühlenden Herzen bleibt
das Vaterland ewig teuer.
Ich liebe auch recht braun geschmort
die Bücklinge und Eier.
Wie jauchzen die Würste in spritzendem Fett!
Die Krammetsvögel, die frommen
Englein mit Apfelmus,
die zwitschern mir: »Willkommen!«

Onkel Salomons Generosität hatte unter Harrys Konkurs nicht gelitten. Er finanzierte ihm ein Jurastudium, das er zur Verblüffung der Familie mit einigen Unterbrechungen 1825 in Göttingen mit der Promovierung zum Doctor Juris abschloß. Es ist das gleiche Jahr, in dem aus Harry Heinrich Heine wird.
Als sich die Hoffnung Onkel Salomons, Heine werde nach bestandenem Staatsexamen eine Anwaltspraxis in Hamburg eröffnen, endgültig zerschlagen hatte, sagte der alte Bankier verbittert: »Hätte der dumme Junge was gelernt, so brauchte er nicht zu schreiben Bücher.«
Noch während seines Studiums machte Heine eine lange Fußwanderung durch den Harz, Vorstufe zu der erst später erschei-

nenden »Harzreise«, und schrieb viele der Gedichte, die 1827 im »Buch der Lieder« erschienen.
Mit diesem Buch wird Heinrich Heine weltberühmt. Noch zu seinen Lebzeiten muß es dreizehnmal neu aufgelegt werden. Mehrere Reisen, die der frischgebackene Rechtsgelehrte und zunächst gefeierte Poet zwischen 1826 und 1831 unternimmt, schlagen sich in den vier Bänden seiner »Reisebilder« nieder. Im italienischen Teil dieser Reise wird seine Begeisterung für gourmandische Einzelheiten erneut deutlich.
In dem Kapitel »Italienische Einkehr« findet man die Beschreibung eines kleinen, verlotterten Wirtshauses, in dem Heine, ohne das Interieur zu übersehen, genußvoll zu Mittag speist.

Nachdem er, vom Bratenduft angelockt, in der türlosen Küche die Wirtin und ihre Tochter singend beim Hühnerrupfen antrifft – »Erstere war remarkabel korpulent; Brüste, die sich überreichlich hervorbäumten, die jedoch noch immer klein waren im Vergleich mit dem kolossalen Hintergestell...« –, vergleicht er die blauen Augen der Tochter mit »in Milch gekochten Veilchen« und verzehrt, nach längerem Aufenthalt in der Küche bei den Frauen, im Schankraum folgendes Menü:

Zuppa mit Parmesankäse, einen Braten derb und fest wie deutsche Treue, Krebse rot wie Liebe, grünen Spinat wie Hoffnung mit Eiern und zum Dessert gestovte Zwiebeln, die mir Tränen der Rührung aus den Augen lockten.
Hierauf winkte ich freundlich hinüber nach der Küche, freundlich war der Gegengruß, bald saß ich in dem eingetauschten Wagen, fuhr rasch hinab in die lombardische Ebene und erreichte gegen Abend die uralte, weltberühmte Stadt Verona.

Ähnlich blut- und lustvolle Beschreibungen von Tafelgenüssen in seinem unverwechselbaren, stimmungshaltigen Prosastil führten dazu, daß man in Heine heute den Begründer des modernen Feuilletonismus sieht.
Man möchte es nicht glauben, daß zwischen der Niederschrift der »Memoiren des Herren von Schnabelewopski« und heute 150 Jahre liegen, wenn man diese Zeilen liest:

Heinrich Heine (1797–1856). Radierung von Ludwig Emil Grimm.

Hamburg ist die beste Republik. Seine Sitten sind englisch und sein Essen ist himmlisch. Wahrlich, es gibt Gerichte zwischen den Wandrahmen und dem Dreckwall, wovon unsere Philosophen keine Ahnung haben. Die Hamburger sind gute Leute und essen gut. Über Religion, Politik und Wissenschaft sind ihre respektiven Meinungen sehr verschieden, aber in betreff des Essens herrscht das schönste Einverständnis. Mögen die christlichen Theologen dort noch so sehr streiten über die Bedeutung des Abendmahls;

über die Bedeutung des Mittagmahls sind sie ganz einig. Mag es unter den Juden dort eine Partei geben, die das Tischgebet auf deutsch spricht, während eine andere es auf hebräisch absingt; beide Parteien essen und essen gut und wissen das Essen gleich richtig zu beurteilen. Die Advokaten, die Bratenwender der Gesetze, die so lange die Gesetze wenden und anwenden bis ein Braten für sie dabei abfällt, diese mögen noch so sehr streiten: ob die Gerichte öffentlich sein sollen oder nicht; darüber sind sie einig, daß alle Gerichte gut sein müssen, und jeder von ihnen hat sein Leibgericht.
Hamburg ist die Vaterstadt des Rauchfleisches, und rühmt sich dessen, wie Mainz sich seines Johann Fusts und Eisleben sich seines Luthers zu rühmen pflegt. Aber was bedeutet die Buchdruckerei und die Reformation in Vergleichung mit Rauchfleisch?

1831 verläßt Heine Deutschland. Paris wird sein ständiger Wohnsitz. Dort arbeitet er als Korrespondent der »Augsburger Allgemeinen Zeitung«.
1835, ein Jahr nachdem er seine spätere Frau Mathilde, eine Schuhverkäuferin, kennen- und liebengelernt hat, verbietet der Deutsche Bundestag seine Bücher. Die französische Regierung dagegen setzt ihm eine Staatspension aus. Dennoch weist Heine alle französischen Verlage, die sich um ihn drängen, zurück und läßt seine Bücher weiterhin in Deutschland bei Hoffmann und Campe drucken.
Erst zwölf Jahre nach seiner Auswanderung besucht er Deutschland wieder und lernt bei dieser Reise Friedrich Hebbel und Karl Marx kennen.
In Paris hat Heine sich inzwischen nicht nur an der »Cuisine Française« delektiert, sondern sich für das tägliche Austernfrühstück begeistert. In seinen Aufzeichnungen aus dieser Zeit findet sich darüber dieses kleine Gedicht:

Ich danke dem Schöpfer in der Höh,
Der durch sein großes »Werde«
Die Auster geschaffen in der See
Und den Weinstock auf der Erde;

Der auch Zitronen wachsen ließ,
Die Austern zu betauen.
Nun laß mich, Vater in der Nacht
Das Essen gut verdauen!

1844 besucht Heinrich Heine Deutschland zum letzten Mal. Der Anlaß ist das Erscheinen seiner »Neuen Gedichte«. Hier findet man das Zeugnis des Dichters, der sich immer wieder mutig und unerschrocken für eine neue, bessere Welt einsetzte, in den Versen von »Deutschland. Ein Wintermärchen«:

Wir wollen auf Erden glücklich sein,
Und wollen nicht mehr darben;
Verschlemmen soll nicht der faule Bauch,
Was fleißige Hände erwarben.
Es wächst hienieden Brot genug
Für alle Menschenkinder,
Auch Rosen und Myrten, Schönheit und Lust,
Und Zuckererbsen nicht minder.

Heinrich Heine mit seiner Frau Mathilde. Gemälde von Ernst Benedikt Kietz, 1851.

Zuckererbsen für jedermann – das sind für Heine die Symbole für weltweiten Wohlstand, den er schon damals leidenschaftlich herbeisehnte.
Im größeren Teil unserer Welt ist sein Wunsch bis heute unerfüllt geblieben, und dort signalisieren Themen wie ›gepflegtes Essen‹, ›kulinarische Qualität‹ nichts anderes als leere Köpfe und übervolle Geldbeutel.

Worte! Worte! keine Taten
– immer Geist und keinen Braten!

Dieses Heine-Zitat hat leider noch immer Aktualität. Mit diesen zwei anklagenden Reimzeilen hat Heinrich Heine aber auch seine eigene lebenslange Zwangslage treffend beschrieben. Sein Werk zeigt in allen Facetten, daß ihm sein Leben von einheitlicher Grundbeschaffenheit erschien, daß er zwischen romantischem Idealismus und Melancholie, Zynismus und Satire, Pathos und Realismus keinen Widerspruch sah. Nur das Thema bestimmte für ihn die Wahl der Stilmittel. So stand er im Widerspruch zu dem dualistischen Übergangszeitalter, in das er hineingeboren wurde. Sein »Witz« ist die Synthese zwischen Verstand und Gefühl, zwischen individuellem und allgemeinem Anliegen.
Noch ein halbes Jahrhundert nach seinem Tode schlugen die Anfeindungen wegen seines ironischen Prosastils hohe Wogen. So gegensätzliche Geister wie Friedrich Nietzsche, Rainer Maria Rilke und Karl Kraus traten um die Jahrhundertwende leidenschaftlich für Heine ein.
Nietzsche schrieb 1888:

Den höchsten Begriff vom Lyriker hat mir Heinrich Heine gegeben. Ich suche umsonst in allen Reichen der Jahrtausende nach einer gleich süßen und leidenschaftlichen Musik. Er besaß jene göttliche Bosheit, ohne die ich mir das Vollkommene nicht zu denken vermag.

Im Zusammenhang mit dem am meisten angefeindeten Epos »Deutschland. Ein Wintermärchen« drückte Rilke 1896 seine Heine-Bewunderung in Versform aus:

Dem Franken selbst krümmt man kein Härchen,
Der offen über Deutschland spricht;
Allein das wahre »Wintermärchen«
Verzeiht man einem – Deutschen nicht.
Grüb' jeder nur mit scharfem Stichel
Die Fehler aller frei herauf
Leicht gingen dann dem deutschen Michel
Die blauen Augen endlich auf.

Und 1910 verglich Karl Kraus in seiner Schrift »Heine und die Folgen« den Dichter mit Moses:

Heine war ein Moses, der mit dem Stab auf den Felsen der deutschen Sprache schlug. Aber Geschwindigkeit ist keine Hexerei, das Wasser floß nicht aus dem Felsen, sondern er hatte es mit der eigenen Hand herangebracht; und es war Eau de Cologne.

1848 erkrankt Heine in Paris an einem schweren Rückenmarksleiden, das ihn für die letzten acht Jahre seines Lebens an seine »Matratzengruft« fesselt.
Am 17. Februar 1856 stirbt er in seinem Haus in der Avenue Malignon 3. Noch in seinen letzten Gedanken bekräftigt sich seine andauernde Hinwendung zum Diesseits:

Epilog

Unser Grab erwärmt der Ruhm.
Torenworte! Narrentum!
Eine bessre Wärme gibt
Eine Kuhmagd, die verliebt
Uns mit dicken Lippen küßt
Und beträchtlich riecht nach Mist.
Gleichfalls eine bessre Wärme
Wärmt dem Menschen die Gedärme,
Wenn er Glühwein trinkt und Punsch
Oder Grog nach Herzenswunsch
In den niedrigsten Spelunken,

*Unter Dieben und Halunken,
Die dem Galgen sind entlaufen,
Aber leben, atmen, schnaufen,
Und beneidenswerter sind,
Als der Thetis großes Kind –
Der Pelide sprach mit Recht:
Leben wie der ärmste Knecht
In der Oberwelt ist besser,
Als am stygischen Gewässer
Schattenführer sein, ein Heros,
Den besungen selbst Homeros.*

Honoré de Balzac
Die geniale Gefräßigkeit

Als die Taille und das Portemonnaie von Balzac noch gleich dünn waren, zeichnete er, als Ersatz für substantiellere Genüsse, die Umrisse verschiedener Schüsseln auf ein Blatt Papier und schrieb die Namen köstlicher Gerichte hinein – mit einem kleinen aufsteigenden Dampfwölkchen, wenn es sich um eine kräftige, heiße Potage handeln sollte.

Dann aß er träumend trockenes Brot. 1799, das Geburtsjahr Balzacs, ist der Beginn des Empire. Das neue Jahrhundert wird nicht mehr von dem »petit général«, dem kleinen korsischen Abenteurer, sondern von Napoleon, dem Kaiser Frankreichs, geprägt.

»Es kann für einen alles so intensiv Miterlebenden, für einen Balzac nicht gleichgültig sein, wenn sechzehn Jahre ersten Umblicks mit den sechzehn Jahren des Kaiserreichs, der vielleicht phantastischsten Epoche der Weltgeschichte, glatt zusammenfallen«, schrieb Stefan Zweig über die Jugend Balzacs.

Das Leben des Knaben Honoré hatte wenig vom kaiserlichen Glanz; es war eher freudlos. Der Obhut einer Amme folgten Klosterschule und ein strenges Internat in Paris. Das Studium der Rechte an der Sorbonne schien vorgezeichnet; aber nach Abschluß der ersten juristischen Prüfung weigerte sich der Jüngling plötzlich, Notar zu werden, und erklärte der entsetzten Familie, er

Honoré de Balzac (1799–1850).
Zeichnung von Vogel von Vogelstein.

wolle Schriftsteller werden. Folgerichtig läßt er sich – wo sonst? – in einer Mansarde nieder und beginnt, was ungewöhnlich ist, unter fremdem Namen, die ersten Romane zu schreiben. Es sind Kolportagestücke, die ihn notdürftig ernähren.

Mit 23 Jahren lernt er die 45jährige Madame de Berry kennen, die für lange Zeit seine mütterliche Geliebte wird. Ihr Altersvorsprung war wohl größer als ihre Lebensklugheit, denn sie hat Balzac nicht davor bewahrt, sich im Alter von 28 Jahren in gewagte Spekulationen als Drucker und Verleger zu stürzen. Die Folgen: Bankrott und lebenslange Schulden. Das ökonomische Fiasko wirkt auf Balzac wie eine Droge – er wird zu einem Monomanen der Arbeit. Er beginnt sein Hauptwerk, die »Comédie Humaine«, von der vierzig Bände veröffentlicht werden – weitere vierzig waren geplant...

Mit wachsendem Ruhm wächst auch sein Appetit. Auf Leben, auf Fülle, auf kulinarische Genüsse. Wie maßlos er in seinem kaum zu stillenden Hunger war, zeigt diese verbürgte Geschichte: Nachdem er gerade einen Roman beendet hatte, lud er den Bibliothekar Wardet, der sehr bescheiden leben mußte, spontan zu einem Diner in das Restaurant Véry ein. Wardet, zu dieser Zeit wegen einer Gelbsucht zur Diät verdammt, begnügt sich mit einer Suppe und einem Hühnerflügel. Balzac, ununterbrochen redend, läßt sich dagegen 8 Dutzend Austern von Ostende servieren, 12 kleine Koteletts von Pré-salé-Lämmern, 1 Ente mit Rübchen, 2 gebratene Rebhühner, 1 normannische Seezunge. Von Zwischengerichten und Dessertfrüchten ganz zu schweigen. Dann ließ er den Bibliothekar die Rechnung bezahlen.

Auch seine Werke spiegeln die gigantische Eßlust wider. Keiner hat die Freuden der Tafel mit so viel Kenntnis und ausführlicher Genüßlichkeit beschrieben wie Balzac. Die gleiche Intensität, mit der er seine Romane schrieb, widmete er der Veränderung eines Rezeptes, bis es seinen Vorstellungen entsprach. Von diesem Augenblick an wurde es, unverändert, oft von ihm selbst zubereitet. So entstand das klassische POULET MARENGO À LA BALZAC:

Ein Freund, der Balzac besuchte, erzählte ihm, daß er gerade ein vorzügliches Gericht, ein Poulet Marengo, gegessen habe.

»Was ist das?« fragte Balzac.

»Es ist«, antwortete der Freund, »jenes improvisierte Gericht, das der Schweizer Koch Dunan am Abend des 14. Juni 1800 in der Ebene von Marengo für den Kaiser zubereitete. Ein Huhn war vorhanden – sonst nichts. Der Koch sah sich in der Feldküche um, nahm alle Zutaten, die er fand, und bereitete daraus die erwähnte Mahlzeit, die Napoleon über alle Maßen mundete. Heute macht es jeder so wie Dunan, er nimmt zum Huhn das, was gerade da ist.«

Kaum hatte Balzac das gehört, ging er sofort aus dem Haus, kehrte mit einem Huhn zurück und bereitete sich in der Küche sein persönliches MARENGO.

POULET MARENGO
À LA BALZAC

Das Huhn zerteilte er in 6 Stücke, würzte es mit Pfeffer und Salz und wälzte die Teile leicht in Mehl. Nun wurden die Stücke in Olivenöl goldbraun angebraten und mit einem ordentlichen Glas Marc flambiert. Ein Glas Weißwein kam dazu, 6 Tomaten, geschält und grob gehackt, sowie ein Kräutersträußchen. Und dann schmorte das Ganze im Topf etwa eine halbe Stunde vor sich hin.
Während dieser Zeit zerdrückte Balzac einige Knoblauchzehen im Mörser, fritierte kleine Scheiben von Baguettebrot in Öl und briet dazu sechs Spiegeleier.
Dann wurde das Kräutersträußchen aus der Kasserolle genommen, das Fett von der Oberfläche abgeschöpft, der Knoblauch untergerührt und das Ganze noch einmal aufgekocht.
Auf zwei vorgewärmten Tellern wurden die Eier auf dem gerösteten Brot angerichtet, die Hühnerstücke mit Sauce danebengesetzt und mit Petersilie bestreut.

Basilikum

Alle Beteuerungen seines Freundes, er sei doch satt und habe gerade eben ein Marengo zu sich genommen, wischte Balzac beiseite: »Aber nicht meines«, sagte er. Es half dem Armen nichts, er mußte sich Balzacs Neuschöpfung hineinquälen.

Wie kein anderer Schriftsteller vor ihm hat Balzac die soziologischen Aspekte des Essens erkannt. Verfeinerung des Geschmacks bedeutet die Voraussetzung zum sozialen Aufstieg. Mit den richtigen Leuten essen, von den richtigen Leuten eingeladen werden, selbst ein Essen geben, schließlich einen guten Koch haben – das sind für Balzac die entscheidenden Stufen des gesellschaftlichen Erfolges. Diese Erfahrung läßt er auch den Helden seines Romans »Verlorene Illusionen«, Lucien de Rubempré, machen:

Er trat bei Véry ein und bestellte ein Diner, um sich in die Vergnügungen von Paris einzuweihen. Bordeauxwein, Austern, Fisch, Rebhuhn, Makkaroni und Früchte wurden serviert. Er genoß diese kleine Schwelgerei und dachte daran, am Abend bei der Marquise d'Espard eine Probe seines Geistes zu geben und die Dürftigkeit seines seltsamen Aufzuges durch die Entfaltung seiner intellektuellen Reichtümer wettzumachen. Er wurde aus seinen Träumen gerissen durch die Rechnung für die Mahlzeit, die ihn um fünfzig Francs beraubte, mit denen er in Paris weit zu kommen geglaubt hatte. Achtungsvoll schloß er die Tür dieses Hauses und gedachte nie wieder seine Füße dahin zu setzen.

Hier erkennen wir den Balzac wieder, der zum Genießer, zum Verschwender befähigt war wie kaum ein anderer. Er hat gestanden, daß auch seine fieberhafte Arbeit ihm nichts anderes war als ein Genußmittel. Ein so zügellos Begehrender wie er konnte, was er aus finanziellen Gründen oft mußte, auf die Verwirklichung seiner Leidenschaften nur verzichten, weil er sie durch sein inneres Feuer ersetzte. All die Aufpeitschungen von Liebe, Ehrsucht, Spiel, Reichtum, Reisen, Ruhm und ständiger Essensgier konnte er missen, weil er im Niederschreiben seiner Phantasien vollwertigen Ersatz fand. Beispielhaft dafür ist die Szene in seinen »Tolldreisten Geschichten«, in der Mäuse, Ratten und Marder ein bacchantisches Fest in einem Vorratsspeicher feiern.

... da ging ein Festen und Feiern in den Vorratsspeichern an, daß sich keine Festlichkeit noch irgendein Prunkmahl bei Hofe damit vergleichen läßt, nicht einmal das Ordensfest des Goldenen Vlie-

ses. Überall, in allen Ecken und Winkeln, vergnügten sich die Mäuse und trieben ihren Mutwillen. Allenthalben drehten sich Männlein und Weiblein im Tanz, und da wurde musiziert und jubiliert, gezecht und schlampampt, da gab es immer neue Schmäuse und Tanzereien, Festmusiken, ein tolles, überschäumendes Feiern, Juchheien und Singen, mit Heißa und Hopsassa, mit Liedern und Hochzeitsgesängen. Die Ratzen hatten die Töpfe erbrochen, die großen irdenen Krüge abgedeckt, die mächtigen Flaschen zerschlagen, alle Fässer aufgerissen und angenagt, und nun sah man den Mostrich in Strömen fließen, die Schinken angebissen und zerfetzt und die Haufen von Korn und Mehl in alle Winde verstreut. Alles floß, rieselte, rann, sickerte, rollte und kugelte, stäubte und kleckerte, und jauchzend planschten die kleinen Mäusekinder in den Bächen von grüner Tunke umher. Die Mäusinnen suhlten sich in ganzen Gebirgen von Zuckerzeug und Süßigkeiten, die alten Ratzen machten den leckeren Pasteten den Garaus. Da sah man Marder, die saßen rittlings auf gesalzenen und geräucherten Ochsenzungen. Manche Feldmäuse schwammen in den vollen Töpfen, und die allerschlauesten karrten die Körner kurzerhand in ihre eigenen Löcher und machten sich das lärmige Durcheinander des Festes zunutze, um sich reichlich mit Vorräten einzudecken. Keiner ging an dem Orleaneser Quittenmus vorbei, ohne zum Gruß hineinzubeißen, manche sogar zweimal. Kurzum, es ging zu wie beim römischen Karneval. Hätte einer scharfe Ohren gehabt, er hätte das Brutzeln der Bratpfannen, das Schreien und Rufen aus der Küche gehört, das Knistern der Öfen, das Pangpang der Mörser, das Gluckgluck der Töpfe, das kreischende Drehen der Bratspieße, das Knarren der Kiepen und Körbe, das Knuspern der Küchlein, das Klirren der Kellen und Löffel und das Getrippel und Gehusche der Füßchen, die über die Fliesen hinliefen, daß es klang, als fielen Hagelschloßen zu Boden.

Vieles spricht dafür, daß Balzac nur beim Essen und am Herd in unsere reale Welt zurückkehrte. Für ihn waren die Produkte seiner Phantasie – seine dreitausend Romangestalten – die Wirklichkeit des Alltags.

Honoré de Balzac.
Studie für ein Denkmal von
Auguste Rodin, 1893.

Eines Tages besuchte ihn Jules Sandeau, um ihm von einer schweren Erkrankung seiner Schwester zu berichten. Balzac schrieb zu dieser Zeit gerade an seinem Roman »Eugénie Grandet«.
»Das mag alles sehr traurig sein«, sagte der Romancier, der kaum zugehört hatte. »Aber lassen Sie uns von der Wirklichkeit reden. Sprechen wir von Eugénie Grandet!«
Auch die Einrichtung in Balzacs Wohnung war nicht von dieser Welt. An die fast kahlen Wände seines Wohnzimmers hatte er mit einem Kohlestift »Gobelin« und »Venezianischer Spiegel« geschrieben; auch die »Madonna von Raffael« holte er sich auf diese Weise in die Wohnung.

Es ist sicher nur ein bedauerlicher Zufall, daß Balzac uns außer seinem Marengohuhn nur noch drei weitere Rezepte von hoher Gourmet-Qualität hinterlassen hat: ENTE MIT OLIVEN, AILLADE VOM KALB mit Kartoffeln und eine bemerkenswerte ZWIEBELSAUCE.

ENTE MIT OLIVEN

Die Entenleber zusammen mit 2 anderen Geflügellebern und 100 g frischem Speck sowie den Innereien der Ente hacken und mit 50 g in Milch eingeweichtem und ausgedrücktem Weißbrot vermengen.
1 Ei, 1 Eigelb, Salz, Pfeffer, 2 gehackte Schalotten, Petersilie, Salbei und Basilikum nach persönlichem Geschmack zufügen. Die Farce gut durchmengen und kurz in einer Pfanne mit 50 g Olivenöl verrühren und erhitzen.
Die ausgenommene Ente mit der Farce füllen. In Olivenöl kurz anbraten. Mit einem Glas Marc löschen, salzen und pfeffern. 1 Eßlöffel Tomatenmark zufügen, zudecken und auf kleiner Flamme 45 Minuten garen. Gelegentlich wenig heißes Wasser dazugießen.
150 g grüne Oliven entkernen und 2 Minuten in kochendem Wasser blanchieren, abtropfen lassen. 100 g schwarze Oliven entkernen und alle in die Kasserolle mit der Ente geben. Wenn nötig, noch etwas Wasser zufügen, abschmecken und noch 5 Minuten köcheln lassen.

Salbei

Thymian

AILLADE VOM KALB MIT KARTOFFELN

800 g Kalbfleisch aus der Brust in Stücke schneiden und in einer Kasserolle in 80 g Schmalz goldbraun anbraten.
Mit einem Glas weißem Burgunder ablöschen. In die Flüssigkeit nun 4 zerdrückte Knoblauchzehen und 150 g altbackenes geriebenes Weißbrot geben, Salz und Pfeffer dazu und einen Thymianzweig einlegen. 1½ Stunden bei kleiner Hitze zugedeckt schmoren lassen. Eventuell etwas Wein in dieser Zeit nachgießen. Zum Schluß den Saft einer Zitrone über das Fleisch geben und den Topf zu einer Portion Dampfkartoffeln servieren.

»La sauce est le triomphe du goût dans l'alimentation«, schrieb Balzac einmal: Die Sauce ist die Krönung des Geschmacks in der Nahrung. Versuchen wir diese Maxime an der Balzacschen Saucen-Kreation nachzuschmecken:

BALZACS ZWIEBELSAUCE

500 g Zwiebeln in Scheiben schneiden und in kochendem Salzwasser abbrühen. Abtrocknen und mit 100 g Butter, einer Prise Salz, weißem Pfeffer, etwas Puderzucker und geriebener Muskatnuß in eine Kasserolle geben. Langsam zum Kochen bringen, ohne daß die Zwiebeln Farbe annehmen. Von einer vorbereiteten Bechamelsauce ½ l über die Zwiebeln gießen und sie 15 Minuten auf kleiner Hitze köcheln lassen.
Die Mischung durch ein Sieb passieren, 3 Eßlöffel Crème fraîche und 60 g weiche Butter einrühren und nochmals abschmecken.

Gegen Ende seines Lebens – seiner Gesundheit war der tägliche Konsum von 20 Tassen Kaffee nicht eben zuträglich gewesen – heiratete er Evelina Hanska, mit der er 17 Jahre lang befreundet war. Auf seinem Totenbett sagte er zu ihr: »Schicke nach Doktor Bianchon!« Diesen Arzt gab es nicht. Balzac selbst hatte ihn als literarische Figur in der »Menschlichen Komödie« erschaffen.

Alexandre Dumas

Besessen vom Schreiben, vom Essen und vom Kochen

Ein Freund, der Dumas besuchen wollte, hörte schon in der Halle lautes Lachen aus seinem Arbeitszimmer.
»Ach, er hat Besuch, dann komme ich ein andermal wieder«, sagte er zum Diener.
»Aber nein, Monsieur ist allein. Er lacht oft so laut, wenn er schreibt.«
Ringen mit der Kunst war ihm fremd. Dumas war kein vom Talent gequältes Opfer auf dem Altar der Literatur. Ein Verrückter aber war er allemal.
Alexandre Dumas war so großzügig und gastfreundlich, daß er, um überhaupt noch zum Schreiben zu kommen, an seine Villa Monte Cristo ein Nebenhaus anbauen mußte, wo er ab und zu vor schlemmenden Freischluckern sicher war.
Für sorglos, glücklich und extravagant hielten ihn seine Freunde. Er selbst hielt sich für bescheiden, weil er nicht rauchte, spielte oder trank. Daß er leidenschaftlich gerne schrieb und kochte, schien ihm nicht der Rede wert. So hatte er auch Wichtigeres im Sinn, als sich die Namen seiner Gäste zu merken. Eine nicht abreißende Versorgungskette war zwischen seinem Wohnsitz und

Alexandre Dumas (1802–1870). Lithographie von Lafosse.

den jeweiligen Schlachter- und Lebensmittelläden eingerichtet, um den Nachschub an Steaks und Koteletts zu garantieren. Das Mittagsmahl, das normalerweise um 11 Uhr 30 begann, endete selten vor halb fünf am Nachmittag.

Ein Besuch bei Dumas muß seinerzeit etwa so gewertet worden sein wie ein Termin beim Psychiater heute. Als Monet, von schweren Depressionen gebeutelt, Courbet traf, schlug dieser ihm als Aufbaumittel eine solche Visite vor. Monet protestierte: »Aber ich kenne ihn doch gar nicht.« Darauf Courbet: »Ich auch nicht, aber ich habe ihn nun schon so oft *fast* getroffen, daß wir ebensogut hingehen können.« Und als die beiden dann tatsächlich bei Dumas ankamen, stand dieser am Herd – die weißen Haare lockten sich auf seiner nackten Brust –, er kochte und sagte nur: »Bleibt zum Essen!«... Sie blieben mehrere Tage.

Dumas war sehr unterhaltsam bei Tisch, er sprach über Kunst, Politik, Geschichte, Liebe und über das Kochen... Und wenn Courbet und Dumas nicht sprachen, sangen und kochten sie zusammen. Was sonst kann Männer so verbinden?

Alexandre Dumas, eigentlich Marquis Davy de la Pailleterie, hätte nach heutigen Begriffen kaum Zeit für eine solche Lebensweise aufbringen können. Immerhin schrieb er während seines – für damalige Zeiten langen – Lebens (1802–1870) 302 Romane und zum Schluß sein weltberühmtes kulinarisches Werk, das »Grand Dictionnaire de Cuisine«, das erst nach seinem Tod veröffentlicht wurde.

Vorher aber hatte die Familie, wie immer bei ausgeflippten Typen, alle Hände voll zu tun, Dumas père auf dem Teppich zu halten. Vor allem Dumas fils, unter anderem Autor der »Kameliendame«, war bemüht, die Extravaganzen seines Vaters einzudämmen und die Schnorrer abzuschrecken. Freilich ohne Erfolg. Als der ältere Dumas starb, waren von den enormen Summen, die er verdient hatte, ganze 20 Franken übriggeblieben. Um so mehr aber von den Abenteuern der »Drei Musketiere« und dem unsterblichen »Grafen von Monte Christo«...

Und wer sein »Dictionnaire de Cuisine« mal eben mit leichter Hand durchblättern möchte, sollte auf 600 reich illustrierte Seiten gefaßt sein... Hier kann man nicht nur die Kochzeiten für

Alexandre Dumas.
Lithographie nach Deveria.

Schwäne, Delphinzungen und Elefantenfüße nachlesen, sondern, auch heute noch, durchaus Praktikables aus allen Bereichen der kulinarischen Kunst. Das »Lexikon der Küche« strotzt von Tips und Rezepten, die nur ein im Laufe vieler Jahre erfahrener Koch gesammelt haben kann. Hier wird auch berichtet, wie Dumas es fertigbrachte, auf all seinen Reisen täglich frische Butter zu bekommen, egal, ob das zu melkende Tier eine Kuh, ein Kamel, eine Stute oder eine Ziege war...

Noch gegen Ende seines Lebens wollte Dumas eine Saucenfabrik errichten, unter anderem, um seine selbsterfundene Sauce in Mengen herzustellen. Die Entstehungsgeschichte dieser DUMAS-SAUCE beschreibt er so:

Im Hotel du Parc in Dijon verlangte ich um elf Uhr nachts zu speisen. Man bot mir zwei Hammelkoteletts und ein halbes kaltes Huhn.
»Welchen Senf wünschen Sie?« fragte mich der Kellner.
»Dijoner, welchen sonst«, sagte ich.
Mit beleidigter Miene antwortete er:
»Wir haben 48 Sorten für Herren und 29 für Damen.«
»Welches ist der Unterschied zwischen Männer- und Frauen-Senf?« fragte ich.
»Damen haben einen feineren Gaumen als Herren. Deswegen haben wir in Dijon eine sanftere Kollektion für die Damen vorrätig.«
»Dann bringen Sie mir die besten von beiden«, befahl ich.
»Wie? Mein Herr, Sie wollen Damen-Senf essen?« rief er verwundert. Dann ging er und brachte auf zwei Tabletts zu meinen Koteletts je sechs Sorten Senf.
Ich bin kein großer Senf-Liebhaber und brauchte bisher dieses »Vorwort des Appetits« nur selten. Jetzt häufte ich mir zwölf kleine Senfpyramiden auf den Tellerrand und begann zu essen. Was ich erlebte, war eine Offenbarung. Kapern- und Sardellen-Mostrich, mit Knoblauch, mit Estragon, mit feinen Kräutern, mit Zitronenöl, mit Pilzen, süßsauer, à la ravigote und à la grecque, roter Senf und pulverisierter, mit Wasser angerührter.
Ich schob das zweite Kotelett beiseite, ließ es warm stellen und

orderte Thunfisch und Ölsardinen, die ich auf meinem Teller zu einem feinen Brei zerdrückte. Zwei hartgekochte, feingeschnittene Eier fügte ich hinzu, schnitt ein Cornichon klein, würzte mit zwei Sorten Senf – mildem und scharfem –, schmeckte mit Tafelessig von Maille ab und ließ mir dann alles durch ein Sieb streichen. Was ich jetzt auf kleinem Teller zurückbekam, war eine himmlische Sauce, die schon zu meinem Kotelett nicht übel war, zu Austern und Schalentieren jedoch ideal sein mußte.

Dies war die Geburtsstunde der SAUCE DUMAS. Sie wurde weltbekannt, und jeder Küchenchef von Rang hat sie auch heute noch in seinem Repertoire.

Dumas' große Liebe galt dem Meer. Deswegen hat er viele Passagen des »Dictionnaire de Cuisine« in der Normandie bei Le Havre geschrieben. Vor allem hatten es ihm dort die kleinen Krabben angetan, denen er in einer eigens komponierten Suppe ein Denkmal gesetzt hat:

POTAGE CREVETTE
À LA DUMAS

1 kg Krabben in der Schale
750 g Tomaten, geschält, in Stücke geschnitten
500 g Zwiebeln, in dünne Scheiben geschnitten
2 EL kaltgepreßtes Olivenöl
⅜ l Weißwein, trocken
1 l Bouillon, besser noch Consommé double
Salz, Cayennepfeffer, Zucker
⅛ l Crème fraîche

Tomaten und Zwiebeln mit Öl sehr langsam in zugedeckter Kasserolle schmoren lassen. Gelegentlich rühren. Wenn nötig, etwas Weißwein zugießen. 45 Minuten köcheln lassen, dann durchsieben.
Die Krabben in Weißwein tränken, Salz und Cayennepfeffer zufügen, kurz zum Kochen bringen. Flüssigkeit abgießen und aufheben. Nun die Krabben aus der Schale pulen. Das Innere der Krabben mit der abgegossenen Flüssigkeit in eine Kasserolle geben und höchstens 10 Minuten simmern lassen. Krabben mit Schaumlöffel herausnehmen und warm stellen.
Dann den Zwiebel-Tomaten-

Extrakt und die Bouillon zufügen, zum Kochen bringen, würzen. Eine Prise Zucker bringt noch mehr Geschmack.

Mit dem Krabbenfleisch vermischen, dann heiß servieren. Mit einem Löffel Crème fraîche garnieren.

Illustration aus Dumas' »Dictionnaire de Cuisine«.

Dem berühmten »Dictionnaire« von Dumas entnommen ist auch diese köstliche Beilage zu allem hellen Fleisch:

POTIRON À LA PARMESAN
(Kürbis mit Parmesankäse)

1½ kg Kürbis
Butter
Muskatnuß
Zimt
Salz
200 g frisch geriebener Parmesankäse

Den Kürbis schälen, von Kernen befreien und in kleine Würfel schneiden, diese kurz in Salzwasser blanchieren. Nicht kochen, sonst zerfällt der Kürbis! Dann in Butter von beiden Seiten in der Pfanne leicht anbraten, mit Salz würzen und mit Muskatnuß und Zimt pudern. Die leicht gebräunten Kürbisstücke reichlich mit geriebenem Parmesan überstreuen, im Ofen bei 200 Grad überbacken, bis der Käse goldbraun ist, und sofort servieren.
Anstelle von Parmesan kann auch trockener Cheddar verwendet werden.

Zu gekochter Pökelzunge hat Dumas eine fettfreie ROSINENSAUCE komponiert, die ich mir auch gut zu kaltem Braten und Geflügel vorstellen kann. Ich lernte diese Sauce in England kennen, wo sie mir – erkaltet – als Zwieback-Aufstrich zum »High Tea« serviert wurde. Auch in dieser Form genossen, schmeckte sie bemerkenswert gut.

DUMAS ROSINENSAUCE

knapp ⅛ l Weinessig
1 Bouquet garni (Kräutersträußchen)
1 TL schwarze Pfefferkörner
4 Nelken
reichlich ¼ l entfettete, kräftige Rinderbouillon, leicht gesalzen

1 EL Kartoffelmehl (Speisestärke) mit etwas kaltem Wasser anrühren
2 EL rotes Johannisbeergelee
je 1 Handvoll Sultaninen und Korinthen, 30 Minuten in lauwarmem Wasser einweichen

> Den Essig, den Kräuterstrauß, Pfefferkörner und Nelken in einer Kasserolle bei starker Hitze kochen lassen, bis der Essig auf etwa die Hälfte reduziert ist. Dann die Bouillon zufügen, alles zum Kochen bringen, einen Moment aufwallen lassen, das angerührte Stärkemehl zugeben. 5 Minuten leise köcheln lassen. Durch ein Sieb in einen anderen Topf gießen, das Gelee dazugeben, umrühren, bis es sich völlig aufgelöst hat. Jetzt die Sultaninen und Korinthen hineingeben. So lange unter Rühren köcheln, bis die Rosinen weich sind und ihr volles Aroma entfalten. Etwas Sauce über die in Scheiben geschnittene warme oder kalte Zunge geben und den Rest in einer Sauciere servieren.

Wie sehr Dumas' Passionen – das Schreiben und das Kochen – ineinander griffen, zeigt sein Tauschgeschäft mit den Stadtvätern von Cavaillon, einem kleinen Ort in Südfrankreich in der Nähe von Avignon. Der Stadtrat wandte sich an Dumas mit der Bitte, zwei oder drei seiner besten Novellen für die neu zu gründende Stadtbibliothek zu stiften.

Dumas' Antwort lautete: »Ich habe jetzt eine Tochter und einen Sohn, die ich beide gleich liebe, und bin Autor von etwa 500 Bänden, die ich ebenso gern habe. Die Vorzüge meiner Bücher kann ich als Autor nicht beurteilen, wohl aber die der exzellenten Melonen von Cavaillon.« Und Dumas schlug dem Stadtrat vor, ihm einen kompletten Satz seiner Werke zu schicken, wenn dieser ihm dafür auf Lebenszeit jährlich zwölf Melonen zukommen ließe.

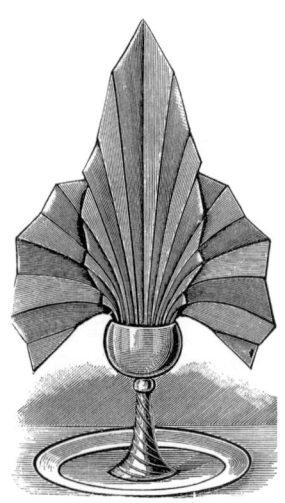

»Die Stadt hat sich immer daran gehalten«, schrieb Dumas 12 Jahre später, »ich kann nur hoffen, daß denen meine Romane genau so gut gefallen haben wie mir ihre Melonen.«

Und wie er diese am liebsten verzehrte, hat er im »Dictionnaire« kurz beschrieben: »Man ißt sie, in Scheiben geschnitten, mit Salz und Pfeffer bestreut, zwischen Suppe und Fleischgang oder zwischen Käse und Dessert und trinkt dazu ein Glas Madeira oder Marsala.«

Nach seiner Reise durch Rußland in den Jahren 1858/59 betrachtete er die damals oft gerühmte russische Küche äußerst kritisch.

Illustration aus Dumas'
»Dictionnaire de Cuisine«.

»Die Russen bereiten jeden Braten im Backofen, also gibt es in ganz Rußland keinen Braten«, schrieb er.
Und über den Sterlet, den König der russischen Fischküche, äußerte er sich so:

Wenn der reisende Feinschmecker nach Sankt Petersburg kommt, hört er von Sterlet sprechen, wenn er nach Moskau kommt, desgleichen. Wenn er sagt: »Ich werde mich auf der Wolga einschiffen«, antwortet man ihm: »Sie Glückspilz, da werden Sie Sterlet essen.« Und inzwischen setzt man Ihnen eine Sterletsuppe vor und ein Frikassee vom Sterlet. Sie finden die Suppe zu fett, das Frikassee zu fade und sagen schließlich: »Vielleicht irre ich mich; aber auf der Wolga werde ich ja sehen.«
Und in der Tat, sobald Sie die Wolga erreicht und Nishni Nowgorod hinter sich gelassen haben, sobald sich die Oka, der Sterlet-

101

fluß, in die Wolga ergossen hat, sehen Sie weiter nichts als Sterlets, setzt man Ihnen nichts anderes als Sterlets vor. Russen ohne Schnurrbart lecken sich die Lippen, um nichts davon zu verlieren; Russen mit Schnurrbart wischen sich diesen nicht ab, um sich seinen Duft zu erhalten, und jeder singt sein Lob, dieser an der Oka, jener an der Wolga, den einzigen Flüssen Rußlands, wo man diesen berückenden Fisch findet.

Na schön, ich wage es, gegen die allgemeine Anbetung zu opponieren. Der Sterletkult ist keine vernunftbedingte Religion, sondern Fetischismus. Dieses weiche gelbe Fleisch ohne Geschmack, das man mit faden Ingredienzien würzt, weil man ihm angeblich seinen ursprünglichen Geschmack lassen will, in Wirklichkeit aber, weil die russischen Köche eine phantasielose Sippschaft sind und, was noch schlimmer ist, kein Organ zum Abschmecken haben; sie haben die Soße noch nicht entdeckt, in der der Sterlet serviert werden muß. Vielleicht werden Sie mir erklären: Es gibt aber doch französische Köche in Rußland; warum haben denn diese nicht nach der noch unentdeckten Soße geforscht? Weil die französischen Köche den Sterlet nicht schätzen, geben sie sich auch keine Mühe, eine Soße für diesen Fisch zu finden.

Nichts ist einfacher; nicht um Kochkunst handelt es sich hier, sondern um Philosophie.

Carl Spitzweg

»Armer Poet« mit feiner Zunge

Muß ein Künstler ernst sein, damit er ernst genommen wird? Kann er gar über 34 Jahre lang ein beschauliches Junggesellenleben führen – humorvoll, lebensklug und liebenswert?
Spitzweg konnte.
Die simple Erklärung lautet: Er war zufrieden mit dem, was er machte. Mit seiner Arbeit, seinen Bildern. Er war nicht der einzige. Schon zu Lebzeiten hatte er 480 Bilder verkauft, und seit 1870 begann man bereits, seine Technik und seine Kompositionen nachzuahmen.
Der Sinn für Poesie und die Neigung zu »kleinen« Dingen waren Spitzweg zwar eigen, aber hüten wir uns, ihn völlig gleichzusetzen mit seiner berühmtesten Figur, dem »armen Poeten« in der Dachstube. Das biedermeierliche Kleinstadt-Milieu war keineswegs die ganze Welt für Spitzweg.
Nach abgeschlossenem Pharmaziestudium wurde der Sohn eines vermögenden Spezereiwarenhändlers in München von leidenschaftlicher Reiselust ergriffen. 1832 durchstreifte er Italien, und in jenem Jahr kam ihm dort vielleicht zum ersten Mal ein neuer Entwurf seines Lebens in den Sinn: Pinsel statt Pillen! Es folgte, aus psychologischer Sicht geradezu zwingend, ein Nervenfieber,

Carl Spitzweg (1808–1885). Porträtfoto aus dem Jahre 1860.

das ihn in eine Kuranstalt nach Bad Sulz führte. Hier traf er Künstler, die ihn erstmals im Gebrauch von Farben und Palette unterwiesen. Das Weitere brachte Spitzweg sich dann autodidaktisch beim Kopieren alter Meister in der Pinakothek bei.

Auf seinen späteren Reisen gefiel es dem sprachgewandten Maler und Illustrator, die Nationalgerichte eines jeden Landes mit Kennerschaft zu probieren. Seine Reisetagebücher sind von lukullischen Aufzeichnungen durchsetzt. Er schickte Speisekarten und neue Rezepte an Freunde und Bekannte. Durch seine Tagebücher und Briefe zieht der Duft würziger Karbonaden, die »die Jungfer Köchin in Neubeuren bereitet vom hautesten Goût, noch etwas hauter als der Petersberg«.

Je reifer er wurde, desto mehr verband sich für Spitzweg die Kunst des Essens mit der des Lebens allgemein und seines Schaffens im besonderen. Es entstanden auf Rückseiten von Speisekarten Landschaftsskizzen, die das Lebensglück des reisenden Malers verdeutlichten. So erfahren wir, daß ihn in Karlsbad »Zu den drei Fasanen« der Wirt Chapka höflichst empfing und offerierte: »Reissuppe, zwei Forellen, Rindfleisch mit Pürré, zwei Gemüse mit gebackenem, gebratenem Wildpret mit Kompot, Hohlhippe, Mehlspeise. Alles in allem für 71 Kreuzer.«

Jeder Gourmet weiß: Feinschmecker-Freuden kennen keinen Stillstand. Sie steigern sich ständig. Nicht in Luxus-Exzessen. Aber in Erfahrung und Vergleich, Neugier und Intensität.

Spitzweg war da keine Ausnahme. Immer genauer und kenntnisreicher wurden seine Rezept-Aufzeichnungen. Seine größte Gaumenfreude war ein EGERLÄNDER BRATEN MIT GURKENGEMÜSE. Für damalige Zeit recht präzise zeichnete er das Rezept in seinem Reisetagebuch auf:

EGERLÄNDER BRATEN
MIT GURKENGEMÜSE

»Man nehme auf einen 12Pfdigen Schlegel ein ¼ Pfd. Sardellen. Der Schlegel wird also maessig mit Speck gespickt und mit dies ein viertel Pfund Sardellen gleichfalls. Und jetzt wird er dann zugesetzt wie jeder andere Schlegelbraten mit viel Zwiebel und Butter. Wenn

der Braten halb, n. b. halb gebraten ist, so werden in der Fleischseite, nicht von unten hinein, wo der Knochen sitzt, zwei Schnitte gemacht bis in die Haelfte des Bratens (tuechtige Schnitte) und in diese Schnitte werden zwei Weinglaeser Arak hineingegossen, dann wird der Braten wieder zugebunden und ausgebraten.
Die Gurke wird geschaelt und in kochendes, mit Salz vollstaendig gesaettigtes Wasser so lange gelegt und gekocht, bis sie sich mit der Gabel weich sticht (ja nicht zu weich) – dann wird die Gurke herausgenommen, leicht abgetrocknet und in eine Assiette gelegt, der Laenge nach 4 mal geteilt und etwas Pfeffer, Oel und Essig daran (warm muß es darauf getan werden) und dann erkaltet genossen.«

Spitzweg machte es Spaß, seine gesammelten Rezepte mit Zeichnungen und Collagen zu verzieren. Wie geistvoll er dabei ans Werk ging, zeigen die 31 Kochrezepte, die er seiner Nichte Lina verehrte. Holzschnitte dafür entnahm er den »Fliegenden Blättern«, einer Zeitschrift, für die er seit langem arbeitete. So entstanden viele Wort- oder Bild-Spiele, die es später den Kunsthistorikern erlaubten, Spitzweg als »Vater der Collage« zu bezeichnen. Ein treffendes Beispiel hierfür ist das Rezept DIE KALTSCHALE. In der Illustration schwebt die kalte Schale vor einer majestätischen Bergwelt. Die Gletscherfelder vermitteln in ihrer farbigen Höhung eine eisige Atmosphäre. Die da hinein geklebte Schale läßt eine absurde Bildwirkung entstehen. Zusammen mit dem Rezept ergibt das eine witzige Komposition.

PADERBÖRNISCHE
KALTESCHALE

»Man nimmt Zucker worauf das Gelbe einer Zitrone abgerieben nebst Zimmt, aufgekochten Korinthen, den Saft einer Zitrone. Dann nimmt man halb Bier und halb süsse Milch, rührt beides nebst etwas Rahm gut durcheinander und schüttet es über das geriebene Weißbrod und Gewürz.
Herrliches Mittel bei verstauchtem Magen!«

Spitzweg hielt sich vom offiziellen Münchener Kunstbetrieb fern. Er saß lieber mit wenigen Freunden, darunter Moritz von Schwind und Friedrich Pecht, bei einem guten Tropfen zusammen. An einem jener gemütlichen Abende in kleinstem Kreis mag die Aufzeichnung des folgenden Rezeptes entstanden sein.

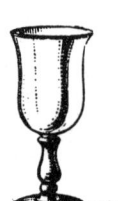

BISCHOF
»(Episcopus in partibus fidelium)

Ein ausgezeichnetes Getränk. Auf jede Flasche Roth-Wein (guten Burgunder) 8–12 Loth rohen oder gekochten Zucker. Dann röstet man kleine grüne oder gelbe Pomeranzen, nachdem man sie etwas eingekerbt hat, über Kohlengluth und thut sie noch heiß in den Wein.«

Der BISCHOF kann auch heute noch einen Abend verschönen, ohne daß man dazu grüne Pomeranzen über Holzkohlenglut rösten muß.
Für die heutige Fassung nimmt man 2 Glas Pomeranzenlikör auf eine Flasche Rotwein, ½ Stange Zimt, Zucker nach Geschmack.
Fast kochen lassen und heiß servieren.

Der hintergründige Humor des Malerpoeten zeigt sich auch in dem Rezept für VERLORENE EIER. Er nennt sie EINGESCHLAGENE EIER, denn, so schreibt er treffend, »verlorene Eier wären nicht mehr da« und somit auch nicht mehr darstellbar.

DES OEUFS POCHÉS
EINGESCHLAGENE EIER

»Man schlage die Eier in kochendes, mit etwas Essig u. Salz vermischtes Wasser dergestalt, daß man sie dicht darüber hält, lasse sie etwa eine und eine halbe Minute kochen oder solange bis sich das

Weisse um das Gelb geschlossen hat, thue sie sogleich in kaltes Wasser und putze sie hübsch glatt ab.«

Von verzehrenden Leidenschaften des Künstlers im zwischenmenschlichen Bereich ist nichts bekannt. Vielleicht verdanken wir diesem Umstand das Bild eines glücklichen Kreativen, im Einklang mit sich und der Welt, der seine Möglichkeiten so gut kannte wie seine Grenzen.

Spitzwegs Freude am Surrealen, am Absurden zeigt sein Rezept für Kirsch- und das für Erdbeermarmelade:

Marmelade von Kirschen wird genauso zubereitet wie Erdbeermarmelade: nur mit dem Unterschied, daß anstatt der Erdbeeren Kirschen genommen werden! Will man nun unter Erdbeermarmelade nachschauen, steht dort der Satz: »Hier gilt dasselbe wie bei Kirschenmarmelade. Siehe diese.«

Bei den mehr als tausend Bildern und Ölstudien, die sein Lebenswerk umfaßt, verließ Spitzweg rein äußerlich nur selten die »kleine« Form. Viele Bilder sind auf Zigarrenkisten-Brettchen gemalt, die Studien auf Pappdeckel.
Die allgegenwärtigen Schubladendenker haben längst die vermeintlich passenden Etiketts draufgeklebt: vom Verismus bis zum Surrealismus, vom Collagen-Erfinder bis zum Photorealisten.
Spitzwegs Kunst wird keine dieser Zuordnungen gerecht. Dazu ist er zu schrullig, zu tüftelig, zu menschlich. In seinen Bildern leben schnurrige Sonderlinge; Dichterlinge und Schmierenschauspieler, Flötenamateure und Sonntagsjäger, der Aktenwurm und der Schulpedant, der Hagestolz und der schüchterne Liebhaber, der Bürgergeneral, der Antiquar und der Blumenzüchter. Die verwinkelte deutsche Kleinstadt, Bratenrock und Zipfelmütze sind in seinen humorvollen Momentaufnahmen unverlierbar aufbewahrt. Auch seine Reisenotizen über Produktmerkmale haben immer noch amüsanten Lesewert. So schrieb er aus der Schweiz über die luftgetrockneten geräucherten Landjäger:

Für Kenner eine ausgezeichnete Wurstgattung. Die ziemlich verbreitete Meinung, daß der Hauptbestandteil derselben aus Steinbockfleisch und Murmeltier-Speck bestehe, oder aus Fleisch von durch Sturz verunglückten Engländern und sonstigen Touristen – oder gar von erschossenen Landvögten, gehört wohl ins Reich der Märchen.

Nach des Malers Tod am 23. September 1885 in München erbten seine Nichte und seine Neffen Eugen und Otto Spitzweg alle seine Bilder, Zeichnungen, Studien und Collagen. Der Umfang seines Nachlasses war enorm, weit über tausend Bilder und Ölstudien zählten die Erben.

Da viele seiner Arbeiten noch unsigniert waren und mit der allmählich zunehmenden Wertschätzung des Malers auch die Preise für seine Bilder stiegen, ließen die Erben sich Nachlaß-Stempel mit Spitzwegs Signatur anfertigen. Diesen Entschluß haben sie wohl bitter bereut. Nach einer großen Ausstellung im Jahr 1906 im Münchner Glaspalast verzehnfachten sich die Spitzweg-Preise. Parallel dazu tauchten ungezählte Fälschungen auf, die vor allem aus einer Hamburger Werkstatt kamen. Zwei Dinge machten es den Fälschern leicht: Es gab noch kein Werkverzeichnis, und Spitzweg hat fast jedes Motiv viermal behandelt – einmal als Zeichnung mit Sepia-Untermalung, einmal als Farbenskizze, dann als fertiges Gemälde und schließlich als freie Wiederholung. Und der Signatur-Stempel war leicht zu kopieren: Ein S in einem Rhombus mit hinzugefügtem ausgeschriebenen Namen. Mit den wenigen Gedichten und seinen gesammelten Rezepten haben wir es einfacher: Sie sind auf jeden Fall echt.

Giuseppe Verdi

Steinbutt Aida oder die Macht des Schicksals

Es war einmal ein armer Krämer und Dorfgastwirt in Le Roncole. Dem wurde dort in der Provinz Parma im Jahre 1813 am 10. Oktober ein Sohn geboren und auf den Namen Giuseppe getauft. Arm, aber glücklich wuchs der kleine »Beppe« heran. Früh schon erkannte der Papa die musikalische Begabung des Söhnchens und erstand unter großen Entbehrungen ein altes Spinett für ihn. Als Zehnjähriger vertrat Beppe seinen kranken Lehrer beim Orgelspiel. Ein Zuhörer, ein reicher Kaufmann aus Busseto, erkannte die Begabung des Knaben und sorgte für Gymnasialausbildung und Musikunterricht. Kaum hatte Giuseppe beide Ausbildungszweige hinter sich, nahm er eine Musiklehrer-Stellung in Busseto an und heiratete die Tochter seines Gönners.

Sein erster Kompositionsversuch, die Oper »Oberto«, fand freundliche Aufnahme, und Giuseppe siedelte mit seiner Frau nach Mailand um. Bis dahin war Verdis Leben so verlaufen, als ob eine Märchenfee sein Geschick lenkte. Dann aber schlug die Macht des Schicksals unbarmherzig zu: Innerhalb weniger Monate verlor Verdi durch eine Epidemie Sohn, Tochter und Frau. In dieser Zeit tiefster Verzweiflung mußte er auftragsgemäß eine komische Oper abliefern. Kein Wunder, daß diese Oper »un giorno di regno«, ein Reinfall wurde. Verdi hat das den Mailändern nie verziehen. Nie

Giuseppe Verdi (1813–1901). Gemälde von Giovanni Boldini.

wieder wollte er eine Note schreiben! Doch was Rossini einige Jahre zuvor auf der Höhe seines Ruhmes fertiggebracht hatte – von der Bühne abzutreten und sein Leben als Feinschmecker ausgesuchter und selbstkomponierter Speisen lächelnd zu genießen –, das konnte dem erst am Anfang stehenden jungen Verdi natürlich nicht gelingen. Sein Genius war stärker als alle Schwüre.
Als sein Blick eines Tages auf die Verszeilen eines Librettos fiel, das er vor kurzem verzweifelt auf den Boden seiner Stube geschleudert hatte, las er die Zeile: »Va, pensiero, sull' ali dorate« – Flieg, Gedanke, auf goldenen Schwingen. Und schon flogen seine Gedanken unwiderstehlich dahin auf den goldenen Schwingen der schöpferischen Phantasie. Ihm wurde die Verszeile zum Leitmotiv seiner Oper »Nabucco«, die 1842 an der Scala in Mailand mit großem Erfolg aufgeführt wurde.
Erfolgreich wurde sie auch deshalb, weil das Leitmotiv als leidenschaftlicher politischer Appell des damals von Habsburg unterdrückten oberitalienischen Volkes verstanden wurde.
Mit diesem politischen Rückenwind fliegt nun auch Verdi dem Erfolg entgegen und steht mit 28 Jahren plötzlich an der Spitze der italienischen Opernkomponisten. Zwischen 1844 und 1851 produziert er nicht weniger als elf Opern. Alles Erfolge; aber kein Werk darunter, mit dem er selbst zufrieden war. Seine »Galeerenjahre« wird er diese Zeit später nennen, die freilich seine fruchtbarste war. In nur vierzig Tagen brachte er »Rigoletto« aufs Notenpapier. Dem »Troubadour« im Januar 1853 folgte im März »La Traviata«. Alle Bühnen Europas rissen sich um Verdi-Opern. Und er lieferte ihnen ein Werk nach dem anderen: »Ein Maskenball«, »Die Macht des Schicksals«, »Don Carlos«.
Der Khedive Ismail Pascha, der von Verdi begeistert war, seit das Kairoer Opernhaus mit »Rigoletto« feierlich eingeweiht worden war, beauftragte den Komponisten, zur Eröffnung des Suezkanals eine neue Oper zu schreiben. Verdi erinnerte sich an eine Erzählung des französischen Ägyptologen Auguste Edouard Mariette, in der das Schicksal eines äthiopischen Sklavenmädchens geschildert wurde. Nach einem längeren Briefwechsel mit Mariette und nach intensiven Quellenstudien beauftragte Verdi den Textdichter

Verdi dirigiert das Orchester bei der Erstaufführung seiner Oper „Aida" in Paris, 1880.
Lithographie nach einer Zeichnung von Adrien Marie.

Antonio Ghislanzoni, der mehr als 60 Opernbücher verfaßt hat, mit der Gestaltung des Librettos.
1870 war die Oper fertig. Sie konnte jedoch erst am 24. Dezember 1871 in Kairo uraufgeführt werden, weil Kostüme und Dekorationen, in Paris bestellt, die von den Deutschen belagerte französische Hauptstadt nicht verlassen durften. Verdi nahm die Verspätung nicht tragisch. Er hatte nach der Ablieferung des Werkes sein Honorar von 150 000 Goldfranc – das höchste je für eine Oper bezahlte – bereits in der Tasche. »Aida« wurde ein triumphaler Erfolg – erst in Kairo und zwei Jahre später in Mailand.

Trotz seiner Berühmtheit und den damit verbundenen Würdigungen blieb Verdi empfindlich gegen jede negative Kritik. Er genoß es zwar, als der große Gegenpart von Richard Wagner zu gelten – was bei ihm diesseitig und südländisch-sinnfällig zur Schilderung von Leidenschaften gerät, wird von Wagner romantisch-symbolistisch, ja philosophisch interpretiert –, aber weit mehr als dieses Lob kränkte ihn eine publizierte Äußerung Tschaikowskis. Der hatte geschrieben: »Verdi, dieser Sohn des sonnigen Südens, hat viel an seiner Kunst gesündigt. Die ganze Welt hat er mit seinen Leierkastenmelodien überflutet.«

Merkwürdig bleibt bei dieser gegenseitigen Antipathie, daß beide Komponisten fast identische Melodien für eine Liebesszene schrieben. Eine Arie der Tatjana in »Eugen Onegin« unterscheidet sich nur im Rhythmus von einer Arie der Desdemona in Verdis »Othello«.

Auch ihre kulinarischen Vorlieben ähnelten sich: Beide waren Suppen-Fanatiker, und beide bevorzugten Meeresfische und Gemüse vor allen anderen Speisen. Der Russe hat ein Rezept für Seezungen hinterlassen, der Italiener den STEINBUTT AIDA erfunden.

STEINBUTT AIDA

Verdi, ein vorzüglicher Koch, bezog zur Winterszeit, dann, wenn er am besten schmeckt, seinen Steinbutt direkt von einem Fischer. Aus Spinat, Schalotten und Petersilie bereitete er in einer gefetteten Auflaufform das mit Pfeffer und Salz gewürzte Bett für den enthäuteten und entgräteten Fisch, deckte ihn auch von oben mit dieser Gemüsemischung zu und bestreute ihn mit frischen groben Semmelbröseln. Dann ließ er reichlich frische Butter zerfließen, begoß das Ganze damit, schüttete vorsichtig eine Flasche Weißwein dazu und ließ den Fisch bei starker Hitze so lange im Ofen, bis die Kruste bräunte und knusprig war.

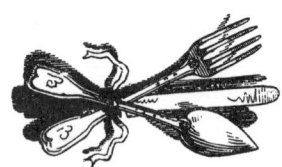

> Auch bei den Suppen wurde Verdi kreativ. Noch heute kennt die kulinarische Nomenklatur die CONSOMMÉ VERDI, die aus einer klaren Rindfleischbrühe zubereitet wird. Als Einlage werden aus pürierter Hühnerbrust, Eiweiß, süßer Sahne und Spinatpüree Klößchen bereitet, gegart und in der Terrine mit Parmesan und flüssiger Butter übergossen und mit Kalbsjus abgerundet, bevor die Bouillon darüberfließt.

Im letzten Drittel seines Lebens verhilft sein Reichtum ihm zur Erfüllung seiner italienischen Natur: Er erwirbt in der Nähe von Busseto, in Sant'Agata, große Ländereien und fängt an, das Leben eines Gutsbesitzers zu genießen. Mit der zähen Nüchternheit eines Bauern, der auf seinen Nutzen aus ist, führt er bei seinen Landarbeitern eine Art von Leistungslohn ein.
Diese ländliche Idylle teilt er mit seiner Lebensgefährtin, der Sängerin Giuseppina Strepponi, einer ungewöhnlich gebildeten Frau, die fließend Deutsch, Französisch und Englisch spricht. Die Ge-

sellschaft empört sich über die Unbekümmertheit, mit der der liberale Freigeist dieses anstößige Verhältnis öffentlich zur Schau stellt. Verdi kümmert sich nicht um solche Lappalien: »Ich ziehe meinen Hut weder vor Grafen noch Bischöfen, vor gar niemandem«, schrieb er raunzig. Erst viel später und nur auf Peppinas wiederholten Wunsch legalisierte er sein Konkubinat durch eine Eheschließung.

Nur selten dringen Nachrichten über künstlerische Pläne aus dem Gutshaus in die Welt hinaus. Dennoch gelingt ihm hier noch Großes: Er schreibt die Oper »Othello«, deren Premiere an der Mailänder Scala für die Musikwelt zum Ereignis ersten Ranges wird, und verwandelt das Shakespearische Thema »Die lustigen Weiber von Windsor« in die von witzigen Einfällen sprühende Oper »Falstaff«. Mit Giuseppina spricht er selten über Musik, um so mehr über Gemüseanbau und Küche. Mit ihr gemeinsam entwickelt er zwei neue Zubereitungsarten für Lendenschnitten, die bis heute in der Kochbuchliteratur seinen Namen tragen. Nach dem Rezeptverzeichnis des berühmten Hamburger Gastronomen Franz Pfordte werden LENDENSCHNITTEN À LA VERDI geröstet, auf Artischockenböden angerichtet, dann mit Ochsenmarkscheiben belegt und mit Ochsenmarksauce überglänzt.

Die zweite Form der Zubereitung dieses Gerichts gehört auch heute noch zum klassischen Repertoire der Grande Cuisine. Alfred Walterspiel, König der deutschen Hotel-Gastronomie in unserem Jahrhundert, hat das Originalrezept TOURNEDOS VERDI so zubereitet:

TOURNEDOS VERDI

Man stellt eine fertige Gnocchimasse von Grieß bereit, die etwas mehr Ei als gewöhnlich enthält. Tomaten werden geschält, entkernt, geviertelt, fein geschnitten und daraufhin in Öl mit wenig Schalotten schnell geröstet. Das Tournedos wird fertig gebraten, das Fett abgetrocknet und ein Ring von der Grießmasse darauf gespritzt. Man gibt nun die gerösteten Tomaten in die Mitte des Ringes, bestreut alles mit frischem Parmesan, beträufelt mit Öl und glasiert unter dem Salamander.
Dieses Gericht umgibt man mit einer dünnen Sauce Soubise.

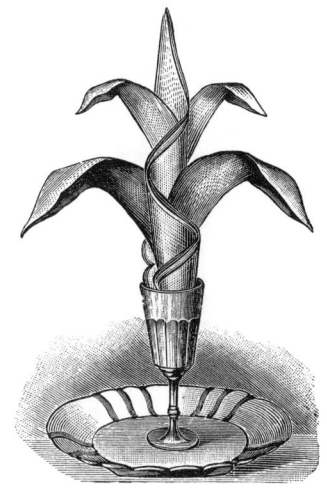

Da Verdi im Kreativen stets das Vollkommene anstrebte, achtete er auch bei seinen Rezepturen auf perfekte Dramaturgie. Der Suppe folgt der Fisch, dem Fisch das Fleisch – und das Dessert? Zu seinen unsterblichen Küchenwerken gehören deswegen auch die CRÊPES AIDA.

CRÊPES AIDA

Dafür werden zunächst vorschriftsmäßige Crêpes in der Spezialpfanne in klarifizierter Butter nach französischer Art dünn gebacken. Dann schneidet man einige Makronen in feine Würfel und beträufelt sie mit Kirschwasser. Die warmgestellten Crêpes werden mit Himbeergelee bestrichen und mit den Makronenwürfeln bestreut. Man rollt sie nicht zusammen, sondern schlägt nur die eine Hälfte über die andere.
Lauwarm servieren.

Die Textzeile von Verdis 1895 aufgeführtem Werk »Quattro pezzi sacri«: »Alles ist Spaß auf Erden, wir sind geborene Toren...« spiegelt die vielen glücklichen Jahre mit seiner Frau wider.
1897 stirbt sie plötzlich. Ihr Testament schließt mit den Worten: »Und nun leb wohl, Verdi. Wie wir im Leben vereint gewesen

sind, so möge Gott unsere Seelen im Himmel wieder zueinander finden lassen.«

Verdi gibt das Landleben auf und zieht in ein Hotel nach Mailand. Vier Jahre trauert er ihr noch nach. In dieser Zeit setzt er sich ein Denkmal der Menschlichkeit, das bis heute vorbildlich ist. Er vermacht sein riesiges Vermögen einer Stiftung, die das Casa di riposo gründet und noch immer hundert alten Musikern und Sängern eine komfortable Heimstätte bis zum Tode bietet.

Am 27. Januar 1901 stirbt Giuseppe Verdi. Tausende von Menschen säumen in tiefer Trauer die Straßen, als Verdi zu Grabe getragen wird. 900 Sänger stimmen zum Begräbnis den Chor aus »Nabucco« an, mit dem seine künstlerische Entwicklung 59 Jahre zuvor begann: »Flieg, Gedanke, auf goldenen Schwingen...«

Am 26. Februar 1901 werden er und Giuseppina im Oratorium der Casa di riposo nebeneinander beigesetzt.

Claude Monet

Das Frühstück im Freien und andere Freuden

Kunstkritiker halten Entbehrung und Askese für ein sicheres Qualitätsmerkmal, jedenfalls dann, wenn es sich um einen Maler handelt. Der soll doch bitteschön den irdischen Freuden weitgehend entsagen und möglichst erst nach dem Tode durch Berühmtheit überraschen. Dann kann der Kritiker schreiben: Ich habe seine Bedeutung schon erkannt, als er noch armer Hungerleider war.
Und so heißt es in einer amerikanischen Biographie über Claude Monet auch ziemlich ungehalten: »Der Maler folgte dem Vorbild eines genießerischen französischen Mittelklasse-Lebens«, mit dem fast schon verächtlichen Zusatz: »Essen konnte er für vier.«
Na und? Immerhin wurde Monet dabei 84 Jahre alt und einer der größten Maler des Impressionismus.
Wer in der Normandie großgeworden ist, saugt den Sinn für gutes Essen und Trinken schon mit der Muttermilch, ersatzweise mit den berühmten normannischen Milchprodukten ein. Nach der Pubertät gestaltet sich dann der Übergang zum Calvados fließend.
Monet schöpfte immer neue Kraft bei ausgedehnten Mahlzeiten im Kreise von Freunden. Solange er noch eisern sparen mußte, beschränkte er sich auf Käse und Wein in kleinen Pariser Bistros. Schuld an diesem frugalen Leben war vor allen Dingen seine

Claude Monet (1840–1926).

Tante Lecadre, die ihm immer wieder drohte, ihm die finanzielle Unterstützung der Familie zu entziehen, wenn er nicht einwillige, sich »dem Vorbild eines bekannten Meisters unterzuordnen«. Nach ihrer Meinung malte Monet nur »entsetzliche Schinken«. Als sie obendrein erfuhr, daß Monets Freundin Camille im Juli 1867 einen Sohn zur Welt gebracht hatte, steigerte sie ihre peinlichen Erpressungsszenen so weit, daß ihm schließlich die monatliche Zuwendung ganz gestrichen wurde. Die Folge war, daß er viele Jahre wegen bedrückender Schuldenlasten nicht ein noch aus wußte. Als er endlich 1880 – immerhin schon 40 Jahre alt – einige seiner großen Eislandschaften für den Gesamtpreis von 1500 Francs – zahlbar in drei Raten – verkaufen konnte, war das genau die Hälfte dessen, was er seiner Lebensmittelhändlerin schuldete. Später, auf der Höhe seines Ruhms, war Monet ein heiterer, großzügiger Gastgeber in seinem Haus in Giverny. Dort war, neben seinem Atelier, die Küche der wichtigste Raum. Sie lag nicht, wie die meisten Küchen der damaligen Zeit, im Keller, sondern zu ebener Erde. Große Türen gewährten einen herrlichen Ausblick auf den Garten. Wer immer in dem gemütlichen, blau-weiß gekachelten Raum am Herd stand, konnte am Gespräch der Gäste teilnehmen.

Nach den mageren Jahren, die Monet als Karikaturist in Paris verbracht hatte, genoß er es nun, nur wirklich erstklassige Nahrungsmittel zu verwenden: Trüffeln vom Périgord, Foie gras aus dem Elsaß, Geflügel aus dem Garten und Champignons aus dem eigenen Keller...

Monet liebte es, Salate anzumachen und war ein ausgesprochener Pfeffer-Enthusiast. Fünf verschiedene Pfeffersorten waren in ständigem Gebrauch. Sollte eine Ente gebraten werden, schnitt er die Flügel ab, würzte das Tier von innen und außen mit einer Mischung aus Pfeffer und Muskat und schickte es dann in die Küche zum Braten.

Er stand um 4 Uhr morgens auf, aß ein sehr ausgiebiges Frühstück und begann dann zu malen. Gegen 11 Uhr kehrte er zum Haus zurück, machte sich eine Stunde in der Küche zu schaffen, würzte die Speisen, schmeckte ab und nahm erst dann pünktlich um 12 das Mittagessen ein.

Dabei waren häufig Freunde zu Gast. Bei schönem Wetter aß man auf der Holzterrasse vor dem Haus und ging später zwischen Wasserlilien und Seerosen im Garten spazieren. Der Maler Emile Blanche hat die Atmosphäre in Giverny in allen Einzelheiten beschrieben: die hübsch gedeckten Tische, das delikate Essen, die exquisiten Weine. Monet nannte er »einen heiteren, hochsensiblen Mann, der sein komfortables Heim auch durch die Augen der ständigen Gäste genoß«.

Auf vielen Bildern Monets ist diese Heiterkeit eingefangen. Sein erstes berühmtes Gemälde war nicht zufällig einer Mahlzeit gewidmet. Im Louvre ist das »Déjeuner sur l'Herbe«, das große Picknick im Wald von Fontainebleau, im Jahre 1886 gemalt, zu besichtigen. Man sieht darauf im Vordergrund eine Pastete im Teigmantel, ein gebratenes Huhn, Weinflaschen, einen großen Laib Brot und – eher zufällig – auch noch mehrere Personen, die gleich mit dem Essen beginnen werden.

Auf vielen anderen seiner Bilder sind üppige Früchte und Gemüse dargestellt, Blumen und Tische im Freien, beladen mit Tellern und Flaschen. Und Menschen, die offenkundig aus ihrem Alltag kulinarisch das Beste machten.

Ein Gericht, das in Monets Haushalt mindestens einmal die Woche von ihm selbst zubereitet wurde, sind BOHNEN IN ROTWEIN. Er nahm dazu die leichten Weine der Loire wie z. B. Sancerre, oder einen Roten aus Chanturgues.

HARICOTS AU VIN DE CHANTURGUES

250 g getrocknete weiße Bohnen (Pahlbohnen)
250 g durchwachsener Speck
½ l Rotwein
1 TL Majoran
100 g Butter
1 TL Olivenöl
1 gestrichener EL Mehl
2 EL glatte Petersilie, gehackt
Salz, schwarzer Pfeffer

Bohnen über Nacht einweichen. Abgießen.
Dann mit ⅔ des Specks in eine Kasserolle geben. Vom restlichen Speck Schwarte entfernen, in Streifen schneiden und aufheben.
Die Hälfte des Weins über die

119

Bohnen gießen und so viel Wasser, daß alles von Flüssigkeit bedeckt ist. Majoran dazugeben.
Zugedeckt zum Kochen bringen, bei kleiner Hitze kochen lassen, bis die Bohnen weich sind. Mindestens 40 Minuten. Wenn nötig, Wasser nachgießen. Salz hinzufügen und nochmals 5 Minuten kochen lassen. Vom Feuer nehmen. Kochflüssigkeit in einen anderen Topf gießen und den restlichen Wein dazugeben.
Die Flüssigkeit wieder zum Kochen bringen und offen bei starker Hitze um die Hälfte reduzieren lassen.
Die Hälfte der Butter und den TL Olivenöl in eine Pfanne geben und darin die Speckstreifen sanft garen. Wenn sie goldgelb sind, die Bohnen dazugeben und unter ständigem Rühren alles erhitzen. Die Butter darf nicht dunkel werden. Wenn das ausgekochte Stück Speck noch genügend Geschmack hat, kann es mit in die Bohnen geschnitten werden.
Die restliche Butter mit dem Mehl in einer Kasserolle anrühren, mit dem reduzierten Wein glattrühren und köcheln lassen. Mehrere Minuten unter Rühren kurz vor dem Kochen halten, dann über die Bohnen gießen. Mit gehackter Petersilie bestreut zu gerösteten Weißbrotscheiben servieren. Zu Trinken gibt es den gleichen Rotwein, der zum Kochen verwendet wurde.

Wie jeder, der an der normannischen Küste groß wurde, liebte auch Monet Fisch. Zusammen mit seiner Stieftochter, die ihm zeitweilig den Haushalt führte, probierte er verschiedene Saucen zu Seezunge und Steinbutt aus. Er blieb dann endgültig bei der BEURRE BLANC, die nach seinem Rezept so zubereitet wurde:

BEURRE BLANC

170–200 g Butter
4 Schalotten, sehr fein gehackt
4 EL Weinessig
4 EL Weißwein oder Fischfond
Salz und weißer Pfeffer aus der Mühle

Die Butter in kleine Stücke schneiden und bis zur Verwendung in den Kühlschrank legen.
Schalotten mit Essig und Wein langsam köcheln lassen, bis eine weiche Masse entsteht. Abkühlen lassen.

Dann wieder erhitzen und nach und nach die Butterstückchen hineinrühren. Die Sauce soll eine cremige Konsistenz haben.
Mit Salz und Pfeffer würzen und schnell über den vorbereiteten Fisch gießen.

Wenn Monet selbst an seinem Prachtherd stand, kochte er gern möglichst leichte Gerichte, die zwischen Blumen und Früchten im sommerlichen Garten schmeckten.
Eines davon war dieses:

KALBSRISOTTO MIT SPINAT
(für 8–10 Personen)

500 g Kalbfleisch
3 EL Butter
1 Tasse gehackter Zwiebeln
½ Tasse gehackter Sellerie
½ Tasse gehackte Karotten
¼ l trockener Weißwein
2 kg Spinat
1 zerdrückte Knoblauchzehe
1 TL Sardellenpaste
3 EL Butter (für das gesamte Rezept werden 200 g Butter benötigt)
frisch geriebener Parmesan

für das Risotto:
60 g Butter
2 EL gehackte Zwiebeln
500 g italienischer Aborio-Reis
¼ l trockener Weißwein
½ TL Safranpulver
Salz und weißer Pfeffer aus der Mühle

Das Kalbfleisch in feine kleine Streifen schneiden.
Die Gemüse, außer dem Spinat, in Butter langsam andünsten, bis sie weich werden, dann die Fleischstreifen zufügen.
Unter Rühren bräunen lassen, dann den Weißwein zufügen. Kasserolle zudecken und alles garen lassen. Eventuell Wasser zufügen. Würzen.
Inzwischen den Spinat in reichlich Salzwasser 5 Minuten garen. Abgießen und mit 3 EL Butter, einem Schuß Öl, der Sardellenpaste und Knoblauch in einen Topf geben. Durchrühren, einmal aufkochen lassen und warm stellen.
Für das Risotto in einem anderen Topf Zwiebeln in 3 EL Butter andünsten, den Reis zufügen, rühren. Wenn die Körner transparent werden, den Wein zugießen. Wenn der Wein verdunstet ist, eventuell noch et-

Sellerie

121

was heißes Wasser zugeben. Ständig mit Holzlöffel rühren! Das Risotto ist gar, wenn es sich beim Rühren vom Löffel löst. Jetzt das Fleisch mit dem Safran zugeben. Abschmekken und nachwürzen.

Das Risotto auf eine vorgewärmte Servierplatte füllen. In der Mitte genug Raum lassen, um den Spinat unterzubringen. Mit 2 EL geschmolzener Butter übergießen und mit geriebenem Parmesan überstreuen.

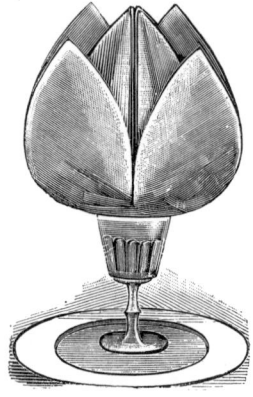

Bevor das kleine Giverny, wo die Epte in die Seine mündet, durch Monet und seinen Garten berühmt wurde, und bevor er die hier erwähnten Rezepte beliebig oft und für beliebig viele Leute kochen konnte, mußte er zweiundfünfzig Jahre alt werden. Erst mit seiner zweiten Ehe – er heiratete 1892 Frau Hoschedé, die sechs Kinder mit in die Ehe brachte –, kehrten Wohlstand und Ruhm bei ihm ein.

Die letzten Jahre seines Lebens – er starb 1926 im Alter von 86 Jahren – litt er zunehmend unter Beeinträchtigung seines Sehvermögens durch den grauen Star. Dennoch hörte er nicht auf, wie ein Besessener das wiederzugeben, was er noch sah und immer suchte: den Eindruck des Augenblicks. Auch seiner Sinnenfreude am Essen und Trinken tat das keinen Abbruch. Noch 1925 schrieb er in der Einladung an einen Freund: »Für die Genüsse an der Tafel können wir täglich höchstens fünf Stunden verwenden. Zehn Stunden müssen für meine Arbeit da sein, die ich mit unvergleichlichem Vergnügen vollbringe.«

Henri Marie Raymond de Toulouse-Lautrec-Montfa
Der Wille zur totalen Lust

Große alte Damen haben manchmal gute Sprüche drauf. So sagte die Gräfin von Toulouse, die Großmutter des kleinen Henri, über ihre Söhne: »Wenn sie eine Wildente schießen, dann haben sie ein dreifaches Vergnügen: sie zu schießen, sie zu essen und – sie zu zeichnen.«
Den beiden letzteren der drei Familienhobbys widmete sich Henri sein kurzes Leben lang. Das Schießen freilich ersetzte er, zu etwa gleichen Teilen, durch seine Passion für Frauen und Alkohol. Doch, »Gemach!« – um in der Sprache von Henris Familie, einem der ältesten Adelsgeschlechter Frankreichs, zu bleiben –, das so oft entworfene Bild eines prädestinierten Wüstlings ist falsch. Zu facettenreich verlief dazu das Leben des sensiblen Sonderlings, der keineswegs nur der Glas und Pinsel schwingende Knirps im Moulin-Rouge war. Wer weiß denn, daß der »Maler vom Montmartre« stets eine Muskatnuß und eine kleine Reibe mit sich führte, um seinen Portwein zu würzen? Daß er einer der ersten Franzosen war, die sich für Cocktails begeisterten? Daß er sich auf Schlössern bei Freunden zu Gast alsbald eine Schürze umband, um Spezialitäten in der Küche zu bereiten, und daß er seine tiefste Verachtung über den Charakter eines Menschen immer mit dem

Henri Marie Raymond de Toulouse-Lautrec-Montfa (1864–1901).
»Monsieur Toulouse malt das Porträt von Monsieur Lautrec-Montfa«.
Fotomontage seines Freundes Gilbert, um 1895.

Satz ausdrückte: »Er ist es nicht wert, Tauben mit Oliven zu essen. Hoffentlich wird er nie welche bekommen!«

Schon als kleiner Junge hatte sich Henri am liebsten in der Küche von Schloß Albi herumgetrieben und mit Kennermiene Saucen abgeschmeckt, während sein Vater sich nicht scheute, einen Riesenrost im Salon aufzustellen und dort Fleisch zu braten.

Die Hoffnung seines Vaters, aus dem Erben einen eleganten Schloßherrn zu machen, blieb freilich unerfüllt. Denn jeder, der das Hollywood-Epos gesehen hat, in dem José Ferrer auf Knien 90 Minuten lang die tragische Figur des Künstlers mimte, weiß zumindest, daß Lautrec an Körpergröße nie über einszweiundfünfzig hinauskam.
Hier also noch einmal kurz die Fakten:
Schon von Geburt an litt Henri an einer seltenen Art von Zwergwüchsigkeit, sogenannter Pyknodysostris, die auf Inzucht zurückgeführt wird (seine beiden Großeltern waren Geschwister, seine Eltern Vetter und Cousine ersten Grades). Ein lächerlicher Unfall – der Sturz von einem Stuhl – ließ den 13jährigen zum Krüppel werden. Das Wachstum seiner Beine war zum Stillstand gekommen, während sich Oberkörper und Arme normal entwickelten. Aus dem grazilen Knaben wurde ein häßlicher Gnom und – einer der größten Maler der Welt.
Nimmt man seine körperliche Behinderung als schicksalhaft an, so verläuft sein Leben, sein Weg zum Weltruhm, von da an mit erstaunlicher Konsequenz.
1872 wird Toulouse-Lautrec in das berühmte Lycée Condorcet aufgenommen, wo er sich mit dem Mitschüler Maurice Joyant anfreundet, der später Verleger und Kunsthändler wird und die grundlegende Biographie des Malers schreibt. Auch das von Lautrec geschriebene und von ihm mit vielen farbigen Abbildungen illustrierte Kochbuch »L'Art de la cuisine« ist von Maurice Joyant verlegt worden. Die Originalausgabe gehört heute zu den großen Raritäten des Büchermarktes.
Aus dem Eingangskapitel »Schola Cantorum« sei zur Einstimmung folgendes über Kräuter und zarte Pflanzen notiert:

Ihr Garten sollte durch Gemüsepflanzen und aromatische Kräuter belebt sein, die man als Garnitur braucht, als Würzstoffe und scharfe Beigaben, um die Gerichte anzureichern. Frisch gepflückt, haben die Pflanzen einen so unvergleichlichen Geschmack, daß die aufgetragenen Gerichte gleichsam zu singen beginnen...

Es folgt eine »Ehrentafel« der Würzkräuter und Pflanzen, von rosa Knoblauch des Midi bis zu Pimpernelle und Ysop. Und eine

»Mignonette« als Saucenwürze, lehrt die Kräuterkunde Lautrecs, setzt sich zusammen aus frisch gemahlenem weißen Pfeffer und – je nach Landesgegend – einer Prise Muskat, Ingwer, drei Nelken und zwei zerdrückten Knoblauchzehen.

Im Kapitel »Regenbogen der Saucen« (welch schöner Name) finden wir alles von cremig-sahne-weiß bis zu samtig-butter-eiergelb, was man zu Spargel, Artischocken, Huhn-, Kalb-, Eier- und Fischgerichten servieren kann. So auch die klassische

---

AIOLI-SAUCE

Zutaten:
2–3 Eigelb
3–4 Knoblauchzehen
Salz
Pfeffer
1 Spritzer Zitronensaft
Olivenöl

Zerstampfen Sie die Knoblauchzehen im Mörser, geben Sie die Eigelb und alle übrigen Zutaten und nach und nach das Olivenöl hinzu. Letzteres wird tropfenweise mit einem Holzlöffel verrührt, bis die Sauce eine pastenartige Konsistenz angenommen hat.

Als sich Lautrec auf eine Schiffsreise nach Spanien begab, kaufte er reichlich Wein und Gewürze ein, bevor er an Bord ging. Schon bald übernahm er das Kommando über die Kombüse und zwang den Kapitän, einen bretonischen Fischereihafen anzulaufen, um dort frische Fische und Hummer zu erstehen. Es wurde eine wahre Feinschmeckerreise und Lautrec kochte unermüdlich für Passagiere und Mannschaft.

Unter anderem komponierte er diese

FISCHSUPPE »TOULOUSE«

Zutaten:
3 Lauchstangen
4 Tomaten
1 Fenchelknolle
¼ Tasse Olivenöl

2 Pfund einfacher Mittelmeerfisch (Barsch, Seewolf, Seehecht, Kopf vom Seeaal etc.)
Safran
Salz und Pfeffer
Lorbeerblätter, Nelken
50 g kleine Nudeln

In eine große Kasserolle Lauch, Tomaten, Fenchel, gewaschen, geputzt und in Stücke geschnitten, geben. Mit Nelken und 2 Lorbeerblättern in Olivenöl alles glasig dünsten. Dann die in Stücke geschnittenen Mittelmeerfische dazugeben. Anbraten, mit Wasser ablöschen und so lange köcheln lassen, bis der Fisch völlig zerfällt. Den Safran zufügen, die Suppe durch ein Haarsieb pressen, nachwürzen, mit Salz und Pfeffer und einer Handvoll kleiner Nudeln in der Brühe garen lassen. Dazu mit Knoblauchpaste bestrichene Weißbrotscheiben servieren.

Als im Februar 1986 in Hamburg das Theaterstück von Gerard Uhlig »Mein kleiner Schatz Toulouse« Première hatte, waren selbst hanseatische Senatoren nicht überrascht, daß Domenica, Deutschlands bekannteste Gunstgewerblerin, darin die weibliche Hauptrolle spielte. Wußten doch die Kunstkenner unter ihnen, daß Toulouse-Lautrec sich immer in der Gesellschaft von Freudenmädchen wohl gefühlt hatte. Sie waren, mochten sie einst Jane Avril, Yvette Guilbert oder »La Goulue« geheißen haben,

Toulouse-Lautrec mit einem seiner Modelle in seinem Pariser Atelier.
Foto um 1890.

Außenseiter des Schicksals wie er – und wie er hatten sie sich damit abgefunden. Toulouse-Lautrec wurde aus dieser Motivation heraus zum genialen Porträtisten des 19. Jahrhunderts. Die Gesichter seiner Modelle betrachtete er voll Anteilnahme, doch er malte sie mit unbarmherzigem Strich. Nicht Ähnlichkeit, sondern Ausdruck, nicht die äußere Erscheinung, sondern die seelische Verfassung des Menschen haben ihn stets gereizt... Und immer war der Nachfahr der Kreuzritter und Herzöge von Aquitanien ganz nah am Alltag, entwarf Programmhefte für Montmartre-Theater, Menükarten für Freunde, Buchumschläge für Verlage, Plakate für Vergnügungen aller Art.

Bevor nun eines seiner vielen, nachvollziehbaren Fleischgerichte vorgestellt wird, hier sein Rezept für MURMELTIERPFEFFER, das heute jeden Umweltschützer auf die Barrikaden treiben müßte:

CIVET DE MARMOTTES

Wenn Sie im September bei Sonnenaufgang einige Murmeltiere geschossen haben, die sich – Bauch in der Sonne und Nase im Wind – gerade sonnten, so ziehen Sie sie ab und bewahren Sie sorgfältig die Fettschicht auf, die ausgezeichnet ist, um Knie, Knöchel und schmerzende Gelenke bei Verstauchungen einzureiben oder das Leder der Schuhe.
Zerlegen Sie es wie Hasenpfeffer, es hat einen besonderen und wilden Duft.

Leichter zugänglich wird den meisten Lesern Kalbsleber sein. Lautrec liebte folgendes Rezept:

DREISTÖCKIGE KALBSLEBER

Zutaten für 4 Personen:
4 handgroße Weißbrotscheiben, 1 cm dick
Butter zum Bestreichen
1 Handvoll zerdrückte Wacholderbeeren
4 dünne Scheiben Kalbsleber
4 dünne Scheiben Bauchspeck
Salz und Pfeffer

Die Brotscheiben buttern, mit den zerdrückten Wacholderbeeren bestreichen, mit je einer Scheibe Leber belegen, salzen, pfeffern und noch etwas gemahlenen Wacholder darüberstreuen. Darauf je eine Scheibe Bauchspeck geben, nochmals pfeffern. Die Scheiben in eine flache, feuerfeste Form legen und für 20 Minuten in den vorgewärmten Backofen schieben. Sofort sehr heiß in der Form servieren.

»Die Kunst ist mit Toulouse-Lautrec auf die Straße gegangen, ohne sich damit zu prostituieren, und hat noch an Mauern, Bretterwänden und Litfaßsäulen bewiesen, daß sie Kunst ist«, schrieb ein Historiker über Lautrecs Plakate.
Seiner leidenschaftlichen Lust an Verkleidungen aller Art nachgebend – verständlich, wenn das eigene Äußere so wenig reizvoll ist –, zog er als Muezzin, als Chorknabe oder als Japaner seine Bahn durch die Ballnächte der Belle Époque. Traf dabei Menschen, mit denen er Freundschaft schloß, wie Vincent van Gogh und Suzanne Valadon, scheute aber auch nicht die fatale Verbindung mit der kranken Tänzerin »rote Rosa« – und karikierte alles, seine eigene Person eingeschlossen.

Die Stationen dieses kurzen, bewegten und selbstzerstörerischen Lebens lassen sich nicht beschönigen.
Der Rang des Henri de Toulouse-Lautrec ist unbestritten und

bekannt. Seine Bedeutung für die Kulinarik und die Gastrosophie ist noch längst nicht gebührend gewürdigt. In mehr als zweihundert Rezepten hat der Künstler ein Dokument der Lebensfreude hinterlassen. So verdanken wir ihm auch das Ur-Rezept für MOUSSE AU CHOCOLAT. Dieses Dessert nannte er

---

SCHOKOLADEN-MAYONNAISE

Zutaten:
4 Tafeln bittere Schokolade
4 gehäufte EL Puderzucker
½ Pfund Butter
4 Eigelb, 4 Eiweiß zu Schnee geschlagen
wenig Wasser

Die Schokolade mit wenig Wasser in eine Kasserolle geben, auf schwachem Feuer schmelzen lassen. Dann Puderzucker, Butter, Eigelb dazugeben und alles gut miteinander vermischen. Kalt werden lassen und den Eischnee unterheben.

Auch am Herd ist Toulouse-Lautrec der Nachwelt keinen Beweis schuldig geblieben. Nicht einmal den, sich über die »Kochwut« – seine und die seiner Zeitgenossen – lustig zu machen. Seinem Rezept »Heiliger vom Grill« ist nichts hinzuzufügen:

Versuchen Sie, sich durch Vermittlung des Vatikans einen wirklichen Heiligen zu besorgen. Behandeln Sie ihn so, wie St. Lorenz am 10. August 258 behandelt wurde. Nachdem Sie ihn gegeißelt haben, legen Sie ihn auf den Rost über ein großes Bett glühender Holzkohlen. Gleich seinem Vorgänger wird er – wenn er ein richtiger Heiliger ist – selbst verlangen, umgedreht zu werden, damit er auf beiden Seiten gut geröstet ist.

Als Lautrec mit 37 Jahren, heimgekehrt zu seiner Mutter nach Schloß Malromé, starb, hinterließ er, außer seinen 200 Rezepten, an die 6500 Werke, die er seiner Geburtsstadt Albi zum Geschenk machte.
Der Louvre war damals an Lautrecs »zotigen Bildern« nicht interessiert...

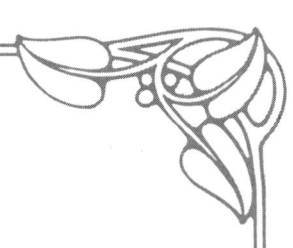

Frank Wedekind

Pfeffer aus Pandoras Büchse

1905 brachte der Verleger Georg Langen eine Gedichtsammlung unter dem Titel »Die Vier Jahreszeiten« heraus. Das Vorwort zu diesem Buch war ungewöhnlich. Mit einer Ballade bekennt sich der Autor zu hemmungslosem Eß-Genuß. Schon beim Schreiben läuft ihm das Wasser so im Munde zusammen, daß sogar das Manuskript feucht wird, wie er selbst bekennt:

Die Ernährungsballade

Genieße, was die Jahreszeit mit sich bringt:
Radieschen, Erdbeeren, grüne Erbsen und Pflaumen;
Was der Verändrung in Sonne und Luft entspringt,
Ist stets das Beste für deinen gebildeten Gaumen.

Radieschen knackt man, wenn man noch jung und keusch
Und sich noch die ersten Zähne nicht ausgebissen;
Die prallen Bäckchen zerbersten mit lautem Gekreisch,
Die Zunge schwelgt in unsäglichen Bitternissen.

Erdbeeren aus Wald und Garten, wie duften sie fein!
Die großen voll Saft, die kleinen sind mir noch lieber;
Ich mache sie trunken zuvor mit gezuckertem Wein,
Pechvögel nur erkranken am Nesselfieber.

Die grünen Erbsen brauch ich schon gar gekocht;
Die tolle Jugend allein frißt sie aus den Schoten.
Ich habe sie stets nur gepfeffert zu kosten vermocht,
Und neuerdings auch hat sie der Arzt mir verboten.

Die üppigen Pflaumen des Herbstes genieß ich fast nur
Als Mittel zum Zweck bei unbehaglicher Stauung
Im Unterleib statt Karlsbader Brunnenkur;
es grölen die Därme im Chor den Gesang der Verdauung.

Noch manches wäre notwendig hier beigedruckt,
Wie Mammut-Trüffeln, die aus Thessalien stammen;
Doch hab ich den ganzen Hymnus schon vollgespuckt,
So läuft mir dabei das Wasser im Munde zusammen.

Der Verfasser dieses in Metrik und Reim eigenwilligen Poems ist Frank Wedekind.
Ob im deutschen Kaiserreich oder in Österreich, der Monarchie war Wedekind verhaßt. Sie verfolgte ihn mit Strafen und mit Verboten. Mit einer Anklage wegen Majestätsbeleidigung begann die Verfolgungsjagd: In der Zeitschrift »Simplicissimus« erschien anläßlich der Palästinareise Kaiser Wilhelms II. unter dem Titel »Im Heiligen Land« ein satirisches Gedicht, das den Kaiser zur Weißglut brachte. Vor allem der fünfte Vers hatte es ihm angetan:

So sei uns denn noch einmal hoch willkommen
Und laß dir unsere tiefste Ehrfurcht weihn,
Der du die Schmach vom Heil'gen Land genommen,
Von dir bisher noch nicht besucht zu sein.
Mit Stolz erfüllst du Millionen Christen;
Wie wird von nun an Golgatha sich brüsten,
Das einst vernahm das letzte Wort vom Kreuz
und heute nun das erste deinerseits.

Das Pseudonym Hieronymus war schnell gelüftet. Das Reichsgericht in Leipzig quittierte Wedekinds Reime mit sieben Monaten Gefängnis, die er von 1899 bis 1900 als Festungshaft in Königstein verbüßte.

Frank Wedekind
(1864–1918).

Kaum war Wedekind frei, trat er als Mitwirkender im Münchner Kabarett »Die elf Scharfrichter« auf. Zur Gitarre sang er sein Bänkellied »Ich hab' meine Tante geschlachtet, meine Tante war alt und schwach...« Prompt verbot die Zensur eine Wiederholung.
1904 wird die Erstausgabe von »Die Büchse der Pandora« beschlagnahmt.
1906 verbietet die Zensur in Wien sein Stück »Der Totentanz«, bei dessen Uraufführung er mit seiner Frau Tilly selbst auf der Bühne steht.
1910 wird sein Drama »Frühlings Erwachen« verboten. Wedekind prozessiert und erreicht 1912 die Aufhebung des Verbotes durch das Oberverwaltungsgericht in Berlin.
1914 verbietet die Zensur die in München geplante Erstaufführung von »Simson«, und schließlich wird »Schloß Wetterstein« nach der Uraufführung in Zürich im Deutschen Reich und in Österreich verboten. Dieses Verbot bleibt noch nach Wedekinds Tod bis zum Jahre 1919 wirksam.
Andere Theaterstücke von ihm sind immer für einen Skandal gut. Sei es »Der Marquis von Keith«, »Lulu«, die Alban Berg später zur Hauptfigur einer modernen Oper machte, »Der Erdgeist«, »Franziska« oder »Der Liebestrank«.
Sosehr sich die bürgerliche Welt über den hemmungslosen Außenseiter entrüstet, so sehr schätzt sie ihn als voyeuristischen Anreger.
»Die Welt – ein riesiger Phallus, dem sich alles andere unterordnet – das ist Frank Wedekind«, schrieb ein Kritiker und zielte damit auf seine zahlreichen Erfolge bei Frauen. Das Tagebuch-Bekenntnis von Franziska Gräfin zu Reventlow, der lebenslustigen Chronistin Schwabings, diente für diese These immer wieder als Beweisstück. Sie verglich ihn mit Cesare Borgia und notierte: »Ich werde blaß, wenn ich mit anderen bei Tisch sitze und plötzlich Wedekind hereintritt... Ich gehe mit Absicht an ihm vorbei und bin glücklich wie ein Backfisch über ein paar liebenswürdige Worte...«
Auch mit seinem beruflichen Werdegang tut sich das Bürgertum schwer: juristisches Studium, Dramatiker, Schauspieler, Lyriker, Pressechef bei Maggi, Kabarettist, Journalist, Zirkussekretär und Sänger – wer will sich da noch wundern, daß einem solchen

Mann die Welt nur noch ein wüster Traum sein kann. Daß solche Etikettierung Wedekinds so falsch ist wie jede einseitige Betrachtung, hat sein Zeitgenosse Egon Friedell präzise formuliert:

Was seine Weltanschauung anlangt, ... so erweist sie sich als der bloße Negativabdruck der landesüblichen Sexualmoral. Der Philister dekretiert: Jeder Mensch soll »moralisch« sein; worunter er versteht, daß wir unsere sämtlichen Geliebten heiraten sollen. Wedekind dekretiert: Jeder Mensch soll »unmoralisch« sein; worunter er versteht, daß wir auf Dinge wie Jungfernschaft, Ehe, Treue keinen Wert legen dürfen ... Wedekinds Sexualphilosophie ist nichts als das gewendete Philisterium. In seinem Grundwesen ist Wedekind ein dämonischer Karikaturist aus der Nachbarschaft Daumiers.

So unbeeinflußt Wedekind von der lebenslangen Verfolgung durch die etablierte Gesellschaft blieb, die Zeit, die er als Presse- und Reklamechef bei Julius Maggi in Kemptal bei Zürich verbrachte, hat bleibende kulinarische Spuren hinterlassen.
Wie alle Angestellten mußte er an der Degustation der dort hergestellten Produkte regelmäßig teilnehmen. Hühner- und Rindsbouillon aus Würfeln, fette und klare Suppenwürfel, Erbs-, Blumenkohl- und Gemüsesuppe mit flüssiger Speisewürze veredelt – das war die wöchentliche Menükarte.
Der Zirkus-Schnellmaler Willy Wolf Rudinoff, Wedekinds Freund seit jenen Zürcher Tagen, ist oft von ihm in München zum Essen eingeladen worden.

Er hatte eine Abneigung gegen Suppen. Von welcher Art sie auch sein mochten. Bis zu zwölf Vierteln Veltliner, ohne daß man's ihm anmerkte, dann Weißwurst und Leberkäs, war das alltäglich Geschätzte. Bei besserer Kassenlage stiegen wir zu Kalbshaxen auf – der Höhepunkt seiner Eßfreuden aber war Kalbs-Geschnetzeltes mit Rösti aus rohen Kartoffeln. Bei diesem Gericht ließ er keine Abweichung zu. Es mußte genauso sein wie damals in Zürich im »Grünen Heinrich«. In den »Torgelstuben« wies er den Kellner schon bei der Bestellung darauf hin, daß das Geschnetzelte gut gepfeffert und nicht mit Sahne versaut werden dürfe und daß die Kartoffeln zum Rösti auf keinen Fall mit Wasser in Berührung kommen durften.

(Die Unsitte mit der Sahne am Geschnetzelten hat Wedekind nicht ausrotten können. Heute noch – über 70 Jahre nach seinem Tod – schreibt Fredy Girardet, einer der ganz großen Küchenmeister, als Randbemerkung in seinem Kochbuch: l'»émincé de veau à la Zürichoise«, une spécialité suisse des plus connues, qui contrairement à ce qu'on voit souvent, ne comporte pas de crême...)
Wedekinds Drang, den deutschen Spießer zu provozieren, hing wohl mit der unbürgerlichen Weltläufigkeit seines Elternhauses zusammen. Sein Vater, Dr. med. Friedrich Wilhelm Wedekind, und seine Mutter, Emilie, waren, noch unabhängig voneinander, nach Amerika ausgewandert. Dort lernten sie sich kennen und heirateten 1862 in San Francisco. Für Emilie – obwohl erst 22 Jahre alt – war dies die zweite Ehe mit einem wesentlich älteren Mann. Die erste – mit einem Sänger und Gastronomen deutscher Herkunft – wurde geschieden, weil es Emilie trotz aller Bemühungen – sie trat in Theater und Varieté in San Francisco auf – nicht gelang, die Schulden dieses Mannes in den Griff zu kriegen.
Drei Monate nach ihrer Rückkehr nach Deutschland kam am 24. Juli 1864 Benjamin Franklin Wedekind in Hannover als zweites von sechs Kindern zur Welt. Beide Eltern hatten die amerikanische Staatsbürgerschaft. Frank blieb, ebenso wie seine drei Brüder, auf Wunsch des Vaters ungetauft. Nur die Taufe der beiden Schwestern Frieda und Emily setzte die Mutter durch. Grund für dieses ungewöhnliche Verhalten: Vater Wedekind, ein wütender Gegner Bismarcks, wollte, daß die Söhne in deutschen Amtsregistern möglichst wenige Spuren hinterließen. Kurze Zeit später emigrierte die Familie in die Schweiz, wo der Vater die Lenzburg im Kanton Aargau kaufte. Als Arzt betätigte er sich nicht mehr. Er lebte nur der Pflege seiner Sammlungen und seinem Theater-Enthusiasmus.
Schon mit fünfzehn Jahren hat Frank sein erstes Prosastück »Der Hänseken« geschrieben. Es ist ein Kinderepos für seine jüngere Schwester.

Wie sehr der unkonventionelle Stil des Elternhauses Frank Wedekinds späteres Leben »programmiert« hat, zeigt ein Brief, den er seiner siebenjährigen Tochter Kadidja schrieb. Darin heißt es:

Ich habe gehört, daß Du jetzt zur Schule kommst. Hoffentlich bist Du nicht so töricht, alles für wahr zu halten, was man Dir dort erzählen wird...

Neigungen des Vaters und Erzählungen der Mutter begründeten in Frank eine lebenslange Liebe zum Zirkus. Ihn bezauberte die Fiktion der Realität dieser schnell vergänglichen Welt immer wieder. So erklärt sich auch, daß er um die Jahrhundertwende in der Zeitschrift »Pan« behauptete, als Mitarbeiter Rudinoffs 1888 an einer Tournee des »Circus Herzog« durch England und Frankreich teilgenommen zu haben.
Rudinoff hat viele Jahre nach Wedekinds Tod dazu erklärt:

Porträtzeichnung von Bruno Paul, 1900.

Mein lieber Freund Frank ist weder mit dem Circus Herzog noch je mit mir gereist. Es war wohl der Goldglanz von Indianer-Romantik, den er sich anpolieren wollte.

Wie so viele Zeitgenossen konnte auch er Wedekinds bunte Phantasiewelt nur an der platten Realität seines Lebenslaufes messen. Für die zirkushafte Vermischung von Traum und Wirklichkeit in Wedekinds Leben ist selbst seine Wohnung in München ein exzentrischer Beleg. Im »roten Zimmer« gab es eine große hölzerne Kugel, himmelblau und mit Sternchen bemalt, und eine rot-weiß lackierte Lauftrommel – beides echte Artisten-Requisiten. Zunächst lernten er und seine Frau Tilly, auf der Kugel und der Trommel zu laufen, dann kamen die Töchter Pamela und Kadidja an die Reihe: »Mit zusammengebissenen Zähnen und zitternd vor Anstrengung haben wir uns wochenlang abgemüht, bis wir es schließlich zu vollendeter Meisterschaft gebracht hatten.«
Noch lange nach Wedekinds frühem Tod – er starb 1918 im Alter von 53 Jahren – kursierten in literarischen Zirkeln Geschichten über seinen bissigen Humor. Aus der Zeit, als er bei Maggi arbeitete, stammt diese Anekdote:

Im »Pfauen«, einer Weinkneipe, die Wedekind oft besuchte, fragte ihn ein Gast provozierend, ob es tatsächlich wahr sei, daß in Hühnerbouillon-Würfeln auch Pferdefleisch verarbeitet werde. »Natürlich«, sagte Wedekind, »nur zu einem gewissen Anteil.«
»Und wie ist das Mengenverhältnis?« wollte der andere wissen.
»Sehr einfach«, sagte Wedekind, »auf ein Huhn kommt ein Pferd.«
In Wien wurde der Nachlaß einer Schauspielerin versteigert, die vor allem wegen ihrer zahlreichen Liebschaften berühmt war. Einige Damen entrüsteten sich, daß die Preise zu hoch gingen.
»Diese Damen«, sagte Wedekind, »hätten die Sachen am liebsten zum Selbstkostenpreis.«
Und einem Mann, der ihn anpumpen wollte und das Gespräch mit dem Satz eröffnete: »Wenn es so weitergeht, hänge ich mich auf«, erwiderte er: »Ich würde das gleich tun, und es nicht erst zum Äußersten kommen lassen.«

Marcel Proust

Denkmal der Vergänglichkeit

Als der junge Marcel an einem Wintertag des Jahres 1882 durchfroren nach Hause kam, bot seine Mutter ihm eine Tasse Tee an. Dazu gehörte in jedem Falle eines jener dicken ovalen Sandtörtchen, die man »Madeleine« nennt und die aussehen, als habe man als Form dafür die gefächerte Schale einer St.-Jakobs-Muschel benutzt. Proust erinnert sich an diese Szene so:

In der Sekunde nun, als dieser mit dem Kuchengeschmack gemischte Schluck Tee meinen Gaumen berührte, zuckte ich zusammen und war wie gebannt durch etwas Ungewöhnliches, das sich in mir vollzog. Ein unerhörtes Glücksgefühl, das ganz für sich allein bestand und dessen Grund mir unbekannt blieb, hatte mich durchströmt.

Was sprach dagegen, daß der Knabe sich's nun einfach bequem machte, abwechselnd Kuchen kauend und heißen Tee schlürfend? Der natürlichen Faulheit nachgebend und eingelullt von angenehm vager Erinnerung?
Es sprach eben das dagegen, was an Proust weder sanft noch bequem war, was ihn jäh erfaßte, scharf wie ein Schwert seinen Geist durchschnitt und zu jenem mühsamen und schmerzlichen

Marcel Proust (1871–1922). Gemälde von J. E. Blanche.

Vorgang trieb, durch Erinnern das Leben Stück für Stück der Vergänglichkeit zu entreißen.

Wer den Autor des Jahrhundert-Werkes »A la recherche des Temps perdu« (Auf der Suche nach der verlorenen Zeit) nur als bleichen Schatten in korkverdichteter Kammer, von Café-au-lait lebend vor sich sieht, der ist einem der zahlreichen falschen Proust-Bilder unserer Zeit erlegen. Tatsächlich war Proust ein junger Bonvivant, der sich's in den Kreisen der oberen Tausend wohl ergehen ließ.

Als 1896 das Ritz an der Place Vendôme zum Eröffnungs-Galadiner lud, war der 25jährige Dichter bereits als akzeptiertes Mitglied der Pariser Society dabei.

Aber die Schicht, die man heute den »Jet Set« nennt, genügte ihm schon damals nicht. Erfolgreich bemühte er sich um Einladungen beim Hochadel und wußte sich dafür durchaus zu revanchieren. Drei Jahre zuvor hatte er das große Vorbild für seine spätere Romanfigur »Baron Charlus«, Robert de Montesquiou, getroffen und viel von dessen elegantem Habitus adaptiert. So hatte Proust es sich bei seinen Diner-Einladungen zur Gewohnheit gemacht, mit jedem Gang auch den Platz zu wechseln, um keinen seiner Gäste beim Gespräch zu vernachlässigen.

Obwohl seine schriftlichen Einladungen und Danksagungen in Mauve und Gold gehalten waren, galten seine wirklichen kulinarischen Vorlieben den ganz simplen Mahlzeiten seiner Kindheit und Jugendzeit. Höchste sinnliche Freude brachte ihm die Erinnerung an bäuerliche Gerichte unter blühenden Bäumen im Loire-Tal im Kreis von Freunden und Familie. An Ferienmahlzeiten in Illiers – heute nennt sich der Ort »Combray-Illiers« nach Prousts Roman –, wo Tante Léonie aus dem Bett im ersten Stock des Hauses das Szepter schwang und die getreue Dienerin Françoise ihr verlängerter Arm war.

Zu der Stunde, da ich hinunterging, um mich nach dem Küchenzettel zu erkundigen, war das Abendessen schon in der Zubereitung begriffen, und Françoise, den hilfreichen Kräften der Natur gebietend wie in den Märchenspielen, in denen Riesen sich als Köche verdingen, klopfte die Kohle klein, brachte Kartoffeln zum

Weichwerden in den Dampf und ließ auf dem Feuer kulinarische Meisterwerke gar werden, die zuvor in irdenen Gefäßen, von großen Bottichen, Schüsseln, Kesseln und Fischbassins bis zu Terrinen für die Wildpastete, Kuchenformen und kleinen Rahmschüsselchen, vorbereitet wurden, wozu noch eine vollständige Sammlung von Kochtöpfen aller Größen kam. Ich blieb an einem Tisch stehen, an welchem das Küchenmädchen grüne Erbsen enthülst und dann in abgezählten Häufchen aufgereiht hatte wie kleine grüne Kugeln für ein Spiel; besonders aber die Spargel hatten es mir angetan, die wie mit Ultramarin und Rosa bemalt aussahen und deren in Violett und Himmelblau getauchte Spitze nach dem anderen Ende zu – das noch Spuren des nährenden Ackerbodens trug – lauter Abstufungen von irisierenden Farben aufwies, die nichts Irdisches hatten.

Durchaus irdisch dagegen ist seine Beschreibung, wie Françoise, nach Tante Léonies Tod, in Paris einkauft, und zwar in den damals supermodernen »Halles«, wohin sie sich höchstpersönlich begab, um »die besten Stücke vom Rumpsteak und Kalbsfüße zu beschaffen, so wie Michelangelo acht Monate in den Hügeln um Carrara zubrachte, um den besten Marmorblock für das Denkmal von Julius II. zu erwischen«.

Beginnen wir unser Menu à l'hommage de Proust mit der von ihm so geschätzten

---

BRUNNENKRESSE-SUPPE
»PRINZESSIN PARMA«

3 Bund Brunnenkresse, geputzt, gewaschen
2 Tassen (350 g) geschälte, gewürfelte Kartoffeln
1½ Tassen (250 g) gewürfelte Zwiebeln
¾ Tasse geschnittener Lauch
1 Knoblauchzehe
2 EL Butter
1 EL Öl
4½ Tassen Wasser
2 TL Salz
1 Tasse süße Sahne
1 Prise Pimentpulver

Die Stiele der Kresse hacken, Öl und Butter in schwerer Eisenkasserolle zerlassen. Kartoffeln, Zwiebeln, Kressestiele, Lauch und Knoblauch zufügen. 10 Minuten bei Mittelhitze anschwitzen lassen. Unter gelegentlichem Rühren Wasser, Salz und Gewürze hinzufügen, zum Kochen bringen und 10–15 Minuten sieden lassen, bis die Kartoffeln weich sind. Brunnenkresse bis auf einige Blättchen zugeben und alles durch die mittlere Scheibe vom Fleischwolf drehen. Stiele, die nicht durchgehen, aussortieren. Sahne vorsichtig unterrühren, erhitzen, aber nicht mehr kochen. Mit den restlichen Kresseblättern bestreut, servieren. Diese Kressesuppe schmeckt im Sommer auch kalt sehr gut.

Leichte Gerichte, wie z. B. Fisch mit Gemüse, liebte Proust vor allem. Eines seiner Lieblingsgerichte war ROUGETS AU FENOUIL:

MEERÄSCHE MIT FENCHEL

1 Meeräsche pro Person, gewaschen, geschuppt und ausgenommen
Olivenöl
Salz
Pfeffer
1 Zitrone
1 Orange
250 g Fenchel

Die Fische von innen und außen mit Salz, Pfeffer und Öl einreiben. Im Grill von beiden Seiten 5 Minuten bräunen. Inzwischen den Fenchel in Julienne (Streichholzformat) schneiden und in der Pfanne in heißem Öl 2–3 Minuten wenden. Orange und Zitrone schälen und Filets auslösen, in die Pfanne geben. Restlichen Orangen- und Zitronensaft auf den grillenden Fisch träufeln. Zitronen- und Orangenfilets mit den Fenchel-Juliennes warmstellen. Dann zum gegarten Fisch anrichten und servieren.

Céleste Albaret, Prousts Haushälterin in seinen letzten Jahren, erwähnt in ihren Memoiren, wie sehr er die kleinen, zarten Fische liebte. Sie sollten möglichst aus Marseille sein, und sie mußte sie vom Maison Prunier in der Nähe der Madeleine beziehen, denn nur dort waren sie wirklich frisch, und schon Marcels Vater, Dr. Adrien Proust, hatte dort immer den Fisch gekauft.

Sobald zum Abendessen geläutet wurde, hatte ich es eilig, in das Eßzimmer zu gelangen, wo die große Hängelampe, die von Golo und Blaubart nichts wußte, dafür aber meine Eltern und meine bevorzugte Auflaufspeise gut kannte, ihr Licht spendete wie an allen anderen Abenden auch, und Mama in die Arme zu sinken.

Fast ein bißchen rüde, jetzt ein Rezept zu bringen, wo er gerade in Mamas Armen liegt. Sei's drum.

Der von Marcel und offenbar auch von seinen Eltern so geschätzte AUFLAUF bestand aus in Salzwasser vorgekochten Makkaronis, die, erkaltet, in eine Form geschichtet wurden. Zwischen fünf Schichten Makkaroni, die mit Fleischbrühe befeuchtet und mit Parmesan bestreut wurden, kommt jeweils die Einlage: Trüffelspäne, Champignons, Hahnenkämme, gewürfelter magerer Schinken und gepökelte Zungenscheiben – alles mit zerlassener frischer Butter begossen und dann – die letzte Schicht sind Makkaroni – im Ofen überbacken.

Häufig wurde als Zwischengang auch ein RISOTTO MIT KREBSFLEISCH serviert, dessen Rezept von dem Dichter Théophile Gautier stammte.

RISOTTO MIT KREBSFLEISCH

Das Risotto wird auf die klassische Mailänder Art zubereitet, wobei statt des fettenden gehackten Rindermarks Butterflöckchen verwendet werden. Bevor das Risotto gekocht wird, werden 20–30 ausgesucht schöne Krebse in einer reduzierten, sehr pikant gewürzten Rinderbouillon gekocht. Das Krebsfleisch im Mörser feinstoßen – einige Schwänze aufheben – und die Bouillon zur Fertigstellung des Risottos verwenden. Erst wenn das Risotto vom Feuer genommen wird und der geriebene Parmesan zum Vermischen bereit ist, werden beide Zutaten – Krebsfleisch und Käse – unter die gegarten piemontischen Reiskörner gerührt. Gautier empfiehlt für dieses Krebs-Risotto, gleich zu Beginn dem Reis ein halbes Glas Sauterne – am besten Château Yquem – anzugießen.

Darf man jemanden, der gültige Einsichten vermittelt über das Wesen der Gesellschaft und ihrer Struktur, das seelische Leben von einzelnen und Gruppen, über die Probleme von Kunst und Künstlern, Krankheit und Medizin, Zeit und Erinnerung, Liebe und Eifersucht, überhaupt in so profanen Zusammenhängen wie Kochrezepten zitieren?

Natürlich darf man das. Nur wer als Mensch in das Leben seiner Zeit voll integriert ist, begreift, was auf anderen Ebenen um ihn herum vorgeht. Welche Rolle da ein simpler Teekuchen spielen kann, zeigt ein Ausschnitt aus der »Suche nach der verlorenen Zeit«.

Und dann mit einem Male war die Erinnerung da. Der Geschmack war der jener Madeleine, die mir am Sonntagmorgen in Combray (weil ich an diesem Tage vor dem Hochamt nicht aus dem Hause ging), sobald ich ihr in ihrem Zimmer guten Morgen sagte, meine

Tante Léonie anbot, nachdem sie sie in ihren schwarzen oder Lindenblütentee getaucht hatte. Der Anblick jener Madeleine hatte mir nichts gesagt, bevor ich davon gekostet hatte; vielleicht kam das daher, daß ich dies Gebäck, ohne davon zu essen, oft auf den Tischen der Bäcker gesehen hatte und daß dadurch sein Bild sich von jenen Tagen in Combray losgelöst und mit anderen, späteren verbunden hatte; vielleicht auch daher, daß von jenen so lange aus dem Gedächtnis entschwundenen Erinnerungen nichts mehr da war, alles sich in nichts aufgelöst hatte: die Formen – darunter auch die dieser kleinen Muschel aus Kuchenteig, die so behäbig und sinnenfroh wirkt unter ihrem strengen, frommen Faltenkleid – waren versunken oder sie hatten, in tiefem Schlummer versenkt, jenen Auftrieb verloren, durch den sie ins Bewußtsein hätten emporsteigen können. Aber wenn von einer früheren Vergangenheit nichts existiert nach dem Ableben der Personen, dem Untergang der Dinge, so werden allein, zerbrechlicher, aber lebendiger, immateriell und doch haltbar, beständig und treu Geruch und Geschmack noch lange wie irrende Seelen ihr Leben weiterführen, sich erinnern, warten, hoffen, auf den Trümmern alles übrigen und in einem beinahe unwirklich winzigen Tröpfchen das unermeßliche Gebäude der Erinnerung unfehlbar in sich tragen.

Sobald ich den Geschmack jener Madeleine wiedererkannt hatte, die meine Tante mir, in Lindenblütentee eingetaucht, zu verabfolgen pflegte (obgleich ich noch immer nicht wußte und auch erst späterhin würde ergründen können, weshalb die Erinnerung mich so glücklich machte), trat das graue Haus mit seiner Straßenfront, an der ihr Zimmer sich befand, wie ein Stück Theaterdekoration zu dem kleinen Pavillon an der Gartenseite hinzu, der für meine Eltern nach hintenheraus angebaut worden war (also zu jenem verstümmelten Teilbild, das ich bislang allein vor mir gesehen hatte) und mit dem Hause die Stadt, der Platz, auf den man mich vor dem Mittagessen schickte, die Straßen, die ich von morgens bis abends und bei jeder Witterung durchmaß, die Wege, die wir gingen, wenn schönes Wetter war. Und wie in den Spielen, bei denen die Japaner in eine mit Wasser gefüllte Porzellanschale kleine, zunächst ganz unscheinbare Papierstückchen werfen, die, sobald sie sich vollgesogen haben, auseinandergehen, sich win-

den, Farbe annehmen und deutliche Einzelheiten aufweisen, zu Blumen, Häusern, zusammenhängenden und erkennbaren Figuren werden, ebenso stiegen jetzt alle Blumen unseres Gartens und die aus dem Park von Monsieur Swann, die Seerosen auf der Vivonne, die Leutchen aus dem Dorfe und ihre kleinen Häuser und die Kirche und ganz Combray und seine Umgebung, alles deutlich und greifbar, die Stadt und die Gärten auf aus meiner Tasse Tee.

Hier das von Prousts Tante Léonie überlieferte Originalrezept der
MADELEINES:

MADELEINES

Zutaten für 18 Küchlein:
100 g Mehl
2 Eier
Salz
100 g Zucker
½ TL Bourbon-Vanille-Essenz
oder Orangenblüten-Extrakt
die geriebene Schale einer
halben Zitrone
100 g flüssige Butter

Zum Zuckerguß:
100 g Puderzucker in 1 EL
Wasser gelöst
18 kleine Muschelförmchen

Backofen auf 250 Grad vorheizen. Förmchen buttern, die Eier schaumig schlagen. Vanille- oder Orangenaroma zufügen und nach und nach den Zucker unterrühren, bis die Masse leicht und locker ist. Dann Butter, Mehl und Zitronenschale zufügen. Die Förmchen mit dem Teig dreiviertel voll füllen und ca. 15 Minuten backen. Abkühlen lassen und auf eine große flache Platte stürzen. Mit Zuckerguß beträufeln und kühl stellen. Zu Zitronentee servieren, aber bitte nicht eintauchen und tiefsinnig dreinschauen. Es sei denn, Sie hätten Augenlider wie Proust, seinen verhangenen Blick und die gleiche literarische Qualität.

Marcel Proust, um 1904.

Nach den zahllosen Einladungen zum Diner, die Marcel Proust gab, müssen ihm die letzten acht Jahre seines Lebens, die er als sein eigener Gefangener im korkgetäfelten Zimmer schreibend zubrachte, wie eine kulinarische Wüste erschienen sein. Auch das waren seine »temps perdu« – Erinnerungen an die Freuden der Gourmandise.

Enrico Caruso

Die große Arie vom fröhlichen Hunger

Madonna mia! Was tut man nicht alles für eine warme Mahlzeit, wenn man als achtzehntes Kind von Marcellino und Anna Caruso in Neapel geboren wird?
Zwar war in der zweiten Hälfte des 19. Jahrhunderts die neapolitanische Küste in Mode gekommen, aber der Komfort von Cook's Reisen ins malerische »Bella Napoli« betraf die Einwohner der Stadt so wenig wie eine Potemkinsche Vorgartenanpflanzung. Und so ist auch Carusos Erinnerung an seine Anfänge zu verstehen: »In meiner Jugend ersang ich mir so manches Essen. Und meine Stimme klang frisch und ungekünstelt und immer fröhlich, weil mein Magen hungrig war.« Das mit dem »fröhlichen Hunger« sieht er freilich erst später so verklärt.
Als Junge sang »Carusiello« in Kirchen, Bädern und in den Straßen Neapels. Manchmal auch für zahlungskräftige »Seladons«. Das waren Liebhaber, deren Stimme für ein Ständchen an die Dame ihres Herzens nicht ausreichte. So zahlten sie 5 Lire an einen »Giovanotte«, der mit seinem Gesang die Donna auf den Balkon zu locken und dann schnell in den Schatten zurückzutreten hatte, um dem flehentlich nach oben grüßenden Freier Platz zu machen.
Schlecht zu singen war in Neapel nicht nur ein Makel, sondern ein verachtungswürdiges Delikt. Bei seinem ersten Vorsingen in Ge-

genwart Puccinis versagte Caruso vor Lampenfieber. Später, bei seinem ersten öffentlichen Auftritt mit einer kleinen Gastspieltruppe in Caserta, wurde Caruso als Faust schuldlos ausgepfiffen. Das ländliche Publikum war Opern gewöhnt, in denen man einander kräftig betrog, die Gesetzeshüter genasführt und eifersüchtige Großmäuler verprügelt wurden. Daß aber der Teufel ein reines junges Mädchen an einen alten Mann verkuppelt, den er eigens zu diesem Zweck verjüngt hat, erzeugte Stürme der Entrüstung.
Bald flog das erste »fiascho« (= Flasche, daher »Fiasko« = Reinfall) auf Mephisto, und auch Faust-Caruso konnte nur unter Polizeischutz der Wut der Menge entkommen.
Dem großen Durchbruch des Sängers ging noch ein schlimmeres spektakuläres Scheitern voraus. Und weil nichts mehr Mut macht als die Niederlagen späterer Sieger, wollen wir diese »Pleite« ruhig ein wenig auskosten:
Bei einer Tournee durch Sizilien trat das ein, wovon alle Anfänger träumen: Der Hauptdarsteller wurde plötzlich krank. Der unter »ferner liefen« gebuchte Caruso mußte blitzschnell einspringen und den Hauptpart des edlen Edgar in »Lucia di Lammermoor« übernehmen. Welche Chance!
Leider hatte Enrico seinen vermeintlich freien Abend mit Freunden in einer Trattoria begonnen und am Trapaneser Wein nicht nur genippt. Mit einem in letzter Minute eingebläuten Text und in notdürftig passendem Kostüm fand er sich plötzlich taumelnd auf der Bühne wieder. Seine Füße finden endlich Halt – auf der Schleppe seiner Partnerin. Erste Buhrufe erschallen. Er soll die Zeile singen: »Le sorti della Scozia« (Schottlands Los), doch aus seinem Munde tönt deutlich vernehmbar für alle Welt: »Le volpi della Scozia« (Schottlands Füchse). »Dort hoff ich Schottlands Füchse zu ihrem Heil zu führen...« Das Publikum rast, jetzt will es sein Opfer haben. »Ubriacone! Trunkenbold!« »Fuchs von Schottland, geh schlafen!«, schallt es zu Caruso herauf. Er versucht, an einer Säule Halt zu finden; diese, aus Pappmaché, wankt wie er. Als sich der Vorhang gnädig vor der tobenden Menge senkt, stürzt der junge Sänger aus dem Theater, will Selbstmord begehen und verkriecht sich schließlich in seiner Pension. Dort spürt ihn wenig später ein Bote auf. Er soll sofort zurück auf die Bühne. Das

Publikum will keinen angebotenen Ersatzmann. Es will den »Besoffenen« wieder.

Caruso kehrt zurück, inzwischen durch den Schock ernüchtert. Auf der Bühne ist plötzlich alle Angst weg. Er singt die ganze Partie noch einmal. Jetzt ist dasselbe Publikum begeistert. Alle Schmach verblaßt vor dem Glanz seiner Stimme, die nun strahlend über der Welt der Oper aufgeht.

Später, auf der Höhe seines Ruhms, konnte er diese frühen Erfahrungen nie ganz verdrängen: Immer hatte er Lampenfieber.

Dagegen half nur ein Gericht aus warmen breiten Nudeln, quasi ein »Umschlag von innen«. Nur das konnte ihn vor einem Auftritt ruhigstellen.

Sein Impresario schilderte das allabendliche Drama so:

Die Aufregung packt ihn dermaßen, daß er zittert. Man muß mit ihm umgehen wie mit einem kleinen Kind. Ich bringe die Zeitungen zum Anschauen. Ich reiche ihm, was er immer wünscht. Er will Klavier spielen, also spielen wir Klavier. Nach drei Takten steht er auf, rennt ins Schlafzimmer, spritzt sich den Hals ein, setzt sich wieder hin, steht auf, spritzt sich wieder ein, legt sich nieder – zum Schluß wird ihm übel. Um sechs Uhr geht er dann in seine Garderobe, wenn die Vorstellung um acht Uhr anfängt. Aber zehnmal will er in dieser Zeit wieder nach Hause, fort aus dem Theater. Weinkrämpfe sind gar nicht so selten.

Dagegen konnten auch die häufig herbeizitierten Ärzte kaum etwas ausrichten. Wohl aber Carusos Leibkoch, der dann TAGLIONI MIT BOLOGNESER SAUCE und Parmesankäse bestreut bereithielt. Ein Zaubermittel gegen Nervosität und besser als alle Pastillen gegen Heiserkeit; von italienischen Köchen vermutlich eigens erfunden als geschmeidiges Gleitmittel für die Stimmbänder ihrer sangesfreudigen Landsleute.

TAGLIOLINI À LA CARUSO

300 g Tagliatelle (ca. 5 mm breite Bandnudeln)

1 Prise Salz
2 EL Öl
2–3 EL geriebener Parmesankäse

für die Sauce:
200 g grobes Rinderhackfleisch
1 Zwiebel
1 Mohrrübe
½ Bund gehackte Petersilie
1 Stückchen Knollensellerie
3 EL Olivenöl
½ l Fleischbrühe
2 EL Tomatenmark
Salz, weißer Pfeffer aus der Mühle

In einen Topf mit starkem Boden 3–4 l Wasser, Öl und Salz geben und zum Kochen bringen. Die Hitze drosseln und die Tagliatelle in das Wasser geben, vorsichtig untertauchen und mit einem Holzlöffel umrühren. So lange kochen, bis sie bißfest (al dente) sind, in ein Sieb schütten und abtropfen lassen. Die Tagliatelle in einer ofenfesten Form mit dem Käse mischen. Die Form in den vorgeheizten Backofen stellen (etwa 180 Grad) und erhitzen, bis der Käse zu schmelzen beginnt.
In einer großen Schüssel anrichten und mit Sauce begießen.
Für die Sauce Hackfleisch mit geschälter feingehackter Zwiebel und Mohrrübe, gehackter Petersilie und feingewiegtem Sellerie in heißem Öl anbraten, mit Brühe aufgießen und das Tomatenmark hineinrühren. Die Sauce 30 Minuten bei schwacher Hitze durchkochen, mit Salz und Pfeffer abschmecken.

Enrico Caruso als Herzog in »Rigoletto«.

Mit oder ohne Nudeln – Caruso wurde der berühmteste Tenor seiner Zeit. Er ersang sich Millionen, trat in seinen besten Jahren jährlich achtzigmal auf und verhalf rund 260 aufgenommenen Titeln der neuen Schallplattenindustrie zum Durchbruch.
Aber auch privat ließ er sich Arien entlocken – ob als Herzog in »Rigoletto«, als Manrico im »Troubadour«, als Alvaro in der »Macht des Schicksals« oder als Radames in »Aida«. Natürlich wurde das um so teurer, je geringer die Zahl der Zuhörer war. Für Mrs. Astor sang er 1910 in New York zwölf Minuten lang und kassierte dafür pro Minute tausend Mark – plus Reisespesen (Dampfer 1. Klasse). Wenn Caruso andere etwas essen sah, was er selber schätzte, konnte er sich nie zurückhalten, unter irgendeinem Vorwand von deren Teller zu probieren. Natürlich nur dann, wenn er die Person kannte. Nun gibt es ja eine Menge Leute, die es nicht ausstehen

können, wenn jemand auf ihrem Teller herumstochert. Die berühmte Altistin der Metropolitan, Ernestine Schumann-Heink, hat Caruso in dieser Beziehung eine Lektion erteilt, die er ihr so übel nahm, daß er von Stund an bei jeder Gelegenheit fragte: »Schumann-Heink? Ist das ein Komponist?« Und das war der Grund: Die Sängerin saß in einem Restaurant und hatte ein großes Steak vor sich auf dem Teller. Da trat Caruso ein, setzte sich ungebeten an ihren Tisch, fixierte das Steak und sagte heftig schluckend: »Stena, Du wirst dieses Steak doch nicht allein essen wollen?« »Nein«, antwortete sie, während er schon nach ihrem Besteck griff, »nicht alleine. Mit Kartoffeln, Erbsen und Spargel.« Dann nahm sie ihm das Besteck aus der Hand und aß weiter.

Als seine Lieblingsspeise, außer Pasta natürlich, bezeichnete Caruso übrigens Kiebitzeier. Ein Rezept dafür zu geben, erübrigt sich heute, da die Kiebitze bei uns so gut wie ausgestorben sind. Es gibt zwar Ersatz-Rezepte, die vorschlagen, Zwerghuhneier 12 Stunden lang in starkem Tee zu kochen, der das Weiße dann so bläulich färbt, wie es bei Kiebitzeiern ist. Der Witz dieser mühevollen Prozedur ist freilich, daß ohnehin kaum noch jemand weiß, wie Kiebitzeier aussehen. Einfacher ist es, Wachteleier zu servieren und dazu eine Platte von Caruso aufzulegen.

Tenöre sind, wie man weiß, eine ganz eigene Kategorie von Menschen. Sie müssen auf ihre Stimme und auf ihren Ruf, auf Geist und Gemüt, auf ihr Gewicht und ihre Gemeinde Rücksicht nehmen. Caruso war das klar, als Sänger und als Neapolitaner sowieso... Kulinarisch umgesetzt heißt das: leicht-frisch-locker – mit einem Wort »Salat«. Grün, herb und scharf gewürzt mochte Caruso ihn am liebsten. Hier das Rezept, wie es seine Mutter, Anna Caruso, zubereitete:

Enrico Caruso (1873–1921).

INSALATA DI LATTUGHELLA

250 g Feldsalat
4 EL Olivenöl
3 Sellerieblätter, grob gehackt
2 Knoblauchzehen, zerdrückt
2 Sardellen (Anchovis), sehr fein geschnitten
1 EL Weißwein-Essig
Saft einer halben Zitrone
wenig Salz
eine Prise Pepperonipulver

Vom Salat die zarten, hellen Blättchen waschen und in einem Tuch trocknen. Knoblauch, Sardellen und Sellerieblätter im Mörser zu Paste zerstoßen. Essig und Zitrone dazurühren. Den Salat mit dieser Vinaigrette vermischen. Öl unterziehen und erst dann Salz und Pepperonipulver dazugeben.

Dieses Rezept führte Caruso immer schriftlich mit sich. Wenn ihn sein Leibkoch nicht begleitete, ließ er sich diesen – und keinen anderen – Salat im Restaurant zubereiten.
Als Caruso 1902 Neapel verließ, um die Welt zu erobern, hatte er gesagt:
»Sollte ich je nach Neapel zurückkehren, geschähe das nur noch, um einen Teller Spaghetti zu essen.«
Er ist zurückgekehrt, gegen Ende seines Lebens, auf der Flucht vor dem Ruhm. Zurück zu Pasta und Pizza, zu Rosmarin, Salbei und Oleander, zurück an die »Costiera divina« – die göttliche Küste, die von Sorrent bis Amalfi reicht.
Frank Thiess hat die letzten Lebenswochen des Sängers in seinem Roman »Caruso in Sorrent« aufgezeichnet: das Irgendwie-außen-vor-Sein seiner englischen Frau und seiner kleinen Tochter, seiner »künstlerischen Berater«...
»Carusiello« atmete wieder die Gerüche seiner Kindheit: Alici und Oliven, ölgetränktes Brot und das Aroma reifer Tomaten, den Duft von Büffelkäse und Basilikum. Alles Festmahle von einst im Kreis der Kinder von Anna und Marcellino und nie vergessen inmitten der schicken Buffets der Reichen zwischen Buenos Aires und Berlin.
Neapolitaner sind gegen wenige Versuchungen immun, der artifiziellen Küche widerstehen sie jedoch alle. Die einfachen, natürlichen Zutaten vollendet zubereitet, vom Duft der Mittelmeerkräuter eingehüllt, bedeuten ihnen mehr als jede luxuriöse Schlemmarie in der Fremde. Es ist Heimat, und das Herz ißt mit.

Ernst Rowohlt

Die Kraft und die Herrlichkeit

Mit Spürsinn, Mut und einem unbestechlichen Sinn für Qualität hat Ernst Rowohlt ein halbes Jahrhundert lang Poesie und Prosa verlegt. Viermal mußte sein Verlag in dieser Zeit gegründet werden. Beim ersten Mal verkaufte er Namen und und Autorenrechte 1912 an Kurt Wolff, setzte die verlegerische Arbeit 1919 wieder in Gang, scheiterte finanziell an den Folgen der Wirtschaftskrise nach 1929, und schließlich gaben dann die Nazis dem in einer Auffanggesellschaft wiedergegründeten Rowohlt-Verlag, dem die deutsche Literatur des 20. Jahrhunderts so viele glanzvolle Kapitel verdankt, den Rest.
Zum vierten Mal erstand der Verlag nach dem letzten Krieg, von russischen, amerikanischen, englischen und französischen Besatzungsmächten – von allen Vieren also – mit je einer Lizenz bedacht.
Das Vierfache spielt im Leben dieses Verlagsbuchhändlers eine eigene Rolle: Viermal hat er geheiratet, vier Ottomanen standen in seiner Berliner Wohnung am Lietzensee, wo er sich auf den bequemen Liegemöbeln als jugendlicher Held an einem Abend bis zu viermal »verlobte«, und auf vier Beinen steht die Publicity seines Namens, die er schon vor 1914 zielgenau plante. Da gab es Rowohlt, den internationalen Verleger, Rowohlt, den unendlichen

Liebhaber, Rowohlt, den mächtigen Esser und Trinker und Rowohlt, den Glasfresser.

Seine Fähigkeit, Glas zu kauen und herunterschlucken zu können, hat ihn schon früh zu einer legendären Figur gemacht. Das furchtbare Knirschen, das dabei aus seinem Mund ertönte, machte ihn zu einer barbarischen Erscheinung von großer Wucht; Furcht, Belustigung und Schrecken gingen von ihm aus. Walther Kiaulehn beschreibt in »Mein Freund der Verleger« eine der Glasmahlzeiten des Bremer Kaufmannssohnes, der auszog, Bücher zu machen, so:

Als der Höhepunkt eines großen Festmahles erreicht war, hatte Rowohlt das Gefühl, daß man ringsum erwartete, ihn endlich sein Champagnerglas aufessen zu sehen. Er griff also nach dem dünnwandigen Kristallbecher, biß krachend ein Stück heraus und begann es zu zerkauen. Doch es fielen ihm beinahe die Splitter aus dem Mund, als er sehen mußte, daß der Herr, der ihm gegenübersaß, ebenfalls zum Glas griff und ein herzhaftes Stück abbiß. Starr saß Rowohlt da. Schweigend aß er das Glas zu Ende. Auch sein Gegenüber kaute fleißig vor sich hin. Nur das Kreischen und Knirschen aus beider Mund war zu hören. Auch die übrige Gesellschaft hatte all ihre Tätigkeiten eingestellt. Man beobachtete das Duell der beiden Glasfresser. Wer war überhaupt der andere Mann? Wer wagte es, ja wer durfte es wagen, außer Rowohlt, noch Gläser zu zerbeißen? Rowohlt hatte inzwischen sein Glas intus und wartete ab. Jetzt hatte der schreckliche Nebenbuhler endlich den ganzen Rand seines Champagnerkelches aufgegessen und stellte mit selbstzufriedenem Lächeln den Stengel vor sich hin. Da leuchtete Rowohlts Auge auf. Er griff sich den Stiel und sagte: »Und das lassen Sie stehen, Mensch? Das ist doch das Beste!«

Aber Rowohlt beschränkte seine kulinarischen Vorlieben nicht aufs Glas. Bis zum Ende seines Lebens zählte er immer wieder die Beilagen auf, die er bei Borchardt in Berlin, in dem Geburtslokal des »Schnitzel à la Holstein« vertilgen durfte.

Bei Borchardt bestellten Walther Rathenau, Max Reinhardt und ich jedesmal Schnitzel Holstein. In der Mitte jeder Platte lagen

Ernst Rowohlt (1887–1960).

zwei nicht zu dünne Kalbsschnitzel mit je einem Spiegelei garniert, auf dem kreuzweise Sardellen und Kapern angeordnet waren. Ein Kranz von dreieckigen, goldgelb gerösteten Weißbrotscheiben bildete das Passepartout: belegt mit Lachs und Caviar, Sardinen mit Pfeffergürkchen, Hummerscheiben, Gänseleber-Pastete und gedünsteten Austern; einmal links und einmal rechts vom Schnitzel. Aus einer Schüssel dampften frische Bratkartoffeln. Dazu tranken wir Möselchen.

Mit dem Wort Möselchen hat es bei Rowohlt, der oft bei einer Mahlzeit leicht schwitzend mehrere Teller Schweinebauch mit Möhren oder weiße Bohnen mit Speck zu sich nahm, eine besondere Bewandtnis. Ernst von Salomon schildert sie in seinem Buch »Der Fragebogen« anläßlich eines Rowohlt-Festes im Jahre 1929:

Rowohlt pflegte damals alle Vierteljahre in den Verlagsräumen einen sogenannten Autorenabend zu veranstalten. Die ganze Wohnung war für eine Orgie hergerichtet, für eine echte Männerorgie – denn Damen wurden nur geladen, die nach Rowohlts sehr sachverständigem Urteil wirklich trinkfest waren. Auf einem Tisch türmten sich Stöße von Tellern, standen Hunderte von Gläsern, in der Ecke lagerte ein riesiges Faß Pilsener, und das bekannte Berliner Freßlokal Schlichter in der Augsburger Straße hatte sein berühmtes kaltes Büffet geschickt, hunderterlei, in den buntesten Farben prangende Salate, riesige Roastbeefs, Kalbsbraten und Schinken. Vor Tischen, die sonst immer bedeckt waren mit Neuerscheinungen des Rowohlt Verlages, standen Sitzgelegenheiten, deren immer zu wenige waren. Denn die Autoren des Verlages verloren sich fast unter den Gästen, manchmal bis zu hundert Gästen – Autoren anderer Verlage, Schriftsteller der bekannten Zeitungen und Zeitschriften, Malern, Bildhauern, Buchhändlern, musischen und sonsthin exzentrischen Geschäftsleuten von einiger Bedeutung, ja selbst anderen Verlegern, ruhigen Männern von solidem Geschäftsgebahren, die voll betonter Würde das Ansehen ihres Berufsstandes zu wahren suchten, bis kurz vor Mitternacht – kurz alles Leute, die in irgendeiner Form für die Autoren des Verlages und für den Verlag selber nützlich sein konnten. Zum

Beginn des Abends gab es zum Pilsener nur klare Schnäpse – Getränke, die sich wunderbar ergänzten und die gargantualischen Mengen, die das Büffet bot, auflockerten wie die Gespräche, die von festen Bastionen aus geführt wurden und in der vollen Verantwortung gesicherter Weltanschauungen. Nach Mitternacht aber, in jenem psychologischen und physiologischen Augenblick, da sich die Verdauung jeglicher Substanz vollzogen hatte, ertönte in die beginnende Stille der Rowohltsche Kampfruf, ein plötzliches, wie zu einem gewaltigen Liede ansetzendes Gegröle von urhafter Melodie und mit dem Text: »Ich habe da ein Möselchen ... ein Mööööööselchen...!« Und dann wurde bis zum Morgen nur noch Mosel getrunken, Mosel und Mosel – und dies waren die Stunden, in welchen auf den Schlachtfeldern noch die Verbrüderung stattfand, dies waren die Zeiten rührender Bekenntnisse, tiefster persönlicher Wahrheiten und spontaner Umarmungen für das ganze Leben; ein Umstand, der es mir verständlich sein ließ, daß die Autorenabende auf Geschäftsunkosten gingen und die Kommanditisten des Verlages dessen zufrieden waren.

Was auch immer über die Trinkfestigkeit des alten Rowohlt erzählt wird, es ist wahr. Die riesigen Zechen, die er oft freizügig bezahlte, brachte er stets in Zusammenhang mit dem Franzosen Honoré de Balzac. Rowohlt hatte Anfang der zwanziger Jahre eine 44 Bände umfassende deutsche Gesamtausgabe von Balzac herausgegeben. Sooft er auch »Balzac zahlt alles« sagte, es bezog sich immer auf diese Ausgabe. Balzac, zwar schon 1850 gestorben, war für ihn ein lebender Mensch, der so nobel war, vom Verleger kein Autorenhonorar zu verlangen. Rowohlt fühlte sich als Testamentsvollstrecker Balzacs. Dabei kam ihm besonders entgegen, daß Balzac alles verkörperte, was Rowohlt liebte. Er spiegelte äußerlich und innerlich seine eigene Erscheinung wider, Größe und Kindlichkeit.
Einer der Höhepunkte in Rowohlts buntem Leben kam mit dem Jahr 1946.
»Väterchens Sechzigster wird groß gefeiert«, erklärte kategorisch sein Sohn Heinrich Maria Ledig-Rowohlt, dem die amerikanische Militärregierung die erste Verlagslizenz in Württemberg zur Neu-

gründung des Rowohlt-Verlages schon kurz nach Kriegsende erteilt hatte.

Alle Umstände sprachen gegen ein Fest im alten Rowohlt-Stil. Stuttgart lag noch in Trümmern. Die Versorgung mit Lebensmitteln hatte ihren Tiefpunkt erreicht. An Alkohol – nicht zu denken. Aber Ledig-Rowohlt schaffte es. Die Amerikaner stifteten Spirituosen und Zigaretten, das Weingut der Stadt 200 Flaschen, der Oberbürgermeister Klett Bezugsscheine für die Verpflegung von 200 Gästen. Mit der Liste der Geladenen, darunter viele international prominente Autoren, versprach Ledig-Rowohlt der Stadt und der Besatzungsmacht weltweiten und ewigen literarischen Ruhm im Tausch gegen Erbsen, Kartoffeln und Getränke.

Ich war einer der vielen Gäste, die 1946 in Stuttgart mit ihm in einem amerikanischen Soldatenclub seinen 60. Geburtstag feierten. Auch dieses Fest stand unter dem Motto »Balzac zahlt alles«. Es begann gegen 8 Uhr abends mit einer kräftigen Erbsensuppe, die wir alle damals nur noch vom Hörensagen kannten. Bier, Wein und Sekt waren in unerschöpflicher Menge vorhanden. Als der Morgen dämmerte, hatte Rowohlt sich, auf einem Barhocker sitzend, zur Stabilisierung an der Messingstange der Theke mit einem Strick festbinden lassen, und er trank und trank und trank. Gegen Morgen war er sein letzter Gast. Ich habe ihn beim Verlassen des Festes zusammen mit dem Schriftsteller Ernst Kreuder und dessen Frau fotografiert. Wer das Foto sieht und nun glaubt, der Jubilar sei ohnmächtig ins Bett gesunken, irrt. Er dachte nicht an Schlaf. Auf den Hügeln Stuttgarts wurde bis zum nächsten Abend weitergefeiert.

Ernst Rowohlt und das Ehepaar Kreuder.

Schon in den zwanziger Jahren galt der von Erich Kästner geprägte Satz: »Rowohlt-Autoren trinken und rauchen.«

Das traf neben allen anderen vor allem auf Ernest Hemingway zu. Es ist Rowohlt-typisch, daß er die Rechte an dem ersten Roman des Amerikaners, der unter dem deutschen Titel »Fiesta« 1928 erschien, erworben hatte, weil ihm sein Autor E. A. Mowrer Hemingways »The Sun Also Rises« mit den Worten empfohlen hatte: »Du wirst staunen, wieviel Whisky da auf jeder Seite getrunken wird.«

Kaum war das Buch auf dem deutschen Markt, erfand Rowohlt

Ernst Rowohlt bei der Lektüre der Festschrift zu seinem 25jährigen Jubiläum als Verleger.

das Postkarten-Spiel. »Stecken Sie eine Postkarte irgendwo zwischen die Seiten«, pflegte er schelmisch lächelnd zu sagen. »Falls auf dieser Doppelseite nichts getrunken wird, verliere ich die nächste Runde.« Ernst Rowohlt gewann fast immer.
Die Weinstube von Schütze zwischen Petrikirche und Molkenmarkt in Berlin schätzte Rowohlt deswegen besonders, weil dort seine Lieblingssuppe gekocht wurde.
Es handelte sich um eine besondere Krebssuppe, die es nur ein paarmal im Jahr gab und für die Subskriptionslisten aufgelegt wurden wie für Bücher. Sie mußte in einem einzigen, durchgehenden Arbeitsgang gekocht werden, und dieser Gang dauerte vierundzwanzig Stunden. Die Kochfrauen mußten mit Kaffee wach und bei Laune gehalten werden. Die Suppe war eine Kombination aus Krebsen und Hühnern. Die Krebsschalen wurden mit einer Farce aus beiden Zutaten gefüllt.
Ernst Rowohlt aß bei Schütze immer inmitten eines Schwarms von Damen, meist Journalistinnen.
Der größte aller Eßgenüsse war für den mächtigen Gourmand allerdings ein Eintopf, der in seiner Heimatstadt Bremen den

seltsamen Namen GEPLUCKTE FINKEN trägt. Da wird geräucherter Speck mit Möhren, sauren Äpfeln, weißen Bohnen und Kartoffeln gekocht, mit gehackter Zwiebel, Essig, Zucker, Pfeffer und Salz abgeschmeckt und das Ganze mit etwas Mehl legiert.

Die Namen der Autoren, die »Väterchen Rowohlt« kraft seiner Persönlichkeit zu einer großen Schriftsteller-Familie vereinte, sind längst Literaturgeschichte. In nahezu 2000 von ihm verlegten Büchern begegnen uns unter anderem Wolfgang Borchert, Arnolt Bronnen, Max Dauthendey, Herbert Eulenberg, Hans Fallada, Ernesto Grassi, Stefan Grossmann, Willy Haas, Ernest Hemingway, Franz Hessel, Franz Kafka, Erich Kästner, Friedo Lampe, Sinclair Lewis, Emil Ludwig, Kurt W. Marek (Ceram), Robert Musil, Kurt Pinthus, Gregor von Rezzori, Joachim Ringelnatz, Ernst von Salomon, Paul Scheerbart, Carl Ludwig Schleich, Arno Schmidt, Leo Slezak, Kurt Tucholsky, Herwarth Walden, Thomas Wolfe.
Alles, was die bunte Phantasie des französischen Dichters François Rabelais an Gestalten, an grotesken und tollen Einfällen in der Frührenaissance je hervorbrachte, vereinigte sich in unserem Jahrhundert in einem Mann – dem Verleger Ernst Rowohlt. Was Gargantuas Unmaß, seine Lebensfreude, sein antik-heidnischer Geist und seine zuchtlose Wortfülle ausmachten – Rowohlt hat es gelebt.

Ernest Hemingway

Der alte Mann und der Herd

Er wußte, er hatte sorgfältig auf die erste Ente geschossen, weit rechts von der Stelle, wo das Boot war, und auf die zweite hoch, weit hinaus und nach links, nachdem er die Ente hoch in die Höhe und nach links hatte steigen lassen, um sicher zu sein, daß das Boot auf alle Fälle außerhalb der Schußrichtung war.
Es war ein fabelhafter Doppeltreffer; er hatte genau so geschossen, wie man schießen soll, unter völliger Einkalkulierung und Berücksichtigung der Lage des Bootes, und er war glänzender Stimmung, als er von neuem lud.

Er – das ist der fünfzigjährige Colonel Cantwell, Hauptfigur des Romans »Über den Fluß und in die Wälder«, und mit dem Autor Ernest Hemingway teilt er nicht nur die Leidenschaft für Jagd und Abenteuer.
Hemingway, 1899 in Illinois geboren, war bei Erscheinen des Romans etwa so alt wie Cantwell und hatte den größten Teil seines prallen bunten Lebens bereits hinter sich.
Romane und Kurzgeschichten hatten in den zwanziger Jahren seinen literarischen Ruhm begründet und ihn zum Hauptsprecher der »Verlorenen Generation« gemacht. Die Aktivitäten seiner Helden – Triebe, Liebe, Mut, Gefahr, Krieg, Jagd und Sport – waren

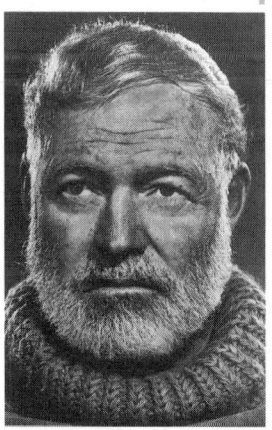

Ernest Hemingway (1899–1961).

immer auch seine eigenen. Verwirklicht hat er sie als Reporter des »Kansas City Star«, als Soldat in Italien, als Korrespondent und Kriegsberichterstatter im Spanischen Bürgerkrieg und später bei den Invasionstruppen in Frankreich und als Jäger und Hochseeangler in vielen Ländern.
Wie sehr Hemingway das Genießen mit allen Sinnen liebte, zeigt die Schilderung des Marktes in Venedig, über den er Cantwell streifen läßt:

Der Colonel bezahlte für das eingewickelte Paket und durchwanderte den Markt und atmete den Geruch von geröstetem Kaffee ein und besah sich die Fettschicht an jedem Tierrumpf in den Fleischständen genauso, als ob er sich an jenen holländischen Malern ergötzte, an deren Namen sich niemand erinnert, die alles, was man jagte oder was eßbar war, mit allen Einzelheiten gemalt haben. Ein Markt kommt einem guten Museum wie dem Prado oder der Accademia, wie sie jetzt ist, am nächsten, dachte der Colonel. Er ging durch eine Gasse und war auf dem Fischmarkt. Auf dem Markt lagen die schweren graugrünen Hummer mit den magentaroten Obertönen, die bereits ihren Tod im siedenden Wasser ankündeten, auf dem glitschigen Steinboden ausgebreitet oder in Körben und Kisten, die mit Henkeln aus Tauen versehen waren.
Dort lagen die kleinen Seezungen und ein paar Albacore und Bonitos. Die sehen wie Kugeln aus mit 'nem Schiffsheck dran, dachte der Colonel, irgendwie würdevoll im Tod und mit dem riesigen Auge der Hochseefische.
Da gab es viele Aale, die noch lebten, aber nicht mehr dreist auf ihr Aaltum vertrauten. Es gab schöne Garnelen, aus denen sich ein »scampi brochetto« machen ließ, aufgespießt und geröstet auf einem degenartigen Instrument, das man wie einen Brooklyner Eisspieß benutzen konnte. Es gab mittelgroße Krebse, grau und schillernd, die auch ihrerseits auf das siedende Wasser und ihre Unsterblichkeit warteten und deren ausgepulte Schalen bei Ebbe leicht auf dem Canal Grande hinausschwemmten. Der behende Krebs mit Fühlern, länger als der Schnurrbart von jenem alten japanischen Admiral, da ist er, um zu unserem Wohl zu sterben, dachte der Colonel. Ach, du christlicher Krebs, dachte er, Meister

des Rückzugs, mit deinem wunderbaren Sicherheitsdienst in jenen zwei leichten Antennen, warum hat man dich nicht über Netze belehrt und über die Gefählichkeit von Lichtern aufgeklärt?

In dieser persönlichen Rede an das Geschöpf des Meeres klingt schon an, was Hemingway später in »Der alte Mann und das Meer« den Fischer Santiago in seiner endlosen Zwiesprache mit dem Riesenschwertfisch sagen läßt.
Als Hemingway 1954 den Nobelpreis für Literatur erhielt, war aus dem unersättlichen Abenteurer, der »Die grünen Hügel von Afrika« bejagte, die spanische Fiesta beim Stierkampf bis zur Neige ausgekostet und sein geliebtes Paris an der Spitze der Widerstandsbewegung, eine Flasche uralten Armagnacs schwenkend, im Jeep noch einmal erobert hatte, schon der »Papa Hemingway« geworden, der mit eisgrauem Bart und seiner vierten Frau auf Cuba und Ketchum lebte.
Immer noch treibt ihn unablässig das Bedürfnis, das Leben noch intensiver zu spüren. Schreiben und jagen kamen seiner Sucht nach »Erfülltsein« am nächsten. So hat sich Hemingway beinahe zwangsläufig auch zu einem großen Esser und Trinker entwickelt. Was er jagte, wollte er zwischen den Zähnen spüren und mit gewaltigen Schlucken hinunterspülen.
Aber Hemingways Beziehungen zu Enten waren nicht nur die eines Jägers und Literaten. Dem großen Esser verdanken wir ein köstliches Rezept, eine WILDENTEN-SALMI.
Wilde Enten sind im Gegensatz zu zahmen eine verhältnismäßig komplizierte Gesellschaft. Es kann sich dabei um eine Stockente, eine Knäkente, eine Krickente oder noch einen anderen Entenvogel handeln; alle diese Namen werden zum Teil nur lokal gebraucht. Sie alle haben die dumme Eigenschaft, daß ihre Haut leicht tranig schmecken kann. Deswegen zieht man, wenn sie dreiviertel gar sind, die Haut ab. Ansonsten werden Wildenten immer blutig gebraten, nur die Keulen sollten durch sein. Andererseits sind sie für den Anfänger in der Küche kein Problem – fetter Speck, etwas Butter, Salz und Pfeffer, das ist alles, was man braucht. Und die Bratzeit ist kurz: wenn man sie im Ganzen brät, reichen zwanzig Minuten. Am besten tastet man sich über He-

mingways Salmi an den köstlichen Geschmack dieser Vögel heran (*Salmi* heißen alle Ragouts von braunem Federwild, also von Fasan, Rebhuhn, Schnepfe und Wildente).

WILDENTEN-SALMI À LA HEMINGWAY

(Zubereitungszeit 1 ½ Stunden)
2 Wildenten, gewaschen, getrocknet
6 Schalotten, sehr fein gehackt
6 Möhren, sehr fein gewürfelt
1 Flasche guten roten Bordeaux oder Burgunder
4 EL Butter
1 EL Öl
1 TL Pfeilwurzmehl (Arrowroot)*
1 TL Thymian
Salz, schwarzer Pfeffer aus der Mühle

* Pfeilwurzmehl wird aus den Wurzeln und Knollen tropischer Stauden wie Maniok oder Cassave gewonnen und gilt als ideales Bindemittel für klare Suppen und Saucen. Es hat nicht den Beigeschmack von Weizenmehl und läßt die Sauce nicht glasig werden, wie es Speisestärke (Kartoffel- oder Maismehl) tut. Pfeilwurzmehl ist nicht billig und meist nur in Delikatessengeschäften erhältlich.

Ofen auf 220 Grad vorheizen. Fett im Bräter heiß werden lassen. Enten mit Thymian und Salz ausreiben, einlegen und im Ofen etwa 15 Minuten dreiviertel gar braten, dabei 2 × wenden. Das Fleisch soll innen noch leicht blutig sein.
Ente herausnehmen, Haut abziehen und in 8–10 Stücke schneiden. Rücken, Flügel und Hals abschneiden. Schenkel, Brust und andere Fleischteile in einem gebutterten Bräter bei 100 Grad im Ofen warm stellen.
Rücken, Flügel, Hals und Knochen fein hacken. Zusammen mit Schalotten und Möhren im Eisen- oder Kupfertopf auf dem Herd im Bratfett des ersten Bratvorgangs kräftig anrösten. Mit Rotwein ablöschen. Mit Thymian, Salz und Pfeffer gut würzen und 45 Minuten (halb zugedeckt) bei kleiner Hitze reduzieren und ab und zu rühren.
Hitze im Backofen auf 150 Grad erhöhen.
Topfinhalt durch ein feines Sieb passieren und die Sauce über die im Ofen stehenden Entenstücke gießen. Pfeilwurzmehl einrühren. Alles noch einmal kurz aufkochen lassen und servieren.

Beilage: Croutons, dreieckig aus Weißbrotscheiben geschnitten und in Olivenöl braun geröstet und leicht gesalzen.

Getränk: Guter roter Bordeaux oder Burgunder, den man auch zur Herstellung der Sauce verwendet hat.

Ein anderes Lieblingsgericht von Hemingway war FASAN IN LINSEN, den ich schon oft mit großem Erfolg nachgekocht habe. Diese Art der Zubereitung tröstet einen einigermaßen darüber hinweg, daß heute im Handel fast nur noch Zuchtfasane angeboten werden, deren Geschmack die letzte Feinheit dieses edlen Vogels vermissen läßt.

FASAN IN LINSEN

(Zubereitungszeit 1 Stunde 40 Minuten) für 6 Personen:
1 Fasan küchenfertig
250 g Linsen, waschen, über Nacht in kaltem Wasser einweichen, vor dem Zubereiten im Sieb abtropfen lassen
6 EL Butter
2 Möhren, fein gewürfelt
2 Stangen Lauch, fein geschnitten
2 Zwiebeln, fein gewürfelt
½ Sellerieknolle, fein gewürfelt
2 l Rinderbouillon
1 Zwiebel mit 6 Nelken gespickt
125 g durchwachsener Speck, gewürfelt
¼ l Sour cream (saure Sahne)
½ Tasse Portwein
Salz
weißer Pfeffer aus der Mühle

Butter in schwerem Topf bei großer Hitze zerlassen. Nachdem sie aufgeschäumt ist, das kleingeschnittene Gemüse unter Rühren mit einem Holzlöffel darin anbraten. Linsen und die Hälfte der Brühe dazugeben, Topf zudecken, auf kleine Hitze reduzieren und etwa 1 Stunde köcheln lassen. Backofen auf 200 Grad vorheizen.
Den abgetrockneten Fasan von innen und außen salzen, in einen Bräter legen, mit der restlichen heißen Brühe übergießen, die mit Nelken gespickte Zwiebel dazulegen und das Ganze bei starker Hitze zum Kochen bringen. Bräter gut zudecken, in den Backofen stellen und etwa 1 Stunde kochen lassen. Dann Fasan aus der Brühe nehmen, Fleisch von den Knochen lösen, in

Lauch

größere Würfel schneiden. Gewürfelten Speck in einer Pfanne anbraten, bis er kroß ist, geschnittenes Fasanenfleisch zugeben und saure Sahne einrühren. Aufkochen lassen.

Alles in den Topf mit den Linsen schütten, kurz aufkochen, Portwein zugeben, mit Salz und weißem Pfeffer abschmecken.

Getränk: Roter Burgunder.

Lange bevor Ernest Hemingway sich solche Köstlichkeiten wie Ente und Fasan leisten konnte, hatte er in seiner Pariser Zeit den beißenden Hunger kennengelernt. Einen dieser Spaziergänge mit knurrendem Magen beschreibt er in »Paris – ein Fest fürs Leben«.

Man wurde sehr hungrig, wenn man in Paris nicht genug aß, weil alle Bäckereien so gute Sachen in der Auslage hatten, und die Leute im Freien an Tischen auf dem Bürgersteig aßen, so daß man das Essen sah und roch. Wenn man den Journalismus aufgegeben hatte und man nichts schrieb, was irgend jemand in Amerika kaufen wollte, und man zu Hause erklärt hatte, man würde mit jemandem außerhalb zu Mittag essen, ging man am besten in die Gärten des Luxembourg, wo man auf dem ganzen Weg von der place de l'Observatoire bis zur rue de Vaugirard nichts Eßbares sah und roch. Dort konnte man immer ins Luxembourg-Museum gehen und alle Bilder waren schärfer und klarer und schöner, wenn man leerbäuchig und ausgehöhlt-hungrig war. Wenn ich hungrig war, lernte ich Cézanne erst richtig verstehen und wahrhaft sehen, wie er seine Landschaften machte. Ich fragte mich oft, ob er beim Malen auch hungrig gewesen war, aber ich dachte, vielleicht war er es nur, wei er das Essen vergessen hatte. Es war einer jener ungesunden, aber erleuchtenden Gedanken, die man hat, wenn man nicht geschlafen hat oder hungrig ist. Später dachte ich, Cézanne sei vielleicht auf andere Art und Weise hungrig gewesen.
Nachdem man aus dem Luxembourg hinauskam, konnte man die

schmale rue Férou bis zur place St.-Sulpice hinuntergehen, und auch da gab es keine Restaurants, nur den stillen Platz mit seinen Bänken und Bäumen. Dort war ein Springbrunnen mit Löwen und auf dem Bürgersteig spazierten Tauben umher und hockten auf den Statuen der Bischöfe. Dort war die Kirche, und auf der Nordseite des Platzes waren Geschäfte, in denen religiöse Gegenstände und Meßgewänder verkauft wurden.

Von diesem Platz aus konnte man nicht näher an den Fluß gelangen, ohne an Bäckereien und Konditoreien oder an Läden, wo Obst, Gemüse und Wein verkauft wurden, vorbeikommen, aber wenn man seinen Weg sorgfältig wählte, konnte man sich rechts um die grau- und weißsteinige Kirche hinaufarbeiten und zur rue de l'Odéon gelangen und rechts zur Buchhandlung von Sylvia Beach abbiegen, und auf diesem Wege kam man nicht an allzu vielen Geschäften vorbei, in denen Eßwaren verkauft wurden. In der rue de l'Odéon waren keine Eßlokale, bis man zum Platz kam, wo es drei Restaurants gab.

Bis man die rue de l'Odéon 12 erreicht hatte, konnte man seinen Hunger zügeln, aber alle Wahrnehmungen waren wieder gesteigert. Die Fotografien sahen anders aus, und man sah Bücher, die man nie zuvor gesehen hatte.

»Sie sind zu dünn, Hemingway«, würde Sylvia sagen. »Essen Sie auch genug?«

»Gewiß«.

»Was haben Sie zu Mittag gegessen?«

Mein Magen drehte sich um, dann sagte ich: »Ich gehe jetzt nach Hause essen«.

»Um drei Uhr?«

»Ich wußte nicht, daß es so spät ist.«

»Dann gehen Sie jetzt nach Hause und essen Ihr Mittagbrot.«

Draußen auf der rue de l'Odéon war ich von mir selber angewidert, weil ich mich über all das beklagt hatte. Ich tat das, was ich tat, aus freien Stücken, und ich benahm mich dabei ganz töricht. Ich hätte ein großes Brot kaufen und es essen sollen, statt eine Mahlzeit auszulassen. Ich konnte die herrliche braune Kruste schmecken. Aber es ist trocken im Mund, wenn man nichts dazu trinkt. Du verfluchter Meckerer, sagte ich zu mir. Du hast aus

eigenem Antrieb den Journalismus aufgesteckt. Du hast Kredit, und Sylvia hätte dir Geld geborgt. Hat sie häufig getan. Gewiß. Und das nächste wäre dann, daß man zu einem neuen Kompromiß bereit ist. Hunger ist gesund, und die Bilder sehen wirklich schöner aus, wenn man hungrig ist. Essen ist auch wunderbar, und weißt du, wo du jetzt sofort etwas essen wirst?
Bei »Lipps« wirst du essen und auch trinken.
Zu »Lipps« war es nicht weit, und jedes Lokal, an dem ich vorbeikam, das mein Magen ebenso schnell bemerkte wie meine Augen und meine Nase, machte den Weg zu etwas Besonderem und vergrößerte das Vergnügen. Es waren nur wenige Leute in der brasserie, und als ich mich auf die Bank setzte, gegen die Wand, mit dem Spiegel im Rücken und dem Tisch vor mir, und der Kellner mich frug, ob ich Bier haben wolle, bestellte ich Kartoffelsalat und ein distingué, den großen Glaskrug, der einen Liter faßt. Das Bier war sehr kalt und trank sich wunderbar. Die pommes à l'huile waren fest und gut mariniert und das Olivenöl köstlich. Ich zermahlte etwas schwarzen Pfeffer über den Kartoffeln und tunkte das Brot in das Olivenöl. Nach dem ersten tiefen Zug Bier trank und aß ich sehr langsam. Als die pommes à l'huile alle waren, bestellte ich mir noch eine Portion und eine cervelas. Das war eine Wurst, wie eine große, dicke, in Hälften geschnittene Frankfurter, die mit einer vorzüglichen Senfsauce bedeckt war. Ich wischte alles Öl und alles von der Sauce mit Brot auf und trank das Bier langsam, bis es nicht mehr so kalt war, und dann trank ich es aus und bestellte ein demi und sah zu, wie es abgezogen wurde...

Wie man von ihm selbst und seinen Biographen weiß, hatte Hemingway nicht nur zum Wein, sondern auch zu hochprozentigen Getränken ein inniges, oft maßloses Freundschaftsverhältnis. Es wird sich nicht mehr klären lassen, ob er oder der James-Bond-Autor Ian Fleming der Erfinder eines Rum-Drinks mit dem harmlosen Namen POOR MEN'S LIQUOR war. Jeder der beiden Männer hat behauptet, es sei sein persönliches Originalrezept. Die Warnung, daß es einen Mann vernichten kann, versteht man erst, wenn man die Rezeptur gelesen hat:

Ernest Hemingway mit Alec Guiness und Noel Coward in einer Bar in Havanna/Cuba während der Dreharbeiten zu dem Film »Unser Mann in Havanna«, 1959.

POOR MEN'S LIQUOR

1 Flasche Rum
1 TL Zucker
Schale von einer Apfelsine
Schale von einer Limone

Etwas von dem Rum in einen Kupfertopf gießen und den Zucker einrühren. Apfelsinen- und Limonenschale dazugeben und mit einem Löffel so kräftig drücken, daß das ätherische Öl austritt. Den restlichen Rum dazugießen und anzünden. Mit einer Gabel rühren, bis die Flamme von Blau zu Gelb wechselt. Durch Aufsetzen des Deckels sofort zum Verlöschen bringen. Mit einem Schöpflöffel in die Gläser füllen.

Ein anderer Rum-Drink, der für immer mit Hemingways Andenken verbunden bleibt, obwohl er ihn nicht erfunden hat, ist der DAIQUIRI.
Dieser klassische Rum-Cocktail wurde 1896 von einem amerikanischen Ingenieur namens Jennings Cox erfunden, der in Daiquiri

auf Cuba lebte. Seinen Gästen gefiel dieses Getränk so gut, daß einer es in die Staaten mitnahm und dem Barmann vom Army-and-Navy-Club in Washington übergab. Von hier aus eroberte der Drink die ganze Welt. Papa Hemingway war sicher einer der größten Daiquiri-Vernichter, die je gelebt haben.

In seinem Stammlokal – Harry's Bar in Venedig – hat er an einem Nachmittag 46 Daiquiris getrunken. Dann ließ er sich in einer Gondel zum nahegelegenen Hotel Danieli fahren, um dort als Night-cap an der Bar weitere 15 Daiquiris zu schlucken.

Das klassische Rezept für diesen Drink ist dieses:

DAIQUIRI

Saft einer halben Limone
1 TL Puderzucker
1 dreifacher Bacardi

auf Eis im Shaker geschüttelt und in einem gekühlten Cocktailglas serviert, dessen Rand angefeuchtet und kurz in Puderzucker getaucht wurde.

Kein Wunder, daß die Internationale Barmixer-Union dem großen Zecher ein flüssiges Denkmal gesetzt hat: den

---

PAPA HEMINGWAY

4 cl Jamaica-Rum
2 cl Cointreau
1 Stück Würfelzucker
1 Dash Angostura Bitter
2 Eiswürfel
Ginger Ale
1 Schnitz Limone
1 Maraschino-Kirsche

Rum mit Cointreau in einem großen Cobblerglas verrühren. In das Glas ein Stück Würfelzucker, getränkt mit Angostura Bitter geben und zwei Eiswürfel hinein. Das Ganze mit Ginger Ale auffüllen und mit einem Schnitz Limone und einer Maraschino-Kirsche garnieren.

Alfred Hitchcock

Seezunge, mit Spannung geladen

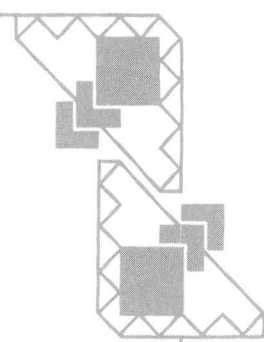

Alfred war fünf Jahre alt, als er am Nikolausabend erwachte und heimlicher Zeuge wurde, wie seine Mutter ein paar Spielzeuge aus seinem Nikolausstrumpf herausnahm, sie in die Strümpfe des Bruders und der Schwester stopfte und ihm dafür zwei Apfelsinen in seinen tat.
Genügt das, um ein Kind zum absoluten Einzelgänger zu machen, wie Hitchcock einer war?
Vielleicht erklärt ein zweiter Vorfall aus früher Kindheit mehr: Im Alter von sechs Jahren wurde der kleine Alfred wegen eines sehr geringfügigen Vergehens von seinem Vater mit einem Zettel zum nächsten Polizeirevier geschickt. Der diensttuende Beamte las den Zettel und sperrte Alfred fünf Minuten lang in eine Zelle, wobei er sagte: »So machen wir das hier mit ungezogenen kleinen Jungens!«
Zurück blieb für immer Hitchcocks traumatische Angst vor der Polizei, die in allen seinen Filmen zum Ausdruck kommt.
Es folgten die für englische Jungen obligaten Internatsjahre. Mit sechzehn kaufte Alfred alle Filmzeitschriften, die er kriegen konnte. Er fing an, nebenher zu zeichnen und fand auf diesem Wege zur Filmproduktion: als Gestalter von Zwischentitel-Zeichnungen für Stummfilme.
Schon mit 23 Jahren führte er zum erstenmal Regie, »Mrs. Pea-

body« hieß der Film. Im Alter von 24 Jahren lebte Alfred Hitchcock das Leben eines kleinen Angestellten bei einer Filmfirma. Er rauchte nicht, er trank nicht, er war außer mit seiner Schwester nie mit einem Mädchen aus gewesen, er hatte Übergewicht und litt schmerzlich unter seinem Äußeren: ein pausbäckiges Riesenbaby. Aber schon zu dieser Zeit liebte er gutes Essen. Als Angestellter in der City kleidete er sich gern im Stil eines City-Bankers und ging allein gepflegt essen in Restaurants wie »Simpson's on the Strand« – einem Treffpunkt von Geschäftsleuten, die sich an dem auf Servierwagen aufgefahrenem Aufschnitt von riesigen Bratenstükken gütlich taten. Dort pflegte der junge Hitchcock im Vollgenuß seiner Einsamkeit zu tafeln und sich dabei die Rollen auszumalen, die er im Leben zu spielen gedachte. Er sah sich in der Phantasie als Genießer der guten Dinge des Lebens, und zu den guten Dingen des Lebens gehörten der Tradition nach auch erlesene Weine und erlesene Speisen. Und zum Nachtisch alter Brandy und Zigarren.
Natürlich war das alles Zukunftsmusik, denn von Karriere konnte noch keine Rede sein.
1926 verliebte er sich in seine Mitarbeiterin Alma und heiratete sie. Im gleichen Jahr hatte sein Film »The Mountain Eagle« Premiere.
Seinen ersten Tonfilm »Blackmail« drehte er 1929.
Immer behielt er die Attitüde der englischen Mittelklasse bei, wie eine Art Seil, an dem er sich durch die Welt hangelte. Später, in Hollywood, glaubte er, es gehöre zu einem extravaganten Ruf, in das Alltägliche kleine Capricen einzubauen. Mit der »heiligen« mittelständischen englischen Tee-Zeremonie fing er an. Er verzichtete nie auf seinen Tee bei Dreharbeiten, warf aber die Tasse jedesmal über die Schulter ins Studio, wenn er sie ausgetrunken hatte.
Mit wachsendem Erfolg im Film-Business steigerte er auch die Qualität seiner Extravaganzen. Auf einer seiner beruflichen Erkundungsreisen in die Schweiz – er suchte dort geeignete Motive – entdeckte er eine billige Marke einheimischen Apfelweins, an dem er Geschmack fand. Nach London zurückgekehrt, rief er alle einschlägigen Läden an, die er kannte, doch keiner führte diese

Alfred Hitchcock (1899–1980).

Marke. Daraufhin ließ er von den Imperial Airways mehrere Kisten einfliegen und weigerte sich, für den gerade in Arbeit befindlichen Film auch nur einen Finger krumm zu machen, bevor nicht der Apfelwein eingetroffen war. Dank dieses teuren privaten Imports kostete ihn der simple Apfelwein fast ein Pfund pro Glas. Hier zeigte sich bei ihm bereits die Holzqualität, aus der unbestechliche Gourmets geschnitzt werden.

Als Hitch später, erfolgreich, in Hollywood lebte, weigerte er sich standhaft, am Partyleben von Beverly Hills teilzunehmen. Er lebte mit Alma eher zurückgezogen und gestaltete seinen Alltag zum Ritual. Schnell hatte er alle gastronomischen Möglichkeiten von Los Angeles durchprobiert und festgestellt, daß ihm von allen Restaurants das »Chasen's« am meisten zusagte. Dieses Lokal war äußerlich reizlos, innen mit dem unbequemen französischen Einheitsinterieur in Plüsch und Gold ausgestattet. Doch Dave Chasen und seine Frau Maud hatten sich mit Haut und Haar der Zubereitung gediegen-schmackhafter Gerichte verschrieben und schlossen mit den Hitchcocks schon bald enge Freundschaft. Jeden Donnerstag abend speisten Hitch und Alma, ob's stürmte oder schneite, bei »Chasen's«, und zwar immer in der gleichen Nische, die im Laufe der Jahre mit kleinen Erinnerungsstücken wie etwa einem Porträt von Pat, Hitchcocks Tochter, ausgeschmückt wurde.

Hitchcocks Leibgericht bestand aus einem doppelten Steak (zu 5,50 Dollar) und einem KALTEN CHAMPAGNER-PUNSCH nach eigenem Rezept.

Sein persönlicher Punsch mußte so zubereitet werden:

KALTER CHAMPAGNER-PUNSCH

Ein Löffel Zucker mit den Blättern von einem Zweig Minze in einem Longdrinkglas zerreiben. Die Minzeblätter entfernen – einen Eiswürfel ins Glas legen und einen Eßlöffel gemischte frische Früchte dazu. Mit Champagner auffüllen und mit einem Zweig frischer Minze garnieren. Barlöffel und Trinkhalm gehören dazu.

1940, Filme wie »39 Stunden« und »Eine Dame verschwindet«, der »Geheimagent« und »Riff-Piraten« lagen bereits hinter ihm, konnte Hitch sich in Hollywood schon manche gesellschaftliche Provokation erlauben. Zielstrebig baute er seinen Ruf als Exzentriker weiter aus, indem er vor allen Leuten einzuschlafen pflegte. Bei einer Abendgesellschaft war er einmal in eine angeregte Unterhaltung mit Thomas Mann und Louis Bromfield vertieft, als er von einer Minute auf die andere sanft entschlummerte, während die beiden über seinen Kopf hinweg lebhaft weiterdiskutierten. Daß sein plötzliches Einschlummern nichts mit der Qualität der Gespräche zu tun hatte, zeigt ein zweites Beispiel. Er hatte die damals berückendsten beiden Frauen von Hollywood, Carol Lombard und Loretta Young, zum Essen zu »Chasen's« ausgeführt, als er mitten in der Unterhaltung sanft einschlief. Keiner in Hollywood wußte damals genau zu sagen, ob Hitch wirklich müde war oder diesen Trick benutzte, um die Reaktion der anderen zu testen.
In den erfolgreichen 40er Jahren besorgte Alma – eine ausgefallene Idee im damaligen Hollywood – die Küche selbst. In ihrer Küche, die mehr gekostet hatte als der Bau des ganzen neuen Hauses, kochten Hitch und Alma für einen ausgesuchten Freundeskreis kleine exquisite Menüs. Und wer ihre besondere Gunst

genoß, durfte ganz en famille in der Küche essen und Hitchs Kühlraum und Weinkeller besichtigen, den er mit dem Stolz eines Gastronomen vorführte.

Filmisch folgte Erfolg auf Erfolg:
1943 »Lifeboat« nach einer Erzählung von John Steinbeck
1944 »Bon Voyage«
1945 »Spellbound« (Ich kämpfe um Dich) mit Ingrid Bergman und Gregory Peck
1946 »Notorious« (Berüchtigt) mit Ingrid Bergman, Cary Grant und Claude Rains.
1947 »Der Fall Paradin« mit Gregory Peck, Ann Todd und Charles Laughton
1948 »Cocktail für eine Leiche« mit James Stewart
1949 »Die rote Lola« mit Marlene Dietrich, Jane Wyman und Michael Wilding

Marlene erzählt in ihren Erinnerungen:

Nach den Dreharbeiten führte er uns dann ins Restaurant »Caprice« und fütterte uns mit Steaks, die er aus New York hatte einfliegen lassen. Ich habe immer gedacht, er tut das, um uns zu zeigen, daß er mit unseren Leistungen einigermaßen zufrieden war. Dann erfuhr ich die Wahrheit: Er hielt das Fleisch aus New York für besser als das kalifornische und erwartete die Bestätigung durch seine Gäste – wer immer das auch sein mochte.

Als Hitch 1954 »Dial for Murder« (Bei Anruf Mord) mit Grace Kelly drehte, entstand zwischen den ungleichen Ehepaaren – den Rainiers von Monaco und den Hitchcocks aus dem Stadtbezirk Leytonstone bei London – eine lang andauernde Freundschaft, die dem Fürstenpaar das Privileg einbrachte, wann immer sie nach Hollywood kamen, bei Hitchcocks zwanglos in der Küche speisen zu dürfen.
Und was kreierte der Meister des Suspense so in seiner eigenen Küche für die fürstlichen Gäste? Überliefert sind aus dieser Zeit zwei Rezepte:

FARMER'S EIER

Dazu verquirlt man 6 Eier, würzt mit Salz und läßt zwei Eßlöffel Butter in einer Auflaufform schmelzen. Die Eier dazugießen und zugedeckt im Ofen bei 175 Grad 10 Minuten stocken lassen.
Inzwischen werden 125 Gramm würflig geschnittene Gänseleber in Butter kurz angebraten, mit 2 Eßlöffeln rotem Portwein abgelöscht und 3 Minuten geköchelt. Mit Salz und Pfeffer abschmecken.
Mit einem ordentlichen Schuß Weißwein und einigen Estragonblättchen werden nun eine Handvoll Spargelspitzen heißgemacht.
Die Leber auf den Eiern anrichten und mit den Spargelspitzen (abgetropft) garnieren. Mit Petersilie bestreuen und in der Auflaufform zu Toast und Weißwein servieren.

Zum Nachtisch gab es oft

HITCHCOCKS HEISSE BANANEN

In 3 Eßlöffeln Butter werden 12 längs halbierte Bananen von beiden Seiten goldgelb angebraten. Währenddessen werden 250 Gramm Sahnequark mit ¼ l Sahne und 3 Eiern verrührt. Das Mark einer halben Vanilleschote kommt dazu, dann wird mit Zucker und Zimt abgeschmeckt.
Den Boden einer eingefetteten Form mit Bananen auslegen, die Häfte der Quarkmasse dazu, wieder Bananen, wieder Quark und mit Bananen abschließen.
Auf die Oberfläche kleine Häufchen von Johannisbeergelee setzen, mit Mandelsplittern bestreuen und darauf Butterflocken verteilen. Ungefähr 25 Minuten offen bei 200 Grad im Ofen backen, bis sich eine goldbraune Oberfläche bildet.
Heiß servieren.

In vielen internationalen Restaurants stehen SEEZUNGENFILETS À LA HITCHCOCK auf der Speisekarte. Wegen des Rezeptes gab es zwischen dem Dramatiker J. B. Priestley und dem ehrgeizigen Amateurkoch Hitch einen ungeheuren Krach. Priestley hatte diese »filets de sole à la Hitchcock« in Hollywood auf der Karte eines

Lokals entdeckt und bestellt. Wütend schrieb er danach an seinen Landsmann: »Sie haben mir das Rezept der Seezunge gestohlen und besitzen die Frechheit, es mit Ihrem Namen zu verunzieren.« »Schreiben Sie nicht solchen Blödsinn« erwiderte Hitchcock, »es ist mein Rezept, seine Urform stammt aus Marrakesch.« »Sie waren ja im Gegensatz zu mir nie in Marokko«, antwortete Priestley giftig. »Öfter als Sie auf jeden Fall«, replizierte Hitchcock.
Tatsächlich war keiner von beiden je in Marrakesch.
Die SEEZUNGENFILETS – ob nun nach Priestley oder Hitchcock – werden so zubereitet:

SEEZUNGENFILETS

8 Seezungenfilets
150 g Patna-Reis
1 ½ l Fischfond (2 × je ¾ l, davon einen für die Sauce)
2 EL Weißwein
2 EL Butter
Salz

Für die Sauce
4 EL Butter
1 gehäufter TL Mehl
2 EL Crème fraîche
1 Eigelb
1 TL Zitronensaft
1 Prise Cayennepfeffer
Salz

Reis waschen und in ¾ l Fischfond im geschlossenen Topf garen. Abtropfen lassen, warm stellen.
In dem zweiten ¾ l Fischfond die Seezungenfilets mit dem Weißwein und der Butter und etwas Salz etwa 10 Minuten garen. Nicht kochen lassen! Fischfilets herausnehmen, warm stellen und mit gebutterter Folie abdecken. Den Sud ohne Deckel stark um die Hälfte einkochen.

Für die Sauce: Butter schmelzen lassen. Mehl einrühren und gut verrühren. Mit dem heißen, reduzierten Sud ablöschen, einige Minuten köcheln lassen. Eigelb mit Crème fraîche verrühren. Zitronensaft dazu und langsam in die Sauce einrühren. Nicht mehr kochen!
Reis auf einer Platte anrichten. In der Mitte eine breite Rinne ziehen, die Filets einlegen und mit etwas Sauce bedecken. Restliche Sauce getrennt servieren.

Hitchcocks liebster Film war das »Fenster zum Hof« (mit James Stewart). Voyeurismus spielt in diesem Film eine große Rolle und, wie Hitch immer betonte, ist das bis zu einem hohen Grade ganz natürlich.
»Die ganze Kunst der Filmemacher und Fotografen beruht auf Voyeurismus«, sagte er. Der Stoff reizte ihn, Grace Kelly war wieder dabei, alles lief bestens und Hitch fühlte sich wohl. Vor ihm lag seine produktivste Phase – zwischen 1954 und 1960 sollte er nicht weniger als neun Bühnenstücke verfilmen sowie zwei einstündige und 17 halbstündige Fernsehfilme machen. Aber trotz seines übervollen Terminkalenders behielt er immer genug Zeit übrig für seine speziellen Späße im Atelier.
1954, als er »Über den Dächern von Nizza« drehte, gelang es ihm sogar, seine unendliche Abneigung gegen weiche Eier in einer Einstellung zum Ausdruck zu bringen, die er in den Film schmuggelte. Grace Kellys Filmmutter Jessie Royce Landis darf kaltlächelnd ihre Zigarette in einem klebrig und goldgelb vor ihr liegenden Frühstücksei ausdrücken.
Mit 65 war Hitch ein wirklich reicher Mann geworden, vor allem durch seine Fernsehserien und Bücher.

Alfred Hitchcock und Darsteller aus »Die Vögel«.

Bei seinen späteren Filmen achtete er streng darauf, daß trotz bewußter Anspielungen auf Sex, vor allem in sadomasochistischen Bereichen, nichts wirklich »Beanstandenswertes« vorkam. Auch bei der berühmten Dusch-Szene in »Psycho« sieht der Zuschauer nie, wie das Messer des Mörders den Körper des Mädchens berührt. Und daß der Film Schwarzweiß gedreht wurde, hat seinen Hauptgrund darin, daß Hitch kein Technicolor-rotes Blut zeigen wollte.

Als er einmal einen Brief von einem besorgten Vater erhielt, der schrieb, seine Tochter wolle nach dem Besuch des Films »Psycho« partout nicht mehr unter die Dusche, und was man da machen könne, antwortete Hitch: »Have her drycleaned!« (Lassen Sie sie chemisch reinigen).

Im Privatleben, wo für ihn Kochen und Essen einen hohen Stellenwert hatten, war Hitchcock ohne jede Extravaganz sich seiner Grenzen immer bewußt. Der Sohn eines Gemüsehändlers aus einer Londoner Vorstadt ließ auch auf der Höhe seines Ruhms und Reichtums keine Ströme von Champagner fließen und zog allemal ein perfekt gebratenes Roastbeef Hummer und Kaviar vor. Die englische Küche seines Elternhauses, verfeinert durch die Glanzlichter seines Wohlstandes, das war es, was ihm, Alma und seinen Gästen schmeckte.

Humphrey Bogart
Ingrid Bergman

Das Duett am Herd

Für zwei international berühmte Filmstars, wie es Ingrid Bergman und Humphrey Bogart waren, ist dies eine ganz atypische Geschichte: kein Liebesverhältnis, kein Skandal, keine Abschiedstränen. Statt dessen ein privater Wettbewerb am Herd, von dem nur wenige enge Freunde wußten und nur einer profitierte. Sie gegen ihn, er gegen sie und schließlich, Gipfel ihrer heimlichen kulinarischen Liebe, ein gemeinsam gezeugtes mexikanisches Küchenkind, das beide gastronomisch überlebt hat: ENCHILADAS À LA INGRID AND HUMPHREY.

Mit »Casablanca« fing alles an. Längst gehört dieser Film, der 1942/43 in Hollywood gedreht wurde, zu den großen Klassikern. Alles, was das Kino immer wieder verspricht – bei dieser Produktion wurde es Wirklichkeit: eine handfeste Story, eine großartige Besetzung und schließlich jener zeitlose Ohrwurm sentimentaler Barmusik »As Time Goes By« – ein Evergreen, der wohl immer einer bleiben wird.

Während der Dreharbeiten in den Studios von Warner Brothers gab es eine – später geschnittene – Szene, in der die Bergman und Bogart in Ricks Café Américain eine Kleinigkeit essen. Bogart bestand darauf, daß das Gericht einen orientalischen Touch haben müsse, »sonst ist die echte Stimmung nicht da«.

Aus einem Restaurant in Los Angeles wurde ein marokkanischer Koch ins Studio gerufen und in der Studioküche unter Anleitung von Bogart ein orientalisch gewürztes Lebergericht zubereitet. Seinen Namen erhielt es erst, als der Koch es mit sicherem Gefühl für Publicity auf die Karte seines Lokals setzte. Fortan hieß es in der Originalzubereitung

Humphrey Bogart (1899–1957).

CASABLANCA-LEBER
À LA BOGART

Das Rezept braucht ohne die Beilagen nur 15 Minuten Zubereitungszeit (Zutaten für zwei Personen).
4 Scheiben (ca. 250 g) Kalbs- oder Jungrindleber, in fingerdicke 3 cm lange Streifen geschnitten
1 grob gestoßenes trockenes Peperoni
1 EL Kreuzkümmel, fein gemahlen
2 TL Sojasauce, salzig
3 Schalotten, feingehackt
2 EL süße Sahne
1 Stengel frische Minze
1 EL Cilantro (grünes Kraut vom Koriander)
⅛ l Portwein, weiß
1 TL Mehl
Salz
3 EL Olivenöl

In einer beschichteten Pfanne oder einem schweren Topf Öl erhitzen und die Schalotten glasig dünsten. Die Leberstreifen dazugeben und unter Rühren ganz kurz anbraten. Das Mehl darüberstäuben, leicht anziehen lassen, mit dem Port und der Sahne ablöschen. Bei kleiner Hitze, ohne Deckel, köcheln lassen, nachdem alle anderen Zutaten beigegeben wurden. 10 Minuten ständig rühren. Eventuell etwas heißes Wasser dazugießen, die Sauce muß sämig sein. Mit Salz abschmecken.
Beilage: Baguettes oder Reis

Ingrid Bergman (1915–1982).

Die Bergman war tief beeindruckt davon, daß ihr Partner soviel vom Kochen verstand. In der Filmszene hielt sie Kochkunst für ihre persönliche Domäne. Sie hatte tatsächlich auf diesem Gebiet einen großen Ruf, und es gab eine Menge Kollegen, die von ihrer Küche schwärmten. Kaum war »Casablanca« abgedreht, lud sie »Bogey« zum Abendessen ein. Sie servierte als Hauptgang ein

Fischgericht, mit dessen Rezept sie später, als sie schon mit Rossellini zusammenlebte, in die amerikanische Kochliteratur einging:

TROUT WITH CREAM SAUCE INGRID BERGMAN
(Forelle in Sahnesauce, überbacken)

4 Forellen
Saft einer Zitrone
3 EL Weißwein
1 Tasse Sahne
1 Handvoll grobes Semmelmehl
weißer Pfeffer, Salz

Die Forellen in einer Auflaufform mit ca. 10 cm hohem Rand nebeneinander placieren. Die Fische salzen und pfeffern. Den Zitronensaft mit dem Weißwein und 3–4 EL Wasser verdünnen und darübergießen.
Auf der unteren Einschubleiste im vorgeheizten Backofen bei 175 Grad 20 Minuten dünsten lassen; nach 10 Minuten die Form mit Folie oder Deckel schließen. Dann die Fische vorsichtig herausnehmen. Auf einer Platte warmhalten. Den Saft aus der Form in eine Saucenpfanne gießen, Sahne dazu einrühren und bei großer Hitze offen um die Hälfte reduzieren lassen.
Die Fische wieder in die Auflaufform legen, mit der reduzierten Sauce begießen und mit dem Semmelmehl bestreuen. Die Hitze auf 200 Grad erhöhen und die offene Form auf der zweiten Einschubleiste so lange stehen lassen, bis die Oberfläche leicht bräunt.
Mit Tomatenwürfeln, Petersilie und Zitronenscheiben garnieren.
Beilage: Frisches Meterbrot.

Um Bogey nachhaltig zu beeindrucken, hatte sie außerdem für eine Vor- und eine Nachspeise auf zwei Spezialitäten ihrer schwedischen Heimat zurückgegriffen: »Varm Krabbsmörgås« – heiße Krabbenschnittchen mit Sherry und Dill – und »Fransk Äppelkaka« – gebackene Apfelhälften mit Mandelmasse.
Die Bergman erzählte später, daß sie mit Bogey auch während dieses Essens über nichts anderes als übers Kochen gesprochen

Eine der berühmten Szenen aus »Casablanca«.

hätte. Bogart war tief beeindruckt, fühlte sich aber auch als Koch herausgefordert. Die Folge war eine Verabredung: Wann immer ein Film sie wieder an einen Ort zusammenführen würde, ein Abend der Woche sollte für gemeinsames Kochen reserviert sein. Beim anschließenden Essen gab es keine Gäste. Erst Lauren Bacall, Bogarts vierte Frau, setzte 1945 ihre Teilnahme am Essen durch. Sonst haben sich beide vierzehn Jahre lang, bis zum Tode Humphrey Bogarts, an den Ausschluß Dritter gehalten mit nur einer Ausnahme. Die Ausnahme war Alfred Hitchcock. Er war selbst ein Gourmet, kochte gern, aß noch lieber und hatte gerüchteweise von dem Kochduo Bergman/Bogart gehört. In den Jahren 1945 und 1946 drehte die Bergman in Hollywood unter seiner Regie die Filme »Spellbound« und »Notorious«, die von David O. Selznick produziert wurden. Hitchcock insistierte so lange, bis die Bergman ihn in Bogarts Küche mitbrachte. Was es an diesem Abend gab, nannten Ingrid und Bogey ihr Hemingway-Festival. Das kam so:

Während die Bergman 1943 – Selznick hatte sie an die Paramount ausgeliehen – »For Whom the Bell Tolls« (Wem die Stunde schlägt) drehte, beschäftigte sie sich mit den scharfen Geheimnissen der mexikanischen Küche. Als Bogart dann 1945 in »To Have and Have not« spielte (die Vorlage zum Drehbuch stammte gleichfalls von Hemingway – bei uns unter dem deutschen Titel »Haben und Nichthaben« bekannt), probierten die beiden beim wöchentlichen Kochabend verschiedene mexikanische Gerichte aus. Bei dieser Gelegenheit entstanden die schon erwähnten ENCHILADAS À LA INGRID AND HUMPHREY. In vielen mexikanischen Lokalen stehen sie bis heute so auf der Karte. Hier das Originalrezept der beiden Erfinder:

ENCHILADAS À LA INGRID AND HUMPHREY

Für 16 Tortillas:
500 g Weizenmehl
125 g Kokosfett oder anderes gehärtetes Pflanzenfett
Wasser nach Bedarf

Für die Füllung der Tortillas:
125 g Butter
5 Knoblauchzehen, feingehackt
450 g Krabbenfleisch
450 g kleine Shrimps
4 EL trockener Weißwein

Mehl und Salz vermischen, mit dem Fett verkneten. Damit der Teig geschmeidig wird, immer wieder etwas Wasser dazugießen. Die Masse muß weich werden, beim Kneten dürfen keine Blasen entstehen.
16 eigroße Bällchen formen, jedes auf einem bemehlten Brett hauchdünn rund ausrollen. In einer gußeisernen Pfanne ohne jedes Fett die Tortillas so lange trocknen, bis sie krisp sind.

Für die Füllung:
In der erhitzten Butter den Knoblauch kurz andünsten, Krebsfleisch und Shrimps darin schwenken, nach etwa 5 Minuten mit Weißwein ablöschen. Die Füllung auf die Tortillas verteilen, diese zuklappen und an den Rändern leicht andrücken. Die Tortillas (aus denen jetzt durch die Füllung Enchiladas geworden sind) mit der folgenden *grünen Sauce* übergießen, mit Bohnenkäse-(Tofu-)Stücken bestreuen und bei Oberhitze im Ofen – 200 Grad – 3 Minuten überbacken.

Für die grüne Sauce:
1 Handvoll oder eine kleine Dose grüne Tomaten
1 kleine Zwiebel, in Stücke geschnitten

3 Knoblauchzehen, durchgepreßt
die Blätter von einem Bund glatter Petersilie
eine Prise Zucker, scharfer Chili, Salz, frisch gemahlener weißer Pfeffer und Oregano nach Geschmack.

Dazu 2 Avokados, geschält und in kleine Stücke geschnitten
100 g Bohnenkäse (Tofu), grob gehackt
(2 EL von dem Bohnenkäse zum Bestreuen der Enchiladas aufheben.)
Alle Zutaten im Mixer ganz kurz drehen lassen. Die Sauce soll eine grobe Konsistenz haben. Die Avokados und die für die Sauce bestimmten Tofustückchen erst ganz zum Schluß darunterziehen.

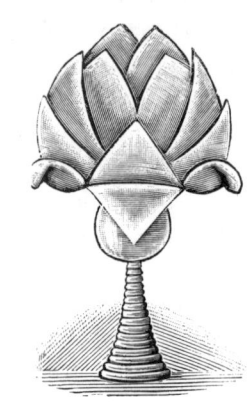

Wie immer, wenn die beiden kochten und anschließend aßen, gab es nur ein Getränk – grünen chinesischen Tee. Ingrid bereitete ihn mit großer Sorgfalt zu und bekehrte mit dem Rezept des Kaisers Hu-Tsung aus dem Jahre 1101, das sie als Wandspruch in Bogeys Küche gehängt hatte, sogar ihren Partner zu dieser Form der Eßkultur:

Drei Dinge auf dieser Welt sind
höchst bedauernswert:
Das Verderben bester Jugend durch
falsche Erziehung,
Das Schänden bester Bilder durch
gemeines Angaffen,
Und die Verschwendung besten Tees durch
unsachgemäße Behandlung.

Das Essen fand Hitchcock fabelhaft, nur beim grünen Tee verzog er schmerzlich sein ohnehin so traurig wirkendes Gesicht.

So groß die Erfolge auch waren, den diese so gegensätzlichen Darsteller international hatten, das Kochen kam bei keinem von beiden je zu kurz. Bei Bogart nicht, als er »The Big Sleep« und »African Queen«, den Film, der ihm einen Oscar einbrachte, »The Caine Mutiny« (Die Caine war ihr Schicksal) oder »Desperate Hours« drehte. Immer mehr verkörperte er mit seiner lispelnden Sprache, die auf eine Lippenverletzung während seiner Dienstzeit bei der Navy zurückzuführen war, jenen Typ, der zur Kinomythologie wurde: den Outsider, den Mann außerhalb der gesellschaftlichen Konvention, eine Verquickung von Härte und Verletzlichkeit; das alles mit romantischem Einschlag und verpackt in die beiden Bogart-Symbole, Borsalino und Trenchcoat. Mit nur wenigen Ausnahmen haben alle 75 Filme, in denen er mitwirkte, dieses Profil geprägt. Eine Zeile aus dem Dialog des Bogart-Films »Knock on Any Door« wurde zum Motto junger Leute in den fünfziger Jahren: »Lebe schnell, stirb jung – und gib eine gutaussehende Leiche ab.«
Bogart hat sich beruflich und privat an diese Maxime gehalten. An seinen vier Ehen haben sich nicht einmal die amerikanischen Feministinnen gestört.
Ganz anders Ingrid Bergman, die das Bild einer strahlend natürlichen Schönheit von vollkommener moralischer Integrität durch 46 Filme konsequent zu ihrem Markenzeichen machte. Mit Filmen wie »Gaslight«, der Rolle der Nonne in »The Bell of St. Mary«, mit »Joan of Arc« (mit der Bühnenfassung dieser »Jungfrau von Orléans« von Maxwell Anderson hatte sie 1941 am Broadway einen triumphalen Erfolg), mit dem Film »Anastasia«, der ihr 1956 den Oscar brachte, oder mit »Indiscreet« mit Cary Grant als Partner festigte sich dieser Ruf über ihren Tod hinaus. Daran änderten auch ihre drei Ehen nichts: 1937 mit dem Zahnarzt Peter Lindström (aus dieser Ehe stammt die Tochter Pia), 1950 mit Roberto Rossellini (kurz vor der Trauung kam Sohn Robertino, 1952 kamen die Zwillinge Isotta und Isabella zur Welt) und 1958 mit dem schwedischen Theaterimpresario Lars Schmidt.
Die große Entrüstungskampagne in der amerikanischen Presse, als sie, verheiratet mit Lindström, mit Rossellini öffentlich zusammenlebte, hat ihr zwar viel Kummer gemacht, ihr strahlendes Bild

auf Dauer jedoch nicht verdunkeln können. Alle Filme, die sie vor und während ihrer Ehe mit Rossellini machte, ob »Stromboli« oder »Angst«, waren Mißerfolge – dennoch, sie blieb beim Publikum *die* Bergman.

Erst der schlimme Tod von Humphrey Bogart – er starb nach langer quälender Krankheit 1957 an Speiseröhrenkrebs – beendete eine freundschaftliche Beziehung, die auf so einzigartige Weise am Herd entstanden war.

Vielleicht hat Bernard Shaw für das Kochduo Ingrid und Humphrey die psychologische Erklärung gefunden. Von ihm stammt der Satz: »Keine Liebe ist aufrichtiger als die zum Essen.«

John Steinbeck

Der Truthahn und die Schornsteinfeger

Der Frühling ist schön in Kalifornien. Täler, in denen die Obstblüten duftende rosa und weiße Wasser sind in einem seichten Meer. Dann fluten die ersten Ranken der Trauben, die an den knorrigen Weinstöcken schwellen, über die Stämme herab. Die vollen grünen Hügel sind wie Brüste, rund und weich. Und in der Ebene, im Gemüseland, gibt es meilenlange Reihen von blaßgrünem Salat, von kleinen Blumenkohlköpfchen und von graugrünen unirdischen Artischocken.

Und dann brechen die Blätter aus den Bäumen und die Blüten fallen herab und bedecken die Erde mit einem Teppich aus Rosa und Weiß. Die Fruchtknollen schwellen an und wachsen und färben sich: Kirschen und Äpfel, Birnen und Pfirsiche, Feigen, deren Frucht die Blüte in sich schließt. Ganz Kalifornien gebiert, und die Frucht wird schwer, und die Äste biegen sich allmählich unter der Frucht, so daß sie mit Stöcken gestützt werden müssen. Und die ganze Zeit schwellen die Früchte, und die Blüten hängen in langen Dolden an den Weinstöcken herab. Und mit dem fortschreitenden Jahr kommt die Wärme, und die Blätter werden dunkelgrün. Die Pflaumen werden länglich wie kleine grüne Vogeleier, und die Äste senken sich unter der Last herab auf die Stöcke, die sie stützen. Und die harten kleinen Birnen nehmen

Form an, und auf den Pfirsichen erscheint schon der Flaum. Die Rebenblüten werfen ihre winzigen Blätter ab, und die harten kleinen Perlen werden grüne Knöpfe, und die Knöpfe wachsen und werden schwer.

Was hier so enthusiastisch beschrieben wird, schildert ein Mann, dem alle eßbaren Dinge aus der Natur großes sinnliches Vergnügen bereiten. Die »Früchte des Zorns« – 1939 geschrieben – sind John Steinbecks großes Meisterwerk. Es machte ihn international berühmt und brachte ihm den Pulitzer-Preis ein. Lange Zeit seines Lebens hat der Dichter sich als wandernder Obstpflücker durchgeschlagen, bevor er die Gestalten dieser großen Erzählung formte: mit ihren wirtschaftlichen Schwierigkeiten, ihrer schlichten Primitivität und ihrem trotz aller dunklen Töne unverwüstlichen Optimismus.

Als Sohn eines deutschstämmigen Finanzbeamten und einer Mutter irischer Abstammung in Kalifornien geboren, wählt Steinbeck zunächst Biologie als Berufsziel. Während des Studiums merkt er, daß die rein wissenschaftliche Beschreibung des Tier- und Pflanzenreiches seine Sache nicht sein kann. Er bricht das Studium ohne Abschluß ab.

Was dann folgt, ist für die zwanziger und dreißiger Jahre ein schon beinahe klassischer amerikanischer Lebenslauf: Matrose, Holzfäller, Maurer, Nachtwächter, Obstpflücker, Reporter. Er lebte den bitteren Alltag der Besitzlosen und wußte aus eigener Erfahrung, worüber er in seinen sozialkritischen Romanen schrieb.

Seinen ersten größeren schriftstellerischen Erfolg verdankte er jedoch einem anderen Thema. Es hat ihn selbst überrascht, daß das amerikanische Publikum seinen kurzen Schelmenroman »Tortilla Flat«, der 1935 erschien, mochte. Hier schildert Steinbeck die lustigen Abenteuer eines indianischen Häusererben und seiner Kumpane, vor denen weder Wein noch Weiber, noch die Hühner vom Nachbargrundstück sicher waren.

Alles, was John Steinbeck bis dahin geschrieben hatte, war von den Kritikern verrissen worden.

Auf diese Umstände ist es sicher zurückzuführen, daß er professionelle Litaturkritiker sein Leben lang haßte. Für ihn waren sie

John Steinbeck (1902–1968).

»kuriose Saugfische, die mit diabolischer Freude von der Arbeit anderer leben und mit faden Worten das maßregeln, was sie ernährt«. Über seine ersten Bücher, eine lebendige Form heiterer Unterhaltung, sagte er später: »Ich habe sie geschrieben, um dem Gelaber sauertöpfischer Gelehrter den Mund zu stopfen.«
In einem wahren Schöpfungsrausch schreibt Steinbeck ohne Atempause zwischen 1930 und der Mitte der vierziger Jahre ein Buch nach dem anderen. Eine besondere Rolle spielt dabei die Erzählung »Von Mäusen und Menschen«, die er 1937 fertigstellt. Auch diese Geschichte spielt im Milieu der Plantagenarbeiter. Die dialogische Form dieser Erzählung war leicht zu einem Theaterstück umzuarbeiten, der Erfolg durch die Story schon garantiert: Es ist die Geschichte zweier Freunde, von denen der eine mit seiner Hünenkraft bei schwach entwickeltem Geist unversehens seine Frau umbringt und von dem anderen, der ihn vor der Wut der Farmarbeiter schützen will, ohne Absicht erschossen wird.
Die Gestaltung seines privaten Lebens hat Steinbeck in dieser Zeit völlig vernachlässigt. Erst in den vierziger Jahren widmet er diesem Teil seines Lebens ebensoviel Aufmerksamkeit wie seinen Romanfiguren. Er erlebt in schneller Folge Krieg und Scheidung, eine zweite Ehe, die Geburt der Söhne Tom und John und noch einmal eine Ehescheidung.
Erst das Jahr 1950 bringt eine Zäsur. Er heiratet Elaine Scott und bezieht mit ihr ein Haus in der 72. Straße in New York, derselben Straße, in der er Jahre zuvor als Maurer gearbeitet hat. Hier schreibt er 1952 den Roman »Jenseits von Eden«, der als Buch und Film ein Welterfolg wird. Zwischendurch arbeitet Steinbeck auch für Zeitschriften. Als berühmter Autor hat er freie Themenwahl. Und so schreibt er für die amerikanische Zeitschrift »Harpers Bazaar« einen Bericht über sein Lieblingsessen – den Turkey zum Thanksgiving-Day. Zu diesem Tag am letzten Donnerstag im November gehört für jede amerikanische Familie das Thanksgiving-Dinner. Unabänderlich stehen dann der gebratene Truthahn mit Cranberry-Sauce und der Plumpudding auf dem Tisch. Eine ganze Serie kräftig alkoholischer Mint-Julips rahmt das Essen ein. Jahr für Jahr wird in allen amerikanischen Staaten im Fernsehen, in Zeitschriften und im Radio ein erbitterter Streit um das beste,

das alleingültige Rezept für den Puter neu aufgelegt. Von einer einzigartigen Zubereitung eines solchen Vogels gibt Steinbeck folgenden Bericht:

Die McKnights stammen aus Nord-Carolina. Seit einem Jahr leben sie in Italien, in Positano. Johnny und Liz McKnight sprechen fließend Italienisch. Sie essen und leben wie Italiener.
Als der Thanksgiving-Tag sich näherte, veänderten sie sich plötzlich. Der Truthahn, die Cranberry-Sauce, all das heimatliche Drum und Dran des bevorstehenden Feiertages machte sie krank vor Heimweh. Schließlich verschwanden sie für einen Tag in Richtung Sorrent. »Wir wollen einen Puter kaufen«, sagten sie.
Zwei Tage später wurde der Truthahn in einem Käfig auf dem Dach eines Busses in das Haus in Positano geliefert. Ein schönes, lebhaftes, großes Tier.
»Daß er sich so hysterisch benimmt, liegt am Transport«, sagte Johnny. Eine Woche lang glubberte und gluckerte der Puter in dem kleinen Stall, den die McKnights eilig im Garten für ihn aufgebaut hatten. »Er muß sich erst beruhigen«, hieß es.
Johnny erinnerte sich an ein Geheimrezept der Putertötung, das ihm sein Großvater in Nord-Carolina verraten hatte.
»Erregung und Tod« – hatte Großvater gesagt, »sind eine schreckliche Kombination. Ob es ein Mann ist oder ein Truthahn – durch diese Kombination werden die Muskeln hart, das Fleisch wird zäh und irgendein schädlicher Saft breitet sich im Kreislauf aus. Bei Menschen mag das hingehen, aber bei einem Truthahn ist es unerträglich. Er wird nicht nur zäh, er schmeckt auch bitter. Es gibt allerdings eine todsichere Methode, dieses Unglück zu vermeiden: Gib dem Tier etwa zwei Stunden vor der Exekution ein paar kräftige Schlucke guten Brandy. Die Muskelstarre löst sich bald, das Tier fühlt sich gesund und ruhig und geht glücklich, ja beinahe dankbar zum Schafott.
Und du wirst sehen – wenn der Braten dann auf dem Tisch steht, hat das Fleisch statt der Bitterkeit einen feinen, delikaten Kognacgeschmack.«
Johnny entschloß sich, Großvaters Tip zu befolgen, mußte aber feststellen, daß kein Brandy im Haus war. Der Bourbon kam nicht

in Frage, er wurde für die Julips gebraucht. Aber eine Flasche Grand Marnier war da.
»Das ist besser als Brandy«, sagte Johnny. »Es wird den Truthahn ebenso trösten und dem Fleisch ein Orangenparfum geben.«
Nachdem das Tier keinen Appetit auf Grand Marnier verriet, klemmte Johnny es unter den Arm, hielt ihm den Schnabel auf und Liz flößte ihm drei bis vier Augenpipetten voller Likör ein. Der Truthahn glubberte erst, dann kam ein Ausdruck von Wildheit in seine Augen, schließlich legte er den Kopf auf die Seite. Johnny setzte ihn auf den Boden. Langsam trieb er das schwankende Tier in die Küche. Dort glubberte es noch ein-, zweimal, setzte sich bequem in eine Ecke und schlief ein.
»Ich werde ihn im Schlaf erledigen«, erklärte Johnny. »Er wird nichts davon merken.«
Er öffnete den Kühlschrank, um die Temperatur der Mint-Julips zu prüfen. Sie tranken ein paar – Thanksgiving war eingeleitet. Stärke und Temperatur der Drinks waren richtig.
Dann passierte es. Johnny meinte, der Vogel müsse einen Alptraum haben. Sie hörten ihn entsetzlich laut glubbern. Dann sahen sie ihn in der Luft. Über die Bucht flog er aufs offene Meer zu.
Nun muß man wissen, daß die Fischer von Positano an der Steilküste einen Beobachtungsposten haben, der herannahende Fischschwärme meldet. Dieser Mann sah auch den Truthahn, und er sah, wie er meilenweit von der Küste entfernt abstürzte. Sofort startete ein Fischerboot.
Als die Flasche Grand Marnier ausgetrunken war, kam ein Fischer in den Garten. Er hatte den Vogel unterm Arm. Das Tier war bewußtlos oder ertrunken. Einerlei, Johnny McKnight schnitt ihm die Gurgel durch. Sie rupften ihn in der Küche, nahmen ihn aus und fingen an, ihn zu braten. Gegen Mitternacht setzten sie sich zum Thanksgiving-Dinner an den Tisch. Obwohl sie eine große Portion Salbei in den Bauch des Truthahns gestopft hatten, schmeckte das Fleisch penetrant nach einer Mischung von Meerwasser und Orangenschale.

»Seitdem kaufe ich für meinen Haushalt nur noch einen frischgeschlachteten PUTER zum Thanksgiving-Day«, schrieb Steinbeck,

»und bereite ihn nach dem kalifornischen Rezept meiner Mutter zu. Es ist ohnehin das beste.«

PUTER

Zuerst wird die Füllung zubereitet:
3 Tassen voll Englischbrot ohne Rinde, in ½ cm große Würfel geschnitten
1 Tasse feingehackte Zwiebeln, in reichlich Butter goldgelb angebraten
1 Tasse gekochte Champignons, in Würfel geschnitten
1 Tasse gewürfelte und in Butter leicht sautierte Leber des Truthahns
½ Tasse gewürfelte, rohe Äpfel
½ Tasse Ananaswürfel
¼ Tasse eingeweichte Rosinen
1 EL feingehackte Salbei und Petersilie
1 EL Paprika
1 EL Salz
2–3 Tassen sehr kräftiger, weißer Geflügelfond, welcher vom Hals und vom Magen des Truthahns bereitet wird.

Diese Zutaten werden zusammen gut gemischt. Den Puter innen mit Zitrone einreiben. Die Füllung in Bauch und Halshöhle geben, aber nicht zu fest stopfen; die Halshaut am Rücken des Puters feststecken oder festnähen. Die Bauchhöhle mit Stäbchen schließen oder zunähen. Die Beine fest zusammen- und dann am Bürzel des Puters festbinden. Die Haut mit etwa 50 g weicher Butter einreiben, mit Salz und Pfeffer würzen.
Die Bratzeit beträgt 3 Stunden für ein Stück, das gefüllt 8 Kilo wiegt.
Unerläßlich ist die Beigabe von Cumberland-Sauce, Preiselbeeren und süß-sauren Mixed-Pickles.

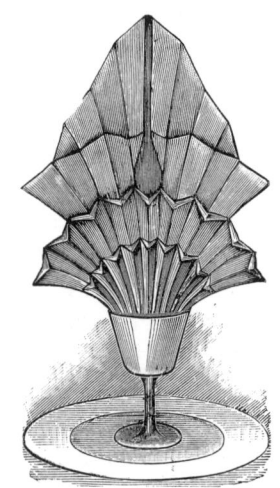

1962 wird John Steinbeck »für seine realistische und gleichzeitig phantasievolle Erzählkunst« der Nobelpreis für Literatur verliehen. Der damit verbundene Aufenthalt in Stockholm führt ihn zu einer neuen kulinarischen Entdeckung. Er macht sie in Cattelins Restaurant, in das ihn Freunde zum Essen einluden.
In Schweden ist der Chefkoch und Mitinhaber des Cattelin ein berühmter Mann. Aus seiner Küche wird die »Seezunge des Königs«, die mit Seezungenfilets, Räucherlachs, Tomaten, Weißwein, Crème fraîche und Dill zubereitet wird, fast jeden Monat auf persönliche Bestellung des Königs ins Schloß geliefert.
Steinbeck, der der Fischküche nicht erst durch seinen Roman »Straße der Ölsardinen« zugetan ist, bestellt bei Cattelin erst die königliche Seezunge und als zweiten Gang SOTARE. Das ist ein Gericht, das aus den kleinen Ostsee-Heringen, den Strömlingen, zubereitet wird und auf deutsch SCHORNSTEINFEGER heißt. Die Fische werden dabei fast kohlschwarz gebraten und mit kalter Butter und Dill serviert.
Steinbeck war von dieser Zubereitung so begeistert, daß er sich das Rezept mitnahm. Aber das half ihm nicht viel weiter. Mit dem

typischen leicht angebrannten Geschmack haben auch professionelle Fischköche ihre Not. Entweder verbrennt die Butter, oder der Fisch zerfällt, oder das Angebrannte schmeckt vor. Dabei liest sich das Rezept so einfach:

SOTARE
(SCHORNSTEINFEGER)

Für 4–6 Personen:
28 ausgenommene Ostseeheringe mit Gräten
6 EL Butter
1 großer Bund Dill
Salz

Achten Sie darauf, daß Sie wirklich ganz frische Heringe bekommen. Die Fische waschen und sorgfältig trocknen. Eine große Pfanne mit schwerem Boden mit wenig Butter einreiben. Pfanne erhitzen. Eine dünne Schicht Salz einstreuen. Heringe hineinlegen. Auf beiden Seiten knusprig braun braten. Sie sollen ihren Namen Schornsteinfeger wirklich verdienen.
Beim Servieren auf jeden Hering etwas Butter geben. Mit gehacktem Dill bestreuen. Dazu Salzkartoffeln oder Kartoffelpüree servieren.
Denken Sie daran, daß die Strömlinge auf beiden Seiten kräftig gebacken werden, so daß sie schön knusprig sind. Der leichte Röstgeschmack gehört dazu.

Von 1962 bis zu seinem Todesjahr 1968 schreibt Steinbeck nur noch wenig. Lange Reisen durch Europa nehmen fast seine ganze Zeit in Anspruch. In Frankreich, wo er sich in den letzten Jahren seines Lebens – vor allem der Küche wegen – häufig aufhielt, erklärte er dem berühmten Koch Point: »Ich fahre wieder zu Cattelin nach Stockholm. Ich muß die Original-Schornsteinfeger essen, die mir noch nie so richtig gelungen sind.«

Georges Simenon

Maigret am Rande der Autobahn

Was hatten Mao und Adenauer gemeinsam? Was verband Josephine Baker mit Heinrich Böll? Breschnew mit Chaplin, Agatha Christie mit Henry Miller und Arno Schmidt mit Picasso?
Lassen Sie sich ruhig Zeit bei der Suche nach dem gemeinsamen Nenner. Wir setzen inzwischen die verblüffende Liste fort: Wen kennen die Tadschiken in Düschambe in der UdSSR und die Turkmenen in Aschchabad ebensogut wie die indischen Parsen, die Schiffer auf dem Sungari in der Mandschurei und die Taxifahrer in Brooklyn? Hausfrauen in Hammerfest, Rentner in Remscheid und Schüler in der Schweiz?
Richtig! Alles klar, Herr Kommisar! Maigret ist's, superreales Produkt seines fiktiven Vaters – Georges Simenon.
Im Februar 1988 wurde der Sohn eines Lütticher Versicherungsagenten 85 Jahr alt, gefeiert und geehrt in aller Welt; woraus man schließen darf, daß es ihn wirklich gibt. Ich weiß es sowieso, denn ich habe mich mit ihm am Genfer See zu einem langen Gespräch getroffen. Wir tranken abwechselnd Eistee und weißen Landwein. Die Unterhaltung wurde nur durch den umständlichen Akt des Pfeifestopfens unterbrochen.

»Wie viele Bücher ich geschrieben habe? Es sind, glaube ich, 215. Davon 83 Maigrets. Ich weiß nicht, in wie viele Sprachen sie übersetzt sind. Von manchen Sprachen habe ich den Namen noch nie gehört. Jedenfalls gibt es sie auch in Hindustanisch, Isländisch, Chinesisch. Ich habe nie eines meiner Bücher wieder in die Hand genommen, um es noch einmal zu lesen. Ich hasse schon den Gedanken, es zu tun. Immer, wenn ich einen Roman angefangen habe, habe ich mir zwei bis drei Personen und ihre Lebensumstände, ihre Ausgangssituationen ausgedacht. Dann habe ich jeden Tag ein Kapitel geschrieben. Ich wußte eigentlich bis zur Mitte des Buches nie, wie die Geschichte ausgeht oder was für eine Geschichte das überhaupt wird.«

Ich unterbrach ihn: »Wollen Sie damit sagen, daß Sie ohne Konzept, ohne Theorie geschrieben haben?«

»Nein«, sagte er, »ich habe eine Theorie. Wir schreiben Romane nicht mehr wie zur Zeit von Dickens. Aus vielen Gründen. Einer ist die Fotografie. Wir brauchen nicht mehr zu beschreiben. Jeder hat den Eiffelturm gesehen. Es gibt viele Probleme, die wir nicht mehr zu erklären brauchen. Was Balzac noch schildern mußte, entfällt bei uns. In jeder Zeitung stehen jetzt Artikel, die uns fast alles erklären. Wir müssen keine langen Romane mehr schreiben. Ein Roman sollte auf einen Zug gelesen werden können. Sie würden doch auch nicht hingehen, um sich an einem Tag den ersten Akt von Hamlet anzusehen und eine Woche später den zweiten. Das gleiche gilt für den Roman. Aus diesem Grunde habe ich mich dafür entschieden, kurze Romane zu schreiben.

Filme? Soweit mir bekannt ist, sind mehr als 60 meiner Bücher verfilmt worden. Ich habe mir nie einen dieser Filme angesehen und mich auch geweigert, die Drehbücher zu lesen. Mich interessiert das nicht. Eine Ausnahme gibt es: den ersten Maigret. Den hat Jean Renoir 1931 verfilmt. Er hieß ›La Nuit de Carrefour‹. Das war wirklich ein guter Film. Von diesem Tage an verband mich eine enge persönliche Freundschaft mit Renoir.

Mein Gott, was hat der Mann für gute Filme gemacht! Wenn ich nur an ›La Grande Illusion‹ denke. Wie langweilig sind dagegen andere berühmte französische Filme – auch als Buch. ›Emmanuelle‹ oder ›Die Geschichte der O‹! Ich bin über 30 Seiten einfach

Georges Simenon (geb. 1903).

nicht rausgekommen. Ich möchte niemanden mit Zangen zwicken oder ihm Monogramme auf den Hintern brennen, und ich möchte auch nicht, daß man das mit mir macht.
Für mich ist die sexuelle Liebe schon immer eine ganz normale und notwendige Sache gewesen.«
Auf die Frage nach den zweitschönsten Genüssen meinte Simenon:
»Früher war ich ein Gourmet. Aber je älter ich werde, um so weniger interessieren mich die kunstvollen Gebilde der Haute Cuisine. Allerdings, die einfachen Dinge müssen erstklassig zubereitet sein.
Ich habe vor ein paar Jahren in einer süddeutschen Autobahnraststätte eine Knackwurst mit Kartoffelsalat gegessen. Ein kulinarischer Höhepunkt!
Das Grundrezept habe ich mir an Ort und Stelle aufgeschrieben und es im Laufe der Zeit durch verschiedene Kräuter verfeinert.

Meine Gäste haben mich schon oft händeringend gebeten, ihnen eine Abschrift zu geben. Ich hab's nie gemacht. Aber jetzt bin ich dazu bereit... in meinem Alter... vielleicht geht es sonst verloren:

KARTOFFELSALAT

Ich nehme auf 1 ½ Kilo festkochende Salatkartoffeln 1 Teelöffel Kümmel und koche sie in der Schale in Salzwasser nicht allzu weich. Noch heiß werden sie abgepellt und dann so lange stehen gelassen, bis sie lauwarm sind.
Dann schneide ich sie in dünne Scheiben.
Über die Scheiben gieße ich ⅛ Liter kräftige entfettete Fleischbrühe, streue 1 Teelöffel Zukker und ½ Teelöffel weißen Pfeffer über die Kartoffelscheiben, gefolgt von 5 Eßlöffeln weißem Weinessig oder Apfelessig.
Eine mittelgroße Zwiebel wird fein gewürfelt und mit je 1 Eßlöffel gehacktem Schnittlauch, Ysop und Borretsch vermischt.
1 kleine Salatgurke wird auf dem Hobel fein geschnitten, mit Salz bestreut, um dann auf dem Küchensieb 15 Minuten abzutropfen.
Die Kräuter und die Zwiebel werden inzwischen mit 1 Teelöffel Dijon-Senf vermischt und mit 7 Eßlöffeln kaltgepreßtem Provence-Öl verrührt.
Dann kommt alles über den Kartoffelsalat, der vorsichtig vermengt wird und bei Zimmertemperatur mindestens 2 Stunden stehenbleibt. Dazu gehören Knackwürste von der Art, die man hier in der Schweiz Schübling nennt.

Zurück zu Maigret. Im holländischen Städtchen Delfzijl gibt es ein lebensgroßes Bronzedenkmal des erfundenen Kommissars. Was macht eine Kunstfigur so lebensnah, daß ihr ein Denkmal gesetzt wird? Die Antwort ist für Simenons Denkweise typisch.

Arme und Reiche, Intellektuelle und in jeder Hinsicht zu kurz Gekommene erkennen sich wieder im Anti-Helden, der leise für die Gerechtigkeit kämpft. Keine Märchenfigur wie Sherlock Holmes und Hercule Poirot, kein Superman wie James Bond, sondern eine absolut alltägliche Erscheinung.

In der Geschichte »Maigret amüsiert sich« kommt dieses Alltägliche deutlich heraus:

Er stand an seinem Fenster am Boulevard Richard Lenoir, ohne Jacke und ohne Krawatte, rauchte langsam eine Pfeife, und hinter ihm im Schlafzimmer fing seine Frau an, das Bett zu machen. Er war nicht krank und das war so ungewöhnlich, denn es war zehn Uhr morgens, und Sonntag war auch nicht. Es war schon vorgekommen, daß er tagsüber zu Hause war. Beinahe immer war er dann krank gewesen und hatte im Bett gelegen oder in einem Fauteuil gesessen. Diesmal war er nicht krank. Er hatte nichts zu tun. Er konnte seine Zeit verbringen, wie er wollte. Er erlebte den Tagesablauf seiner Frau mit, womit sie ihre Arbeit begann, wann sie von der Küche ins Schlafzimmer ging, und wie sie eins nach dem anderen erledigte. Sie erinnerte ihn plötzlich an seine Mutter, die die Hausarbeit besorgte, während er auch aus dem Fenster lehnte. Wie sie sagte Madame Maigret: »Geh bitte mal zur Seite, damit ich fegen kann.«

Jeder Mann, der einmal unversehens einen Alltag zu Hause verbrachte, wird sich hier wiedererkennen. Tolpatschig zur Seite gehen, wenn gefegt wird...
Maigret oder Simenon? Wie weit geht die Identifikation? Als in einem seiner Romane einmal ein mürrischer alter Säufer auftauchte, nahm Simenon tagelang dessen Manieren an, so daß alle Hausangestellten kündigen wollten. Und als er die Geschichte eines Mannes über 80, der an Gicht litt, schrieb, ging er von Tag zu Tag gebückter, und zum Schluß hinkte er sogar.

Das Ehepaar Simenon.

Das unverwechselbare, feinherbe Aroma des Sauerampfers in Verbindung mit Kalbfleisch hatte Simenon noch aus seiner Knabenzeit in Belgien in der Nase. Aus dieser Geruchserinnerung komponierte er eines Tages eine SAUERAMPFER-SAUCE, ohne die weder Kalbfleisch noch Hirn oder Bries bei ihm auf den Tisch kommen:

SAUERAMPFER-SAUCE

1 kleine Schalotte, fein würfeln
3 EL Butter
12 große Sauerampferblätter, in feine Streifen schneiden
100 g Crème fraîche mit
1 Eigelb verquirlen
1 Tasse Fleischbrühe
Saft von ½ Zitrone
Salz

weißer Pfeffer aus der Mühle
Zucker

Die Schalotte in Butter bei Mittelhitze in einer Kasserolle glasig dünsten. Ei-Crème-fraîche-Mischung, Fleischbrühe und Zitronensaft dazugeben und durchrühren. Sauce mit Salz, Pfeffer und Zucker abschmecken.

Welche anderen Gaumenfreuden leistet sich ein Mann, der sich mit seinen Zigmillionen alles leisten könnte? Der immer noch eine tiefverwurzelte Abscheu vor der Bürgerlichkeit hat? Der in seinen Romanen für die kleinen, schlauen Ganoven und die sanften, durchtriebenen Montmartre-Hürchen, für romantische alte Jungfern und vom Leben enttäuschte Existenzen soviel mehr Mitgefühl äußert als für die Schickimickis.

Alles was Simenon kulinarisch begeistert, geht mit Ausnahme der deutschen Autobahnraststätte auf seine Kindheit in Belgien zurück. So auch ein LAUCHGRATIN, das in Frankreich unter dem Namen LA FLAMANDE (Die Flämin) serviert wird.

»Ob das mein Rezept ist, weiß ich nicht. Ich koche es am liebsten selber, und eigentlich könnte ich es jeden zweiten Tag essen.«

Dies ist Simenons persönliches Rezept:

LAUCHGRATIN

1000 g Lauch, nur das Weiße in 1 cm dicke Scheiben schneiden
4 Eier
¼ l Milch
Pfeffer, Salz
6 EL geriebener Käse, z. B. Emmentaler oder Gouda
250 g Kasseler, klein schneiden

Lauch in wenig kochendem Salzwasser 1 Minute blanchieren, kalt abschrecken. Ofen auf 200 Grad vorheizen. Eier, Milch, Pfeffer, Salz und geriebenen Käse verquirlen.
Lauch und Kasseler unterheben.
In feuerfeste gefettete Form füllen.
Auf Mittelschiene 15 Minuten backen.

Simenon schreibt seine Romane in wirklich unvorstellbar kurzer Zeit. Bei einem Interview erklärte er, daß er gerade einen neuen Maigret begonnen habe.

Als ihm am nächsten Tag der Text des Interviews vorgelegt wurde, gab es nur eine Korrektur. Simenon strich das Wort »begonnen« und ersetzte es durch »beendet«.

Vielleicht sollte er bald einen Roman beginnen, über einen 85jährigen Mann, der Eistee schlürft, Weißwein trinkt und Pfeife raucht, Sauerampfersauce zu Kalbfleisch mag, sich an Kartoffelsalat in einer deutschen Raststätte erinnert und Lauchgratin über alles liebt und sich dabei topfit und sauwohl fühlt und sich überhaupt nicht vorstellen kann, daß das alles einmal endet...

Salvador Dali

Das Püree in der Kniekehle der Geliebten

Scharlatan, Faszinateur, Angeber, paranoischer Surrealist, göttlicher Meister, Emporkömmling – Maler, der höchste Preise erzielt, leidenschaftlicher Katalane und ewig verliebter Ehemann von Gala, Paradiesvogel, Neugierigmacher, Schnurrbartträger, Philosoph, listiger Spaßmacher, Weltbürger und das dem Lebensgenuß am meisten zugeneigte Wesen, das man sich denken kann. Nicht genug der Charakteristika? Fügen Sie ungeniert noch weitere dazu und suchen sich nach Belieben die Ihnen passend erscheinenden heraus. Es stimmt sowieso immer oder nie. Denn Dali bleibt ein Phänomen, das sich genauer Definition entzieht.
Vom schönen jungen Habenichts, der wie ein Engel malte und wie ein Tangotänzer aussah, wurde er zum Meister, Mystiker und Millionär, von Jet-Set und Kunsthandel gleichermaßen hofiert.
Wie früh Dali schon die Freude an kulinarischen Genüssen mit derjenigen an boshaften Späßen zu verbinden wußte, zeigt folgende Anekdote, die Claire Goll, die mit Dali befreundet war, so schildert:

Der surrealistische Maler Yves Tanguy, der Opfer eines echten Dali-Scherzes geworden war, trug es ihm mit wildem Groll nach. Er lehnte es ab, uns in New York zu einem Besuch beim Meister zu begleiten.

Salvador Dali (1904–1989).

205

»Es muß 1936 gewesen sein«, erzählte er. »Ich holte meine Arbeitslosenunterstützung, wie Mondrian und Prévert, bei der Intellektuellenkasse der Volksfront. Ich war bettelarm, und Dali auch, aber als ich sie beide traf, lud Gala mich zum Essen ein.«

Tanguy fuhr dann fort, er habe sich arglos zur bestimmten Zeit eingestellt und Dali schon am Tisch in einem bequemen Polstersessel angetroffen.

»Setzen Sie sich«, hatte Dali mit einer einladenden Handbewegung ausgerufen. »Was für eine Ehre, Sie empfangen zu dürfen.«

Geschmeichelt ließ sich Tanguy mit Komplimenten überschütten, bis ihn Gala aufforderte, sich auf einen Schemel am Ende des Tisches niederzulassen.

»Da Gala sich nicht zu uns setzte, dachte ich an nichts Böses. Ich nahm an, es sei ihr einziges Sitzmöbel...«

»Rotwein gefällig?« hatte Dali gefragt, womit er schon vor dem Essen unzart auf die alkoholischen Neigungen seines Kollegen anspielte. Erst als Tanguy ein Glas geleert hatte, ließ Dali sich wieder vernehmen: »Für mich nur ein Schlückchen Malzbier, bitte.«

Unter Galas Anleitung begann endlich das Mahl. Das heißt, Lohndiener traten zu Dali und servierten ihm Krammetsvögel mit getrüffelter Leberfüllung, Krebsschwänze in Seeigelcreme und Schnecken mit Kräuterbutter... Ohne seinen Gast zu beachten, futterte Dali drauflos und stieß zwischendurch seltsame, zufriedene Grunzlaute aus.

»Göttlich! Welch köstlicher Geschmack! Tanguy, ich glaube, ich habe in meinem ganzen Leben noch nie so gut gespeist, in meinem Mund spielt sich eine deliziöse Orgie ab...«

Jetzt erst näherte sich einer der Diener Tanguy und stellte ihm einen Teller mit zwei Spiegeleiern hin.

»Was soll das heißen?« schrie Tanguy erbost ob dieser Beleidigung. »Bin ich in einer Kantine? Sie könnten mich ebensogut in der Küche essen lassen...«

Dali sog ein Knöchelchen aus, ohne Tanguys Zorn zu beachten.

»Diese Vögelchen sind nur uns zur Wonne erschaffen...«

»Sie halten mich zum Narren, was?« rief Tanguy und fuhr in die Höhe.

»Aber, Tanguy«, erwiderte Dali, »wir alle wissen, daß Sie Talent haben. Für Sie genügt normale Kost. Ich hingegen bin ein Genie. Ich bin genötigt, meinen Geist mit den schmackhaftesten Erzeugnissen der Kochkunst zu nähren, auch wenn die Gerichte sehr teuer sind. Aber heute gebe ich Ihnen doch die Chance, sich zu mir zu erheben, indem ich Ihnen Spiegeleier anbiete, eine außerordentlich Dali-gemäße Speise...«
Tanguy, der keinen Sinn für diese Art Humor hatte, verließ türenknallend die Wohnung. »Ich hätte das Spiel mitmachen sollen«, bedauerte Tanguy später, zumal er selbst ein kulinarischer Exzentriker war, seit er sich während seines Militärdienstes an rotweindurchweichte Sardinen gewöhnt hatte. »Aber man ist eben nie auf Draht, wenn es nötig wäre«, fügte er hinzu.

Ein anderer Surrealist, André Breton, hat aus Salvador Dalis Namen ein sehr bezeichnendes Anagramm gemacht: *Avida Dollars* (Dollargier). Dalis Reaktion auf diese Beleidigung war erwartungsgemäß elegant: »Das war der einzige geniale Einfall, den Breton sein Leben lang gehabt hat!«
Dali glich einem Clown, der sich nie abschminken will, weil er den Zirkus zum Leben braucht. Mit seinem atemberaubenden Sinn für das Absurde konnte er nicht anders als spielen. Ein Glücksfall?, daß seine russische Ehefrau Gala, geschiedene Eluard, diesen Spieltrieb in realistische Bahnen lenkte und auf harten Dollarkurs brachte.
Dali blieb dabei der Surrealist, der sich weder mit Logik noch mit sogenannter Lebenserfahrung belastete.
Typisch für seine Marotten ist die Geschichte, wie er in einem Pariser Hotel das Zimmermädchen herbeiklingelte. »Bereiten Sie ein Bad für mich vor«, verlangte er. »Aber lassen Sie dabei kein Wasser in die Wanne. Ich habe keine Zeit, mich abzutrocknen.«
Dalis kreative Erfindungsgabe war auch auf kulinarischem Gebiet unerschöpflich. Wo sich eine Gelegenheit bot – und sei sie so abgelegen wie Galas Kniekehle –, brachte er eine Hommage an seine Göttin unter. Wer – außer ihm – hat je den Einfall gehabt, unter der Überschrift »Die Kannibalismen« ein delikates HERINGS-PÜREE zu erfinden, das man mit Weißbrot in der Kniekehle einer

Geliebten serviert. Auch ohne Dame als Tellerersatz habe ich dieses Püree schon oft mit großem Erfolg serviert.
Hier ist Dalis Originalrezept:

HERINGSPÜREE

½ l trockener Weißwein
4 EL Weinessig
1 Tasse Bouillon
3 Fingerspitzen Thymian
2 Lorbeerblätter
2 große Zwiebeln
6 schöne Kartoffeln
6 frische Heringe
3 EL Crème fraîche
3 EL Mayonnaise
Cayennepfeffer, Safran, Salz

In einer großen Kasserolle Wein, Essig, Thymian und Lorbeer verrühren.
Geschälte Zwiebeln und Kartoffeln vierteln.
Alles miteinander vermischen, wenig salzen, pfeffern und etwa 30 Minuten lang kochen.
Inzwischen die Heringe aufschneiden und säubern.
Die gegarten Kartoffeln und Zwiebelviertel aus der Brühe fischen, beiseite stellen und die Heringe in die Bouillon geben. Darin 20 Minuten bei kleinster Hitze ziehen lassen.
Kartoffeln und Zwiebeln im Mixer pürieren. Ebenso die gegarten entgräteten Heringe.
Die Masse mit Crème fraîche und Bouillon zu einem geschmeidigen Püree verrühren.
Eine Glasform ölen, das Püree einfüllen und in den Kühlschrank stellen.
Die Mayonnaise mit etwas Crème fraîche und reichlich Cayennepfeffer und Safran vermischen.
Falls eine Gala es gestattet, wird das Püree mit weichem Weißbrot aus ihrer Kniekehle gegessen. Die Mayonnaise häppchenweise mit einem Elfenbeinlöffel portionieren.
Für schlichtere Mahlzeiten die Mayonnaise zusammen mit dem Heringspüree auf einer großen Servierplatte anrichten.

Wenn es Salvador Dali nicht gegeben hätte, so hätte Gala ihn erfunden – und umgekehrt. Er war sich dessen bewußt und blieb dieser Frau zeitlebens aufs engste verbunden. Ihr hat er, neben unzähligen Bildern, auch seinen goldenen Prachtband »Les Diners de Gala« mit üppig illustrierten Rezepten gewidmet.

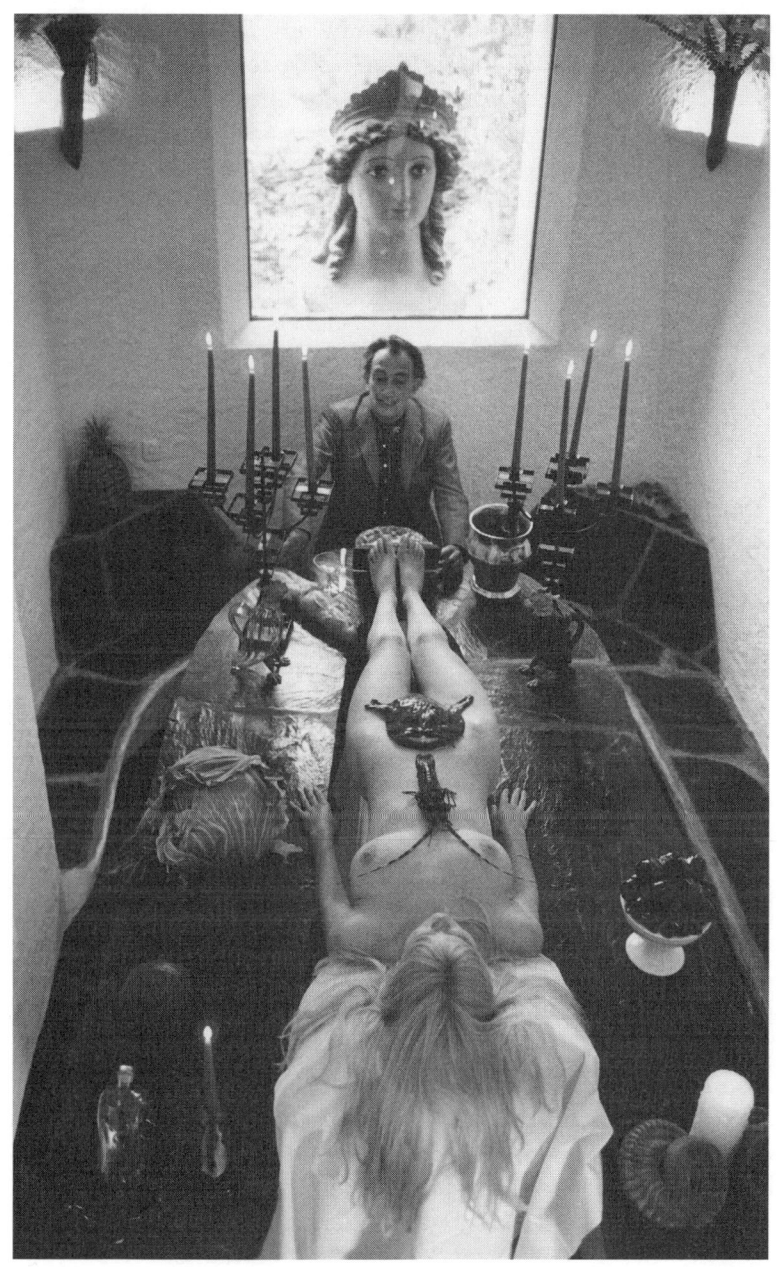

Zum mediterranen Menu
von Salvador Dali: Gala und
Krustentiere.

Die Welt konnte man nicht ändern. Man konnte gegen das Establishment nur mit Geld und Macht ankämpfen – nur so hat Dali seine exzentrischen Ideen verwirklichen können. Seine verrückte Welt ist wohlorganisiert. Mit seinem Genie hat er der traditionsträchtigen Gesellschaft die haarsträubendsten Extravaganzen aufgedrängt ... Als er zwanzig war, weigerte er sich, sein Haar zu schneiden und pöbelte die Gesellschaft an. Später wurde er von den Rothschilds empfangen und malte die Porträts mondäner Millionärinnen. Hatte er die Idee des Surrealismus verraten? Nein! Er hat sich nicht der Armut verschrieben und konnte seine Wahnvorstellungen verwirklichen, ohne zu hungern. Er konnte es sich leisten, die Großen und die Kleinen dieser Welt zum Narren zu halten.

So sieht die Sängerin Amanda Lear Dali in ihren Erinnerungen an 15 Jahre Freundschaft mit ihm, während der Meister sein Silberstöckchen mit Nashornknauf über dem bunten Völkchen der Hippies, Tänzer, Models und Rockmusiker schwang.

Kommen wir nun zu den praktikablen Vorschlägen des Künstlers, an denen sich auch normale Sterbliche erfreuen können. Unter der surrealistischen Zeile »Die Freuden der kleinen Märtyrer« empfiehlt Dali seine »Hors d'œuvres éléphantastiques« der Vorstellungskraft seiner Leser.

Ich habe daraus die folgenden ANCHOVIS-HÄPPCHEN gewählt, die meinen Gästen als pikante Eröffnung eines Menüs immer sehr willkommen sind. Warum Dali sie mit dem Zusatz »auf weihnachtliche Art« versehen hat, entzieht sich freilich, wie so manches beim Meister der Mysterien, logischer Begründung. Ich finde, die ANCHOVIS À LA MANIÈRE DE NOËL schmecken zu jeder Jahreszeit.

ANCHOVIS-HÄPPCHEN

20 dünne Scheibchen von Baguette
10 Anchovisfilets
2 Zwiebeln
1 Knoblauchzehe
6 schwarze Oliven
1 Prise Rosmarin
1 EL Mehl oder Stärkemehl
4 EL Olivenöl

Dali gibt dazu folgende küchentechnische Anweisung: »Natürlich kann man auch einen Mixer benutzen, aber ein Mörser mit Stößel ist nicht nur stilvoller, sondern auch besser, um alle Zutaten zu einer homogenen Masse zu verrühren. Außerdem entwickelt sich bei dem Prozeß des langsamen Zerstampfens und Verrührens nach und nach das volle, köstliche Aroma der Provençe.«

Die Anchovisfilets im Mörser gründlich und ohne Hast zerreiben. Dann die gehackten Zwiebeln und den Knoblauch sowie die entsteinten Oliven ebenfalls fein zerstoßen. Etwas Rosmarin zufügen, das Mehl anrühren und nach und nach das Olivenöl.
Mit dieser Paste die Brotscheiben bestreichen und im Backofen 10 Minuten überbacken.

Unter der Überschrift »Monarchisches Fleisch« faßt Dali seine königlichen Vorschläge für edles Wild und Wildgeflügel zusammen. Mit seinem Rezept für TRÜFFEL-WACHTELN AUF MAIS habe ich auch in bürgerlichen Kreisen Applaus bekommen.

TRÜFFEL-WACHTELN AUF MAIS

12 Wachteln
250 g durchgedrehtes Kalbssteak oder Kalbsbrät
1 kleine Dose Périgord-Trüffeln (ca. 50 g)
4 EL Madeira
2 EL Butter
3 EL Cognac
1 EL Schmalz
1 Dose Maiskörner (1 Kilo)
200 g roher Schinken
½ Glas Madeira
Salz,
weißer Pfeffer aus der Mühle

Das Kalbshack 4 Stunden in 4 EL Madeira ziehen lassen.

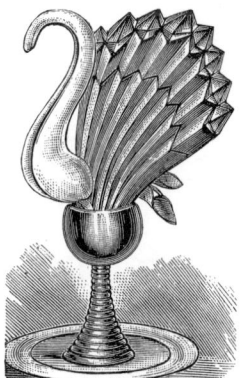

Dann mit den gehackten Trüffeln verrühren. Salzen, pfeffern.
Die Masse in die vorbereiteten Wachteln füllen. Diese in Butter 15–20 Minuten im Bräter goldbraun anbraten.
Mit Cognac begießen und flambieren.
In einer großen, feuerfesten Form das Schmalz zergehen lassen. Eine Schicht Maiskörner einfüllen und die Wachteln darauf betten.
Darüber den in feine Streifen geschnittenen Schinken und den restlichen Mais geben, salzen und pfeffern.
Mit dem halben Glas Madeira begießen und im Backofen bei 200 Grad 20 Minuten lang garen. Nach der Hälfte der Backzeit die Form mit Alufolie abdecken.

Bis hierhin wollen wir dem großen Surrealisten auch am Herd folgen. Was dann kommt, sollte man Dali allein überlassen: Er trug zur Wachtel eine Brille, in deren doppelwandigen Gläsern lebende Ameisen krabbelten. Mich würde das beim Essen stören.

Noch im Tode machte er, wie er es so oft bei weniger einschneidenden Ereignissen tat, weltweit von sich reden. So wie er einst in einem Manifest der dreißiger Jahre zur Sprengung der Altstadt von Barcelona aufrief, um damit Kataloniens zur Folklore erstarrte Tradition zu zerschlagen, wie er für seinen Friseur die Exkommunizierung beantragte, weil der sich weigerte, Bart und Haupthaar des Künstlers mit Firnis zu lackieren, und wie er der revoltierenden Jugend Europas 1968 zugerufen hatte: »Nehmt mich, ich bin die Droge!«, so ist auch sein letzter Auftritt voller Überraschungen. Nicht an der Seite Galas auf Schloß Púbal, wo für ihn schon das Grab vorbereitet war, wollte er begraben sein, sondern mitten zwischen seinen Bildern im Museum seiner Heimatstadt Figueras. Mit Dali starb am 23. Januar 1989 der letzte Klassiker der Moderne.

Peter Ustinov

Das geliebte Ich

Seine Geburt hat er so beschrieben:

Am 16. April 1921 hatte ich um 11 Uhr vormittags ein Rendezvous mit einem Gynäkologen im Swiss Cottage in London. Natürlich begleitete mich meine Mutter. Ich war noch zu jung, um allein hinzugehen.

Wenn es in unserem Jahrhundert einen Menschen gibt, der den Begriff Multitalent verkörpert, dann heißt er Peter Ustinov. Wer seinen Namen nicht gelesen hat, kennt wenigstens sein Gesicht. Es gibt keine Form moderner Kommunikation, die er nicht mit seiner erstaunlichen Kreativität benutzt hätte. Bühne, Film, Funk und Fernsehen gehören ebenso dazu, wie Ustinov als Schauspieler, Regisseur, Schriftsteller, Journalist, Stimmenimitator, Zeichner, Fotograf, Sänger, Wissenschaftler und Manager. Daß er simultan auch noch Vater von vier Kindern und dreifacher Ehemann ist, sei nur als Marginalie erwähnt.

Mit 19 Jahren schrieb er sein erstes Schauspiel, das Emigrantenstück »Haus des Kummers«. Schon mit dem Erstling war er erfolgreich. Es folgten 21 Theaterstücke, 9 Filmdrehbücher, die Romane »The Loser« und »Krumnagel«, 5 Bände mit Erzählungen

Peter Ustinov (geb. 1921).

und Kurzprosa und seine Autobiographie »Dear Me« (dt.: »Ach Du meine Güte«).

Seine häufigsten Themen sind Generationskonflikte und die Flucht in Erinnerungen und Illusionen – häufig hinter märchenhaften und clownesken Einfällen versteckt. Die Mitarbeit an internationalen Zeitschriften und Zeitungen fügt sich nahtlos in dieses Pensum ein.

In seinem pointierten Stil schrieb er 1970 für die »Welt am Sonntag« eine aktuelle Serie mit dem Titel »Krieg mit friedlichen Mitteln«. Anlaß war die Fußball-Weltmeisterschaft. Ustinov hatte bemerkt, daß die Mannschaft von Zaire in Kühlbehältern Fleisch zur Verpflegung mitgebracht hatte und in einer deutschen Sportschule sozusagen aus dem Koffer lebte. Über die Fleischart gab es viele Spekulationen. Schließlich stellte sich heraus, daß es sich um Affenfleisch handelte.

»Was trinken sie wohl dazu?« fragte ihn ein deutscher Kollege.

Ustinovs Antwort: »Ist doch völlig klar. Affentaler Spätburgunder.«

Der Schreiber Ustinov ist genauso erfolgreich wie der Schauspieler. Neben vielen Bühnenrollen – von König Lear bis zu Albert Einstein – hat er in über 40 Filmen und noch mehr Fernsehproduktionen als Darsteller mitgewirkt. In neun dieser Streifen führte er gleichzeitig Regie. Weltberühmt seine Darstellung des Nero in »Quo vadis« und die Verkörperung des widerlichen, fetten Sklavenhändlers Lentulus Botiatris in »Spartacus«. Dafür bekam Ustinov 1959 seinen ersten Oscar in Hollywood, dem 1964 der zweite für die beste Nebenrolle in »Topkapi« folgte. Theater-, Kino- und Fernsehregie waren ihm bereits vertrautes Gelände, als der Dirigent Sir Georg Solti ihm vorschlug, es doch einmal mit Opern-Regie zu versuchen.

Drei Opern von Puccini, Ravel und Schönberg waren sein Debut in Londons Covent Garden. Es folgten eine Zauberflöte-Inszenierung bei Rolf Liebermann in der Hamburger Staatsoper, wo Ustinov zum ersten Mal als Sänger agierte, ein »Don Giovanni« bei den Edinburgher Festspielen und Massenets »Don Quixote« an der Pariser Oper sowie noch vier weitere Operninszenierungen. Noch heute sagt Liebermann, daß Ustinovs »Zauberflöte« die beste gewesen sei, die er je gesehen habe.

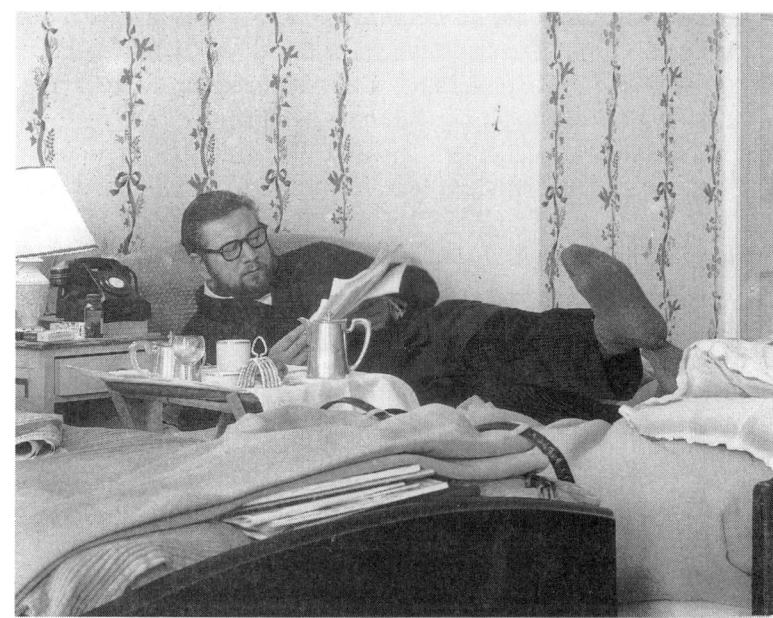

Peter Ustinov liest im Bett eines Hotels die Kritik zu einer Theaterpremiere.

Angeregt durch die Opern folgten intensive musikwissenschaftliche Arbeiten. Die Universität Cleveland verlieh ihm dafür den Ehrendoktor und die schottische Universität Dundee wählte ihn für zwei dreijährige Amtsperioden zum Rektor. Von dieser Tätigkeit berichtet Ustinov in seiner Biographie:

Während meiner Zeit als Rektor hatte ich das Vergnügen, viele interessante Leute kennenzulernen, denen ich unter normalen Umständen nie begegnet wäre; ich werde mich immer an die heitere Anmut der Königinmutter erinnern, als wir beide während meiner Inauguration von den Studenten mit Toilettenpapierrollen beschossen wurden und sie diese einfach auffing, als wären sie an die falsche Adresse gelangt. Auch wurde sie richtig rot, als der Pedell eine Tür aufsperrte und im schönsten Schottisch zu mir sagte: »Herr Rektor, da hilft nichts, Sie müssen diesen Raum mit der Königinmutter teilen.«
Eines der rührendsten Erlebnisse während dieser Jahre war der

Brief eines verzweifelten Vaters, der für seinen mißratenen Sohn um Verständnis bat. Der Umschlag trug die Adresse »An den Herrn Rectum der Dundee-Universität«, und in Augenblicken existentieller Zweifel fühle ich mich noch immer als das.

Für Ustinos immer gegenwärtigen common sense und seine mutige Art, gegen puritanische Vorurteile einzutreten, spricht seine Stellungnahme zum Profumo-Skandal des Jahres 1963. Damals entrüstete sich die ganze Welt lautstark darüber, daß der Verteidigungsminister ein Verhältnis mit einem hübschen Mädchen habe; schlimmer noch, daß das Mannequin Christine Keeler militärische Geheimnisse, die sie von Profumo erfahren haben soll, an einen sowjetischen Marine-Attaché weitergegeben habe. Ustinov schrieb dazu in einer großen Zeitung:

Eine derart lächerliche Idee wäre vielleicht im Jahre 1914 noch glaubhaft gewesen, als ein französischer General in der Ekstase des Orgasmus in Mata Haris aufmerksames Ohr stöhnte: »Zehn Divisionen, zwei davon beritten«, aber bei der heutigen wissenschaftlichen Kriegsführung kann man sich wohl kaum vorstellen, daß ein Mannequin oder sonst irgendwer aus einer unbedachten Bemerkung Profumos während des Bettgeflüsters sich ein militärisches Geheimnis mühsam zusammengereimt und es später an die Russen weitergeleitet haben könnte. Das Absurde hat ja in unserer modernen Zivilisation schon einen Ehrenplatz, es darf aber doch nicht Schaden anrichten und Karrieren und Leben von Menschen gefährden.

Die geschmacklose Tatsache, daß 1989 diese Affäre nach 26 Jahren unter dem Titel »Scandal« verfilmt wurde, gibt Ustinovs Ansicht immer noch eine bemerkenswerte Aktualität.
Die Aufzählung der Aktivitäten dieses künstlerischen Universalgenies wäre unvollständig, erwähnte man Ustinov nicht als Fotograf seines Buches »Ustinovs Diplomats« und als Zeichner eines Karikaturenbandes. Auch daß Ustinov in der Schweiz, Italien, Deutschland, Frankreich und Japan Gala-Vorstellungen für das Hilfswerk UNICEF für Kinder in Not finanziell erfolgreich organi-

siert und erst vor kurzem einen Schulfilm über das Europäische Parlament gedreht hat, gehört zu einem Gesamtbild.
Seine russische Abstammung, ein deutscher Vater, eine französische Mutter und seine Kindheit in England sind die Voraussetzung dafür, daß kein Dialekt in deutscher, französischer, englischer oder russischer Sprache vor seiner Imitationslust sicher ist, und es gibt keine Tierstimme, die er nicht perfekt nachahmen könnte.
Bei dieser gigantischen Lebensleistung bietet sich die Frage an: Was kann dieser Mann eigentlich nicht?
Ich war wirklich erleichtert, als sich die Antwort »Kochen« herauskristallisierte. Auch für besonderen kulinarischen Sachverstand bot sich trotz seiner Leibesfülle kein Indiz.
Der Journalistin Fee Zschocke hat er in einem Interview anvertraut, warum er Schwierigkeiten mit den leiblichen Genüssen hat:

Als ich etwa acht oder neun Jahre alt war, kam ich einmal gerade in dem Moment an einem Bauernhof in Sussex vorbei, als eine Frau einem Huhn den Hals umdrehte. Das war meine erste Begegnung mit dem Tod. Seitdem kann ich verstehen, warum jemand vegetarisch lebt. Und dann hatte ich als Kind eine schreckliche Vision: Wenn man stirbt, geht man in ein Zimmer – und da stehen dann all die Hühner, die Rinder, die Lämmer, die Ziegen, die man in seinem Leben gegessen hat, und schauen einen vorwurfsvoll an. Das ist bei mir regelrecht zu einer fixen Idee geworden. Hirn und Nieren esse ich überhaupt nicht. Und Leber ist mir auch nicht ganz geheuer. Vielleicht kommt sie von einer Kuh, die zuviel getrunken hat... Aber beim vegetarischen Essen ist es ja dasselbe. In Indien hab' ich fast nur Reis und Gemüse gegessen, aber da hab' ich auch immer gedacht: Vielleicht schreit der Salat oder der Kohl, wenn man ihn zerdrückt oder zerschneidet...

Ustinov mag auch die neuen Tempel der Nouvelle Cuisine nicht. »Da ißt man wie in einem Museum und nach jedem Bissen gucken einem fünf Schwarzbefrackte auf den Mund, ob es einem auch geschmeckt hat.« Manchmal hat er, wie viele Männer, die in einem englischen Internat erzogen worden sind, Sehnsucht nach der englischen Küche. »Dann versuche ich, einen gewissen scheußli-

Aus: »Ustinovs Fern-Gespräche« (Fernsehproduktion 1973).

217

chen Geschmack wiederzufinden, der mich an damals erinnert ... selbst das Lamm, das einzig Eßbare in England, riecht immer nach Metzger-Geschäft, und deshalb wird es stets mit soviel Preiselbeersauce oder Mintsauce serviert.«

Als ich dann in einer Umfrage las, daß Ustinov das französische Agneau présalé, jenes Lamm, das auf den Salzwiesen am Atlantik weidet, fachmännisch lobte, falls es innen rosa gebraten ist, sagte ich mir, hier kann etwas nicht stimmen. Schließlich kann er sich nicht nur von französischen Lämmern ernähren. Wer so präzise Ansichten über das Essen äußert und an der Roûte de Vignoble zwischen Lausanne und Nyon einen eigenen Weinberg am Haus hat, der ihm jährlich 4000 Flaschen »Clos du Château« beschert, der muß auch noch andere kulinarische besondere Vorlieben haben.

Ich erreichte ihn in seiner Schweizer Wohnung in Bursin und – wie könnte es anders sein – Ustinov triumphierte auch auf diesem Parkett:

Natürlich habe ich außer Lamm noch eine ausgesprochene kulinarische Vorliebe. Rote Grütze. Die beste gibt es in Hamburg. Auch in Dänemark ist sie nicht übel. Aber auf der Vanille-Sauce darf keine Haut sein.

Grace Kelly
Die kühle Artischocke

Ein Reporter von »Time« hat Grace Kelly einmal gefragt, wo sie ihre Karriere begonnen hätte. Die Antwort war kurz und prägnant: »Oben!«

Erstaunlich für die Tochter eines Maurers? Eigentlich nicht, denn als Grace geboren wurde, hatte der Maurer John Kelly, Sohn irischer Einwanderer, in Philadelphia seine mageren Jahre bereits hinter und noch viele fette vor sich. Er war vom Maurer zum Bauunternehmer avanciert, hatte zwei Kinder, war glücklich verheiratet mit Margret Mejer, deren Vorfahren aus Heppenheim an der Bergstraße stammten, und sein Geschäft florierte. Mit der gesellschaftlichen Anerkennung haperte es freilich noch immer. Hatte es auch schon, als er 1920 als amerikanischer Nationalmeister im Rudern nicht zur exklusiven englischen Henley-Regatta zugelassen wurde. Begründung: ein Maurer sei nun mal kein Gentleman. Daß er zwei Monate später olympisches Gold gewann, tröstete ihn nur mäßig.

»Be a winner!« war sein Wahlspruch, den er auch an seine Kinder weitergab. Zwischen den robusteren Geschwistern war Grace von Anfang an eine »Prinzessin auf der Erbse«, die häufig kränkelte und mit Steaks und Vitamintabletten aufgepäppelt wurde. Statt Leistungssport stand bei ihr Ballettunterricht auf dem Freizeitprogramm. Ansonsten war sie das vorbildliche amerikanische College-Girl: Sie preßte Blumen, erweckte in ihren Tanzstundenpartnern den Beschützerinstinkt und konnte gut zuhören.

Nach Abschluß der Klosterschule – die Kellys waren streng katholisch – durfte die 18jährige die American Academy of Dramatic Arts in New York besuchen, jene berühmte Schauspielschule, aus der auch Spencer Tracy und Robert Redford hervorgegangen sind. »Königliches Schreiten« zu üben, machte ihr nicht viel Mühe, Schwierigkeiten gab es dagegen mit der Stimmausbildung. Grace verfiel immer wieder in den wohltemperierten, monotonen Tonfall, den man im Small talk kultivierter amerikanischer Kreise pflegte, ihrer gleichförmigen Zwitscherstimme waren Höhen und Tiefen ebenso fremd wie starke Gefühlsausbrüche oder auch nur annähernd Erotisches.

Als Schauspielschülerin wurde sie einmal in den Zoo geschickt, um ein Lama zu studieren. »Ich habe nie verstanden, warum ein Schauspieler ein Lama nachmachen muß, denn es gibt auf der ganzen Welt kein Theaterstück, in dem ein Lama vorkommt«, erzählte sie viel später, als sie schon Fürstin Gracia Patricia hieß. Erste Publicity-Erfolge hatte sie während ihrer Ausbildung – als Fotomodell. Kaum liefen die Werbespots für Kosmetika und Staubsauger im Fernsehen, schon gab man ihr den Beinamen »Miss Frigidaire« oder »Miss Sauberes Amerika«.

Für ihre Bühnenlaufbahn studierte sie mit enormem Fleiß 38 verschiedene Rollen ein. Der Erfolg in Besetzungsbüros und bei Agenten war kümmerlich. Im swinging New York der beginnenden fünfziger Jahre waren vollbusige, hüftschwingende, platinblonde oder rabenschwarze Sexbomben gefragt. Die bläßliche Millionärstochter, die sich da in Wollrock und Pullover, flachen Schuhen und weißen Handschuhen präsentierte, stieß regelmäßig auf höfliches Bedauern: zu groß, zu dünn, zu schüchtern, zu flachbrüstig.

Immerhin verdankte sie gerade diesen Attributen, daß sie schließlich ihre erste Rolle in dem Strindberg-Stück »Der Vater« bekam. Ein durchschlagender Erfolg war es nicht gerade; aber der Anfang war gemacht. Grace zog aus den klösterlichen Mauern einer Damenpension in ein Zweizimmer-Appartement und schon bald wurde ihr wohlgefüllter Kühlschrank Mittelpunkt eines Künstler-

Grace Kelly mit Bing Crosby (l.) und Frank Sinatra (r.) in »High Society«, 1956.

treffs. Sie machte zu dieser Zeit den Eindruck eines Menschen, der niemals irgend etwas je gegessen hätte.
1951 bekam sie ihre erste Filmrolle in »Vierzehn Stunden«, dann folgten rasch hintereinander all jene Filme, die aus der langstieligen Teerose aus Philadelphia den berühmten Hollywoodstar machten: 1952 ihr Durchbruch mit Gary Cooper in »High Noon«, oder »Mogambo« – mit dem graumelierten Clark Gable als Großwildjäger und der feurigen Ava Gardner als Gegenspielerin. Grace behauptete sich auch in diesem Film, obwohl sie laut Drehbuch meist nur dastehen und lieb und treu in den Urwald schauen mußte.
Bei einem exklusiven Dinner im Country Club von Philadelphia erreichte sie zwischen Suppe und Fisch die Nachricht, daß Hitchcock ihr für seinen Film »Dial M for Murder« die Hauptrolle zugedacht habe. Hitchcock hatte gut gewählt, der Film wurde ein Erfolg. Unter seiner Regie folgte nun der Thriller »Das Fenster zum Hof«, in dem sie neben James Stewart genau den Typ verkörperte, der sie war: das elegante Karrieremädchen. Das brachte ihr

zwar eine Titelseite in »Life« ein, die normalerweise Präsidenten und Politikern vorbehalten war, aber die Klatschreporter, die zur Berühmtheit eines Stars Entscheidendes beitragen, fanden nichts Berichtenswertes: keine Liaison, keine Schlafzimmergeheimnisse, keine Bonmots, keine modischen Extravaganzen. Nach wie vor bestand ihre Alltagsuniform aus weißen Handschuhen, Rock, Bluse und flachen Schuhen.

Nie hat es in Hollywood eine weniger typische Karriere gegeben. Als sie 1955 den Oscar für »Country Girl« bekam, schrieb ein Kritiker: »Was hat sie eigentlich außer Fleiß, untadeliger Schönheit und dem Selbstbewußtsein, das ihr die väterlichen Millionen verleihen, zu bieten?« Dennoch, eine ganze Generation junger Mädchen in aller Welt hatte sie zu ihrem Idol erkoren.

Bei den Dreharbeiten zum Film »Über den Dächern von Nizza« mit Cary Grant besichtigte Grace Kelly ganz begeistert, und ohne es zu wissen, ihre spätere Heimat, das Fürstentum Monaco. Endlich lieferte sie nun auch den Reportern einen ständigen Begleiter – den Modeschöpfer Oleg Cassini. Ein Mann von Stil und Lebensart, aus gutem europäischen Diplomatenstall, ein Kenner der französischen Küche und der Côte d'Azur. Er begleitet die Dollarprinzessin durch Bars und Gourmetrestaurants und hält Händchen. Grace erliegt dem Zauber von Farbe, Duft und Romantik der blauen Küste. Lernt Dinge kennen, von denen sie sich in Philadelphia nichts träumen ließ: »Tulipe de Turbot à l'huile de noix« oder »Rouget et le Millefeuille de Fenouil« (Tulpe vom Steinbutt mit Nußöl oder Rotbarsch in Fenchel-Blätterteig) werden ihr geläufige Begriffe. So interessant Cassini für sie als Liebhaber und Fischkenner auch war, als Ehemann kam der zweimal geschiedene Nichtkatholik für die »Lady im rostfreien Stahlkorsett« nicht in Frage. Die Nornen hatten bereits die ersten Fäden in Gracias Glücksteppich geflochten, und das Muster wurde langsam deutlicher.

Die Zeitschrift »Paris Match« hatte für sie eine Foto-Story im Grimaldi-Palast in Monaco inszeniert. Sie stand unter dem Motto: »Filmprinzessin trifft echten Fürsten«. Der freilich, damals noch mit der Schauspielerin Gisèle Pascal liiert, hatte keine Zeit und ließ die amerikanische Leinwand-Lady mit 30 Fotografen allein durchs Palais wandeln.

Da die katholische Kirche keines ihrer prominenten Schäfchen im Stich läßt, betritt jetzt Pater Francis Tucker, der Beichtvater des Fürsten Rainier, die Szene. Zunächst schreibt er Grace einen netten Brief, dann reist er in die USA und kommt mit Papa Kelly zur Sache. Auch mit dem Fürsten muß er ein ernstes Wort gesprochen haben, denn Rainier III., der kurz darauf zufällig in den USA zu tun hatte, hat im Reisegepäck einen mit Rubinen und Brillanten besetzten Verlobungsring. Alles läuft nach Tuckers Plan. Beim Verlobungsball im Festsaal des Waldorf Astoria in New York sind die »Oberen Zehntausend« vollständig versammelt. Auch die Monegassen jubeln. Versprach doch die Aussicht auf fürstlichen Nachwuchs Befreiung von Steuern und Wehrpflicht für weitere sorglose Jahre – die Gefahr der Rückkehr in den französischen Staatsverband rückte in weite Ferne. Nach der Hochzeit mit dem Hollywood-Star würden für Monaco goldene Tage des Tourismus anbrechen.
Schnell drehte Grace Kelly noch ihren letzten Film mit dem prophetischen Titel »High Society«, bevor 1956 die Traumhochzeit mit kleinen Hindernissen Wirklichkeit wurde. Der Protokollchef erlitt in der letzten Minute einen Herzinfarkt, einer Brautjungfer wurde Schmuck im Wert von DM 200 000.– gestohlen, beim Galadiner wurde ein Kellner als Journalist entlarvt und von Detektiven aus dem Saal gezerrt, die Frau des Millionärs Arpad Plesch fiel in Ohnmacht, weil ihr eine Bedienung einen heißen Hummer in den Schoß gekippt hatte. Bei der kirchlichen Zeremonie ließ der Meßdiener die Trauringe fallen, und als sie sich nach längerer Suche wiederfanden, stellte sich heraus, daß der für Fürst Rainier bestimmte zu eng war und nicht über den Finger paßte. Zwei Herren in Soutane wurden vom Altar weg von der Polizei abgeführt – es waren Taschendiebe. Die Hauptdarsteller dieses Spektakels, das so in keinem Drehbuch durchgegangen wäre, flüchteten schließlich im Rolls-Royce...

Fürstin Gracia Patricia von Monaco, wie sie nun hieß, mußte sich mühsam in ihre neue Rolle einleben. Das »amerikanische Maurermädchen« stieß bei Hof auf Mißtrauen und Ablehnung. Wie konnte jemand eine monegassische Fürstin sein, der sich Dinge wie diese aus der überseeischen Heimat schicken ließ: Deospray, Pillen gegen allerlei Wehwehchen, künstliche Blumen, ein Waffeleisen (!) und etwas so Unerhörtes wie Gemüsekonserven! Gibt es nicht genug frisches Fleisch, Fische, Gemüse, Kräuter, Obst und Käse auf unseren heimischen Märkten? murrten die Monegassen. Was soll das hygienisch-sterile Zeug aus den USA? Solche Vorwürfe mochte die Public-Relations-geschulte Landesmutter nicht auf sich sitzen lassen. Und so begann die Fürstin mit dem ihr eigenen Perfektionismus, sich mit den Produkten ihrer neuen Heimat zu beschäftigen. Sie ging zweimal wöchentlich zum Markt und inspizierte das reichhaltige Gemüseangebot. Daß die einzigen Früchte, die sie zu einer eigenen Rezeptur anregten, Artischocken waren, wen kann das wundern?

Artischocken sind schon äußerlich ein »gepflegtes Erzeugnis« der Natur. Ihr Design ist vollendet. Ohne das Make-up einer Vinaigrette schmecken diese Blütenknospen einer Distelart eher langweilig. Und – was das Herz von Grace gewonnen haben mag – sie fehlen bei keinem Buffet der großen Gesellschaft, und sei es auch nur als Dekoration. Vielleicht hat auch die sprichwörtliche Kalorienarmut der Artischocke die Fürstin bewogen, 40 dieser Edeldisteln zu ordern und aufs Schloß schicken zu lassen. Die Quengeleien der Monegassen waren damit erledigt; selbstverständlich hatten die Zeitungen und Radio Monte Carlo davon berichtet, daß die Fürstin höchst eigenhändig auf dem Markt eingekauft hatte.

Und da die Lektüre von Schlankheitsdiäten zur regelmäßigen Freizeitbeschäftigung der Fürstin gehörte, lag es nahe, daß sie mit den Artischocken eine neue Diätform entwickelte. Ob sie dabei auch Ansätze eines fürstlichen Embonpoints im Sinn hatte, blieb ungesagt.

Fürstin Gracia Patricia von Monaco (1929–1982).

> Die echte FÜRSTIN-GRACIA-PATRICIA-ARTISCHOCKEN-DIÄT verlangt folgende Formen der Kasteiung:
>
> Der Tag beginnt mit zwei Tassen ungesüßtem Kräutertee. Sonst nichts.
> Zum Mittagessen werden drei Artischocken in leicht gesalzenem kalten Wasser aufgesetzt, das mit einer Schalotte und einer zerschnittenen Zitrone gewürzt wird. Zwei der Edeldisteln bilden das Mittagsmahl. Die warmen Artischocken werden mit einer Sauce serviert, die aus 2 Teelöffeln Provence-Öl extra vièrge, einer Messerspitze Salz und einer Umdrehung weißen Pfeffers aus der Mühle besteht.
> Die dritte Artischocke wird für das Abendessen kaltgestellt. Dazu gibt es dann eine leichte Vinaigrette, angerührt aus Magerquark, zwei Spritzern Tabasco und einem Tropfen Pernod, das Ganze vorsichtig gesalzen.
> Jeder Diät-Tag bringt ungefähr ein halbes Kilo Gewichtsverlust, falls zwischen den Mahlzeiten und am Abend nicht mehr als zwei Gläser Wein genossen werden.

Bald beschäftigte sich Gracia, inzwischen Mutter geworden, auch mit den Finessen der französischen Küche; schließlich stand sie jetzt einem großen und repräsentativen Haushalt vor. Auch diese Herausforderung bewältigte sie mit dem väterlichen Wahlspruch »Be a winner«. Mit jedem typischen Regionalgericht, das sie bei offiziellen Anlässen servieren ließ, gewann sie die Herzen ihrer neuen Landsleute zum zweiten Mal. Auch die heranwachsenden Kinder zogen die deftigen traditionellen Gerichte den Mahlzeiten aus US-Konserven vor. Die gesunden, athletischen Figuren von Caroline, Albert und Stephanie sprechen für sich selbst. So was kommt nicht von Corned beef in Dosen.

Da es in der Hofküche eine professionelle Küchenbrigade gab, durfte die Fürstin nicht persönlich an den Herd. Sie bestellte also ihre Lieblingsgerichte, die wenigstens einmal im Monat auf dem Speiseplan erscheinen mußten, beim Küchenchef. Dazu gehörten vor allem zwei französische Speisen, die man, im Gegensatz zu ihrer Artischocken-Vorliebe, nicht gerade als kalorienarm bezeichnen kann: Bœuf à la Mode und Côtes de veau à l'Ardennaise (geschmortes Kalbskotelett in Schinken-Petersilien-Sauce). Das hinterließ seine Spuren auch an der Figur der Landesmutter. Allein die Zutaten zum Rinderschmorbraten umfassen 18 Positionen, bei denen Butter, Speck, Burgunder und Cognac eine erhebliche Rolle spielen. Offensichtlich wogen bei kulinarischen Genüsssen die Bedenken der Fürstin weniger schwer als die der Filmschauspielerin Grace Kelly.

1982 starb sie unter tragischen Umständen. Ihre Tochter Stephanie saß am Steuer des Sportwagens, als das Fahrzeug mit hoher Geschwindigkeit aus einer Kurve getragen wurde und sich mehrfach überschlug. Nur Stephanie überlebte.

Elizabeth Taylor

Wechselbad aus Ehe und Gewicht

»Ich bin wirklich jemand, der gutes Essen gleich neben der großen Kunst ansiedelt«, sagt die – zum wievielten Male? – neugeborene Elizabeth Taylor. In ihrem Bekenntnisbuch »Vom Dicksein, Vom Dünnsein, Vom Glücklichsein« vermittelt uns die 57jährige Schauspielerin allerdings auch altersabhängige Erkenntnisse: »Wenn das Selbstbewußtsein am Verhungern ist, kann alles Essen der Welt es nicht aufrichten.«
Sie muß das besser wissen als jeder andere. Natürlich gibt sie kein Wunder, wenn Hüftumfang und Popularitätskurve so kongruent miteinander schwanken – auch ihre private Diät preis:
»Drei Täubchen halbiert mit salzarmer Sojasauce...« oder auch mit so dubiosen Cocktails wie diesem: »2 Eßlöffel Proteinpulver, 2 Eßlöffel Malzmilch, 2 Teelöffel Johannisbrot-Pulver, 2 Tropfen Vanille-Extrakt, Wasser, Süßstoff, Eiswürfel«. – Wohl bekomm's!
Nur temporär war Liz, wir haben es ja schwarz auf weiß, so auf Askese abgefahren.
In ihrer besten Zeit kämpfte sie um den »Platz an der Sonne« mit Zähnen und Krallen; war die Maggie in die »Katze auf dem heißen Blechdach«, die heißblütige femme fatale im »Land des Regenbaums«; war voller Leben und Intensität in »Plötzlich im letzten Sommer« und das Skandalweib des Altertums in »Cleopatra«.

Elizabeth Taylor (geb. 1932).

Ihren zweiten Oscar bekam sie für die Rolle der hart gebeutelten Martha in »Wer hat Angst vor Virginia Woolf«, die ihrem Appetit auf Essen und Männer die Zügel schießen läßt und kein größeres Entzücken kennt, als Angehörige beiderlei Geschlechts zu beleidigen.

Bis dahin lagen schon viele Hollywood-Filmmeter hinter dem frühen Daddy's Girl, das einfach alles hatte: die Sanftheit der Partnerin von Lassie und die veilchenblauen Augen der Braut als Tochter von Spencer Tracy in »Vater der Braut«.

In den 50er Jahren glitt die Taylor wie ein Schwan durch eine Welt, die von diskreter Dienerschaft und silbernem Kaffee-Geschirr, von Gartenparties und Wochenend-Picknicks auf dem Land geprägt war. Später übertraf ihr Privatleben an Aktionsreichtum auch die ausgefallensten Plots aller ihrer Filme:

Erste Ehe mit Nicky Hilton, dem Sohn des »Big-Hotel-Business«: das erste Fiasko in der Liebe.

Es folgte die Ehe mit Michael Wilding, dem britischen Gentleman. Ein zweites Fiasko.

Dann kam Mike Todd, der zwanzig Jahre ältere Tycoon, der mit bürgerlichem Namen Avom Goldbogen hieß. Sein Name ist in der Filmgeschichte dreifach verankert: Er hat das 70-mm-Breitwandverfahren unter dem Namen Todd AO im Kino durchgesetzt, mit »Around The World in Eighty Days« den teuersten Film gedreht, bei dem auch die kleinste Nebenrolle mit einem Star besetzt war, und, wie gesagt, die Taylor geheiratet.

Seinen Plan, mit seiner Frau Elizabeth als Dulcinea eine Verfilmung des Don Quichote zu produzieren, vereitelte der Tod. Bei einem Flugzeugabsturz kam er 1958 ums Leben.

Die Taylor blieb nicht lange Witwe. Alsbald verwandelte sie sich in Frau Elizabeth Fisher-Taylor. Auch ihr neuer Ehemann, der Sänger Eddie Fisher, konnte sich des Eheglücks nicht lange erfreuen: Zunächst tobten die amerikanischen Frauenvereine und riefen zum Boykott der Fisherplatten und der Taylorfilme auf, weil Eddie für Elizabeth seine Frau Debbie Reynolds schnöde verlassen hatte. Die Taylor ließ sich davon überhaupt nicht beeindrucken. Ostentativ trat sie zum jüdischen Glauben über, um der Welt zu zeigen, wie sehr sie Eddie liebte, und sicherte sich damit das Wohlwollen

Elizabeth Taylor mit Richard Burton (l.) und George Segal (r.) in »Wer hat Angst vor Virginia Woolf?«, 1966.

manchen Kritikers. Dennoch: es wurde das dritte Fiasko. Das eheliche Glück währte kaum 15 Monate.

Um sich zu trösten, wandte sie sich neuen Filmprojekten zu. Da sie sich gerade in einer – körperlich gesprochen – fülligen Phase befand, wählte sie die Hauptrolle in »Cleopatra«. Der Film wurde in Rom gedreht. Bei dieser Gelegenheit begegnete sie einem englischen Schauspieler, der sich in England als Shakespeare-Interpret einen Namen gemacht hatte, in der Filmbranche aber eher unter »ferner wirken mit...« einzustufen war: Richard Burton. Vergessen war Eddie Fisher, die wöchentliche Zwangsdiät zum Sabbat, kalorienarmes Mazzen und kosheres Rindfleisch. Richard hatte ein anderes Verhältnis zur Küche, das von seiner walisischen Heimat und seiner Familie bestimmt war.

1925 war er als eins von dreizehn Kindern der Bergmannsfamilie Jenkins geboren worden und konnte sich nur an Sonn- und Feiertagen an der schweren fetten Küche des Walis erfreuen. Nach einem Studium in Oxford, wo er sich im Studententheater vorwiegend mit Shakespeare beschäftigte, folgten im Londoner Old Vic brillante Darstellungen in Shakespeare-Rollen. Filmversu-

che in England und Hollywood brachten dem attraktiven Mann seit 1948 eher Mißerfolge. Zwei Ehen hatte er hinter sich, als Elizabeth in seinem Leben ihren großen Auftritt hatte. Von diesem Augenblick an war auch er als Filmschauspieler erfolgreich. Mit »Cleopatra« begann das und setzte sich in vielen Filmen fort.
An Presse-Schlagzeilen und Stoff für Klatschkolumnisten war kein Mangel mehr. Geist und Inhalt der Shakespeare-Komödie »Der Widerspenstigen Zähmung« übernahmen beide in ihr Eheleben: Nannte er sie »Affentitte«, kaufte sie ihm für eine Viertelmillion Dollar einen van Gogh. Schrie sie, wenn er nach der dritten Flasche Wodka mit ihr Liebe machen wollte, »verpiß Dich, Pokkengesicht«, schwankte er zu Bulgari und legte ihr hochkarätige Klunker zu Füßen, ebensogut war es möglich, daß er sie dafür öffentlich ohrfeigte. Dabei war Burton ein engagierter Bibliomane. So ungezügelt er hinter Weibern und Alkohol her war, so maßlos war sein Bildungsdrang und seine Lesewut. Ob James Joyce oder Charles Baudelaire, Nietzsche oder Sartre – »allein die Sprache zählt«, sagte er, »nicht die Liebe, gar nichts sonst.« Davon zeugt auch die Bibliothek, die er hinterließ. Sie umfaßt mehr als zehntausend Bände.
Eines ist sicher: Mit Richard Burton fingen für Liz die fetten Jahre an. Es war die glücklichste Zeit ihres Lebens! Mag sie heute auch zur Verblüffung ihrer Fans wie ein Phönix aus der Asche auferstanden sein, um ihre Botschaft von Eß- und Trinkdisziplin zu verkünden, in jenen Jahren war's, daß sie ihre Pfunde sammelte durch unmäßige Völlerei und gargantualische Vorstellungen:

»Mein absolutes Lieblingsessen«, sagte Elizabeth damals, »ist das traditionelle Weihnachtsmenü, das ich am liebsten das ganze Jahr über esse. Mit allem Drum und Dran und allem, was dazugehört. Also die Füllung des Truthahns aus Hackfleisch und Kastanienpüree, gemischt mit Semmelbröseln und gehacktem Gänseklein, Kartoffelpüree, Zwiebelcreme, süße Maiskörner und grüne Bohnen.«

Daß ein Mensch ist, was er ißt, kann wohl kaum deutlicher demonstriert werden, als mit diesem Geflügelgericht mit Beilagen. Schlank haben wir die Taylor kennengelernt; erlebten, wie sie

Das Paar Taylor/Burton auf einem Ball in Venedig, 1967.

üppiger wurde, wie sie schließlich die Grenzen zwischen Genuß und Völlerei überschritt und vom kurvenreichen Star zum Klops wurde. Das »Taylor-Syndrom« stand am Anfang der 70er Jahre als Synonym für hemmungsloses Fressen! Aber wer oder was war in dieser Zeit nicht hemmungslos? Elizabeth erinnert sich an die Tage mit Richard Burton so:

Unser Wahlspruch lautete: »Laßt uns essen und trinken und fröhlich sein, denn morgen müssen wir vielleicht arbeiten.« Nicht eine Minute dieses Lebens mit Richard möchte ich missen.

Auf künstlerischer Ebene waren beide Magneten, die sich unweigerlich anzogen, aber auch gnadenlos abstießen. Im realen Alltag liebten sie übereinstimmend handfeste Genüsse. Und die bestanden nicht nur aus Champagner und Kaviar. Dafür schätzte Richard bodenständige Gerichte viel zu sehr.
Allein mit Elizabeth essend und trinkend am Tisch, das war's. Also kochte Liz in Zeiten des immer wiederkehrenden Honeymoons, nur mit einem Zierschürzchen bekleidet, fette walisische Küche.
Schon zum Frühstück gab es als sweet memories für Richards Kindheit neben dampfendem Kaffee frische Perlhuhneier, dunkelgelbe Butter, dicken Rahm, Muffins und als krönenden Abschluß frische, rotfleckige Forellen, paniert, in Butter gebraten... zwei für jeden.
So ein walisisches Frühstück muß wohl Tradition haben, denn schon 1828 schilderte Fürst Pückler in Tönen höchster Bewunderung seiner Frau in einem Brief diese gewaltige Art des Tagesanfangs.
Wer nun glaubt, daß das höchstbezahlte Darsteller-Team der Filmgeschichte nach diesem Breakfast bis zum Abend enthaltsam pausierte, irrt. Wenn keine Studio-Arbeit angesagt war, wurden nach kurzem Atemholen die Vorbereitungen zum Lunch getroffen. Ein Lunch, den man in anderen Haushalten als Ersatz für Frühstück und Mittagessen Brunch nennen würde. Auch auf dieser gourmandisischen Bühne zeigte sich die schöne Liz so, wie ihr Publikum sie liebte: als leidenschaftliche Frau, die schnell von ihren Gefühlen – auch Appetit ist eines – überwältigt wird und die Wunschträume ihres Partners verwirklicht.
Für ihren Geliebten, der bei jedem Essen in Hollywood eine Gänsehaut kriegte, gab es also mittags Gerichte, die in Wales unter der Rubrik »Blas ar cymru« (a taste of Wales) auf den Speisekarten stehen: Muschelpastete, Glamorgan Sausages – ein Käsegericht, Lebertorte und Swansea-Kartoffelkuchen.
Daß dieser Art von Null-Diät, gemeint ist hier Diät gleich Null,

dann am späten Abend noch ein Diner folgen würde, soll der Mantel der Nächstenliebe zudecken.

Bevor wir uns bei diesem Tagesablauf noch einmal mit dem eßfreudigen Ehepaar an den Tisch setzen, muß noch des so oft gerühmten WALISISCHEN FETTHAMMELS gedacht werden, dessen Fleisch seine Würze aus den täglich gefressenen Bergkräutern bezieht. Schon George Henry Borrow berichtete 1857 in seinem Roman »Der Zigeuner-Gentleman« wahre Wunderdinge über die Keulen dieses Hammels:

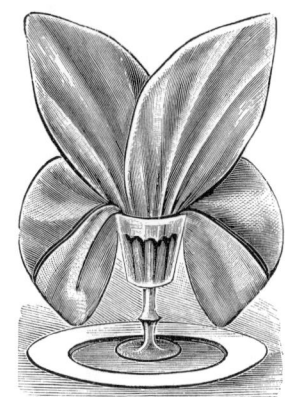

Die Keule stammte aus Berwyn. Nie aß ich ähnliches von einem Hammel. Ich werde dieses mächtige Stück nie vergessen – fett, aber zart, voller Saft mit aromatischen Kräutern gewürzt, à point gekocht und etwa drei Pfund schwer. Laßt uns deswegen nach Wales pilgern!

Ob die Taylor das folgende Rezept verändert hat oder ob Richard es aus seiner Familie mitbrachte, bleibt eine offene Frage. Die Zubereitung war im Hause Taylor-Burton jedenfalls bekannt:

WALISISCHER FETTHAMMEL

1 Keule vom walisischen Fetthammel
Salz
1 TL grober schwarzer Pfeffer
½ TL Muskatnuß
1 TL Thymian
5 Lorbeerblätter

Für die Sauce:
½ Tasse Crème fraîche
½ Tasse Joghurt
1 EL Zucker
1 Zwiebel, feingerieben
1 Tasse feingehackte Kräuter wie Borretsch, Petersilie, Pimpinelle, Kerbel, Schnittlauch
Salz
weißer Pfeffer aus der Mühle

Zuerst wird die kalte Sauce zubereitet, damit sie noch eine Weile durchziehen kann. Dazu werden alle Zutaten gut miteinander vermengt und bei Zimmertemperatur in einer zugedeckten Schüssel aufbewahrt.

Die Keule wird mit Salz, Pfeffer und Muskatnuß kräftig eingerieben. 1½ bis 2 Liter Wasser sprudelnd kochen lassen, die Keule mit den Lorbeerblättern, dem Thymian und einem Teil vom grob gestoßenen Pfeffer etwa 1½ Stunden mit Deckel langsam köcheln. Tritt bei einem Anstich mit einem Holzspeil kein Blut mehr aus, ist die Keule fertig. Dann das Fleisch sofort aus dem Topf nehmen, von äußerlichen Fett-Teilen befreien, auf einer großen vorgewärmten Platte aufschneiden und servieren. Die Sauce zum heißen Fleisch reichen.

Beilage: Frisches Gemüse und Kartoffeln in der Schale.

Dazu wird Bordeaux oder Chianti getrunken.

Was an der Taylor so sympathisch ist: Sie zeigt eine für Hollywood-Stars verblüffende Bereitschaft zur Akzeptanz und filmischen Verwertung ihres Alterungsprozesses. Daß sie immer wieder Perioden schwerer Krankheit hinnehmen mußte, hat ihr Publikum und die Produzenten nicht gestört.
Allerdings hätte auch eine Bärennatur das so oft wiederholte Spiel – 20 Kilo rauf, 20 Kilo runter – nicht ohne körperliche Schäden überstanden.
Weil die Taylor auch von mir verehrt wird, und ich ihr Bild nicht verzerren möchte, bleibt die Frage nach dem Quantum alkoholischer Getränke zu den Mahlzeiten und auch zwischendurch unbeantwortet. Eines kann ich mir allerdings nicht verkneifen: Die Beschreibung eines Desserts, das ich in Hollywood in Forster's Restaurant unter dem Namen CRÊPES ELIZABETH TAYLOR auf der Speisekarte fand und gegessen habe. Der Küchenchef Frederik E. Goodman gab mir das Rezept:

CRÊPES ELIZABETH TAYLOR

Für den Teig sind folgende Zutaten nötig (am besten schon am Vorabend anrühren):
150 g Weizenmehl
2 dl Milch
1 dl flüssige Sahne (Crème double)
3 Eier
1 EL Zucker
1 Prise Salz
2 EL Grand Marnier
Der Teig soll möglichst dünnflüssig sein und über Nacht kühl stehen.

Zum Backen der Crêpes:
2–3 EL Butter in kleinen Portionen in einer Omelette-Pfanne zerlassen und darin kleine, ganz dünne Crêpes backen. Die Crêpes aufeinander schichten und warm halten.

Zum Flambieren:
75 g feinste Raffinade
12 Butterflocken
den Saft einer Orange und den Saft einer Zitrone
6 Stück Würfelzucker, an Orangenschale abgerieben
6 Stück Würfelzucker, an Zitronenschale abgerieben
1 Sherryglas Grand Marnier
je ½ Sherryglas Armagnac, Cognac und Curaçao

Zum Füllen der Crêpes:
500 g frische Himbeeren
1 Sherryglas Himbeergeist
Zunächst den losen Zucker in einer Flambierflamme zu hellbraunem Karamel schmelzen. Dann sofort die Butterflocken dazu, mit dem Orangen- und Zitronensaft ablöschen. So lange rühren, bis die Karamelmasse sich aufgelöst hat. Den Würfelzucker und den Grand Marnier in die Flüssigkeit geben, einige Minuten kochen lassen.
Inzwischen in einer zweiten Pfanne den Himbeergeist heiß machen, anzünden und mit den Himbeeren vorsichtig durchrühren. Jeden Crêpe mit wenig Frucht und Saft füllen, dann die Crêpes zusammenfalten, in die Sauce legen und stark erhitzen. Das Ganze mit dem Armagnac, dem Cognac und dem Curaçao übergießen, anzünden und so lange flambieren, bis das Feuer keine gelben Spitzen mehr zeigt. Sofort die Flammen mit einem Deckel auslöschen.

Wer vorher zum Essen schon andere Alkoholika getrunken hat, dem gibt dieses Dessert den Rest. Allerdings auf eine himmlische Weise.

Auch die Verbindung Taylor-Burton war nicht von Dauer. Trotz der gemeinsamen Verstrickung in ein Leben voller Exzesse kam 1975 die Scheidung. Burton hat es noch mit zwei weiteren Ehen versucht. Beide scheiterten nach kurzer Zeit. 1984 ist er dann in seiner Bibliothek in der Schweiz an einem Gehirnschlag gestorben.
Elizabeths Trauerzeit war kurz. Unbekümmert und fröhlich erklärte sie: »Einen Politiker hatte ich noch nie«, und nahm den Abgeordneten John Warner zum 5. Manne.
Ob mit ihrem asketischen Kochbuch eine neue Karriere begonnen hat – ob auch Mr. Warner nur ein Umsteigebahnhof in ihrem rauschhaften Leben sein wird? Bei der Taylor ist noch vieles möglich.
Wie wenig Liz unter intellektuellen Hypotheken leidet, zeigt die Geschichte, die der Schauspieler Edward G. Robinson oft in diesem »diskreten« Wortlaut erzählt haben soll:

Ich habe beim Essen von einer weitgereisten, oft verehelichten, in London 1932 geborenen Schauspielerin, die bei Metro-Goldwyn-Mayer als Kinderstar ihre Laufbahn begonnen hat, den Satz gehört: »Die Franzosen sind auf ihre Weine so stolz, daß sie bestimmte Landschaften nach ihnen benennen.«

Sophia Loren

Köchin mit erotischem Flair

Es war einmal – wie anders dürfte ein Märchen beginnen? Und daß die Geschichte der Sophia Loren ein Märchen unserer Zeit ist, darüber gibt es wohl keine Zweifel.
»Es war einmal«, so beginnen ihre Memoiren, »ein kleines Mädchen mit dünnen Beinen, riesengroßen Augen und einem verängstigten Mund. Sie mochte sich selbst so wenig, daß sie fürchtete, auch die Feen dieser Welt würden sie nicht mögen...«
Diese Furcht war, wie wir alle inzwischen wissen, völlig unbegründet. Die Feen, und alle übrigen denkbaren Wunsch-Adressaten fuhren auf die Loren ab. Und zwar total! Natürlich warteten die Glücksgöttinnen, bis sie erwachsen war oder doch zumindest Anzeichen davon erkennen ließ. Vorher war noch die erschreckende Armut in Pozzuoli zu durchleben, mußte die Mutter in Telegrammen die Krankheit der kleinen »Lella« beschwören, um den fernen Vater zum Kommen zu bewegen. Trost gab es in der Kindheit wohl nur bei der geliebten Großmutter »Nonna Luisa«, die nach der Schule in der Küche Unfug mit dem kleinen Mädchen trieb. Während ein großer Topf »Pasta fagiuoli« auf dem Herd brodelte, sang die Nonna erfundene Lieder über eine herrliche Zukunft, voll

Sophia Loren (geb. 1934).

von Arme-Leute-Traumbildchen mit Autos, Schmuck und Pelzen. Neapolitanische Großmütter können erstaunlich realistisch in ihren Traumgesängen sein.

Nachdem aus dem häßlichen Entlein Sophia der erfolgreiche Schwan Loren geworden ist, schwenken wir mit unserer Optik zu den Ufern des Lac Léman nach Genf. Dort entdeckte die junge Frau ihre neue Vorliebe fürs Kochen. In dem Vorwort zu ihrem Kochbuch »Komm, iß mit mir« beschreibt sie den Sommer des Jahres 1968 so:

Ich war in Genf, als freiwillige Gefangene in einem Appartement im 18. Stockwerk eines Luxushotels. Die Ärzte hatten mir geraten, jegliche Anstrengung zu vermeiden. Ich hatte mein Leben nur auf das eine Ziel gerichtet, das mir so sehr am Herzen lag: ein Kind zu haben.

Was sollte ich in diesen langen Monaten tun, um die endlosen Stunden erzwungener Muße auszufüllen und die bange Sorge jener Minuten zu lindern? Gemeinsam mit meiner treuen Sekretärin fing ich an, in der kleinen Küche des Appartements Speisen zuzubereiten. Zuerst nur so zum Spaß, dann aus täglicher Gewohnheit. Eine Zeit phantastischer kulinarischen Erfahrungen begann für mich. Ich kramte alle meine Kindheitserinnerungen zusammen, die Erinnerungen an meine Reisen, an alles, was mir so viele Köche zubereitet hatten. Allmählich wurden meine Notizen in einem Heft in der Küche umfangreicher. So ist ein Buch entstanden und mir ist es lieber als ein gelungener Film, denn es bringt mir jene Zeit des Hoffens und Bangens zurück. Die Zeit, bevor Carlo jr. geboren wurde, der die größte Seligkeit meines Lebens ist.

Wer nach diesem Vorwort nicht flugs sein Herz in die Suppe, sein ganzes Wünschen in die Pasta, sein Gefühl ins Gemüse und seine Träume ins Dessert rühren möchte, dem ist nicht zu helfen.

An Großmutter Luisas Maxime »Man altert nicht beim Essen« hat sich die Loren immer gehalten.

Die kulinarische Weisheit, daß man beim Essen nicht altert, stammt von Grimod de la Reynière, der, achtzigjährig, 1838 seinen letzten Willen auf die Rückseite einer Speisekarte schrieb. Die

Wahrheit dieses Ausspruches muß wohl auch Immanuel Kant geläufig gewesen sein, der gewöhnlich von ein Uhr mittags bis vier Uhr nachmittags Linsenbrei, mit Räucherspeck zugerichtete Pastinaken, einen pommerschen Speckpudding, Erbsen mit Schweinsfüßen, Backobst und Pflaumenklöße aß, um dann nicht wenige Stunden auf einem Ort zuzubringen, den man nie mit der Entstehung der »Kritik der reinen Vernunft« in Verbindung bringen würde.

Als echter Neapolitanerin gehört Sophias kulinarische Vorliebe natürlich der Pasta. Zu den Rezepten, die sie auch heute noch gern für Gäste bereitet, gehören die

VERMICELLI MIT SAUCE À LA SOPHIA

Diese Sauce, die die Loren selbst erfunden hat, ist das A und O des Gerichtes. Sie hat eine entfernte Ähnlichkeit mit »Pasta genovese« – auch mit der kalten »Salsa verde«, ohne die in Italien kein »Bollito misto« auf den Tisch kommt. Dennoch ist diese Traumsauce eine ganz eigenständige Delikatesse. Sophia beschreibt die Machart so:
»Zerstoßen Sie im Mörser Petersilie (lieber als Basilikum) und Knoblauch, fügen dann einige gut abgespülte und entgrätete Sardellen hinzu, ein paar Oliven, aus denen Sie zuvor den Kern entfernt haben, einige Kapern, ein feingewiegtes Zwiebelchen. Zerstoßen Sie alles sehr fein und rühren Sie sorgfältig, damit eine gleichmäßige, geschmeidige Masse entsteht. Nun träufeln Sie nach und nach Olivenöl hinein, um eine flüssige Sauce zu erhalten.
Was die Mengenverhältnisse betrifft, lassen Sie ruhig eine gewisse Freiheit walten, denn es sind alles sehr würzige Zutaten, die sich gut miteinander vertragen, auch wenn die Menge der einen oder anderen verändert wird.
Nun lassen Sie die Bandnudeln oder Vermicelli kochen, und zwar 100 g pro Person. Dann nehmen Sie sie noch gut »al dente« vom Herd, lassen sie sorgfältig abtropfen und geben sie für ein paar Augenblicke in eine Pfanne mit sehr wenig Öl: nur solange es braucht, bis sie etwas trocknen und anfangen, goldgelb zu werden, aber noch weich sind.

In diesem Moment schütten Sie sie in eine Suppenschüssel, richten sie mit der vorher beschriebenen Sauce an und servieren sie recht heiß. Vergessen Sie dabei nicht, zuletzt noch eine Prise Pfeffer darüberzustreuen.«

Eine neapolitanische Spezialität, die nur Einheimische kennen, obwohl sie in Neapel so berühmt wie die Pizza ist, heißt

MOZZARELLA IN CARROZZA (Mozzarella in der Kutsche).

»Weil es die beste Art der Zubereitung ist, halte ich mich an das von Großmutter Luisa überlieferte alte Originalrezept:
Zwischen zwei in Milch getauchte Weißbrot-Scheiben ohne Rinde wird eine Scheibe Mozzarella gelegt. Dieses doppelstöckige Käsebrot wird in etwas Mehl und geschlagenen Eiern paniert und in heißem Öl schwimmend ausgebacken. Bitte entwickeln Sie keinen falschen Ehrgeiz und verändern Sie nichts an der Zubereitung dieser Köstlichkeit.« Dieser Hinweis ist typisch für die Loren.

Sophia Loren als Callgirl Mara in Vittorio de Sicas »Gestern, heute und morgen«.

Im Beruf war Sophia weniger ehrgeizig. Sie versuchte niemals, ihre Filmpartner an die Wand zu spielen. Aber ihre Präsenz auf der Leinwand war einfach so überwältigend, daß nur wenige Partner daneben bestehen konnten. Cary Grant war einer von ihnen. Dann noch Marcello Mastroianni, Marlon Brando, Clark Gable und Gregory Peck. Keine gewaltige Zahl, wenn man bedenkt, daß sie mehr als sechzig Filme gedreht hat.

Zu Sophias Lieblingsrezepten gehört das RAGÙ ALLA NEAPOLITANO, das man früher bei festlichen Anlässen für den Türhüter des Palazzo zubereitete. Cary Grant hat einmal erklärt: »Nie in meinem Leben habe ich etwas so Tolles gegessen wie ein spezielles italienisches Ragout, das die Loren einmal für mich gekocht hat.« Das Rezept ist ziemlich kompliziert:

RAGÙ ALLA NEAPOLITANO

Aus einer Kalbskeule werden flache, möglichst große Fleischscheiben geschnitten, die man wie eine Roulade wickeln kann. Aus feingehacktem Knoblauch und sehr fein gewiegter Petersilie, geriebenem Parmesan, Rosinen und Pinienkernen, die zu einer Paste im Mörser zerstoßen werden, wird – mit Pfeffer und Salz gewürzt – eine Füllung hergestellt. Die Fleischscheiben werden damit bestrichen, gerollt und mit Holzspeilen oder Faden zusammengehalten. In einer Mischung aus je einem Drittel Schmalz, Schinkenspeck und Öl die Rouladen von allen Seiten leicht anbraten. Mit Rotwein ablöschen. In heißem Wasser wird Tomatenmark zu sämiger Konsistenz verrührt und nun an die Rouladen gegossen, so daß sie bis zur Hälfte von Flüssigkeit bedeckt sind. Im geschlossenen Topf wird das Gericht bei kleiner Hitze eine halbe Stunde geschmort. Dann jede Roulade mit einer zweizinkigen Gabel viermal einstechen und ohne Deckel noch 15 Minuten weiterschmoren lassen. Vorsichtig rühren.
Zu diesem Ragout gibt es »zite«, das sind kleine, Maccheroni-ähnliche Nudeln.

Kochen, erklärt Sophia heute, *ist für mich die anregendste und entspannendste Tätigkeit. Gymnastik langweilt mich ebensosehr wie Kosmetiksalons. Das ist alles Blödsinn. Äußere Schönheit hängt nur mit der inneren zusammen, und gerade beim Kochen lernt man, wie aus ganz einfachen Dingen großartige Harmonie entsteht. Meiner Großmutter verdanke ich mein Interesse für alles Kulinarische. Sie hat mich gelehrt, mindestens ein Dutzend Arten von Melanzane-(Auberginen-)Rezepten zuzubereiten. Sie sind eines der billigsten Gemüse Italiens. Von Nonna Luisa kenne ich auch das Geheimnis, mit einem knochigen, drittklassigen Stück Fleisch wahre Wunder zu vollbringen.*

So etwas schreibt sich freilich leicht im Bewußtsein, daß auch heute noch ein Fingerwinken genügte, um die Weltpresse zu mobilisieren.

Mehr als alle ihre Filmrollen zwingt mir die Rolle ihres eigenen Lebens Bewunderung ab. Wie hat Sophia das geschafft? Was hebt sie so ab von ihren Altersgenossinnen: von Joan Collins und ihrem späten Sex, Brigitte Bardot und ihrer ständigen Sorge um die Tiere dieser Welt, Gina Lollobrigida und deren endliche Liebe zur Fotografie?
Die Loren strebt nicht nach irgend etwas, bewirbt sich nicht mehr um Anerkennung der schnellen Art. Sie ruht, wie es nur Süditalienerinnen können, in sich selbst. Die Kinder sind erwachsen, der Mann beschäftigt. Da finden wir dann in ihrem Tagebuch Sätze wie:

Nach fünfundvierzig schwindet die Unausgeglichenheit bei einer Frau und an ihre Stelle tritt Gelassenheit. Es lohnt sich, solche Frauen zu suchen, weil der Mann, der sie findet, nie altern wird.

Oder:

Ich brauche die Einsamkeit, genau wie ich Essen und Trinken und das Lachen kleiner Kinder brauche. Einsamkeit ist der Filter meiner

Sophia Loren auf einem Kindergeburtstag.

Seele, sie erfrischt und verjüngt mich. Das Alleinsein ist der Hüter meiner Ruhe und Zufriedenheit.

Eine ganz normale Hausfrau mittleren Alters kann Sophia natürlich nicht sein und auch nicht mehr werden. Natürlich gibt es ein paar Besonderheiten, ohne die ein Star nicht überleben kann. Sophia hat übersinnliche Wahrnehmungen, ist abergläubisch und muß absolut immer etwas *Rotes* tragen. Und sei es auch etwas, das man nicht sieht. Ein Stück Unterwäsche zum Beispiel.

Das weiß ich seit meiner Kindheit. Immer ein Stückchen Hexenrot. Rot bringt mir Glück und lenkt die Mächte des Bösen von mir ab. Malocchio hat dann keine Macht mehr über mich.

Ob wohl deswegen die *rote* Wassermelone zu ihren Lieblingsdesserts gehört? Hier das Rezept, das sie aus Sizilien mitbrachte:

GELU DI MULUNI

Das Fleisch von Wassermelonen (schriftitalienisch heißen sie angoriá oder cocómero) wird durch ein Sieb gestrichen, mit Zucker, Kartoffelmehl und Jasminwasser vermengt, auf leichtem Feuer eingedickt, in Formen gegossen und in den Kühlschrank gestellt.
Für Sizilianer ist dies das klassische durstlöschende Eis in der Augusthitze.

Sophia, die heute flüssig Französisch und Englisch spricht, hatte es mit Fremdsprachen nicht ganz leicht. Auch große Stars müssen sich manchmal ganz klein machen.
Während Sophia schon fest gebucht war für die weibliche Hauptrolle in dem Film »Stolz und Leidenschaft«, mit Partnern wie Cary Grant und Frank Sinatra, nahm sie heimlich Unterricht in Basis-Englisch. Sarah Spain, die Sophia ihren »linguistischen Engel« nannte, brachte ihr im Schnellschuß-Verfahren seltsame Mischungen englischer Sätze bei wie »please pass the butter« oder »November is a month for overcoats« ...

Der Frühsommer ist dagegen die Zeit für die Zucchini-Blüte und Sophia hat dafür ein köstliches Rezept parat:

EIERKUCHEN MIT ZUCCHINIBLÜTEN

Man schneidet die Blüten in möglichst gleich große Stücke und legt sie nur einen Moment in die Pfanne mit etwas heißem Öl und einer Prise Salz. Dann werden 6 Eier in eine Schüssel geschlagen, mit einer reichlichen Handvoll feingewiegter Petersilie gemischt und mit Pfeffer und Salz abgeschmeckt. Bevor der Teig auf einmal in die Pfanne geschüttet wird, kommen die vorbereiteten Blüten dazu. Dann wird der Eierkuchen auf beiden Seiten in Schmalz gebacken (In Schweineschmalz schmeckt das Gericht würziger als in Öl).

Sophia ist ein großer Gemüsefan. »Fa sempre bene per la pelle« – der Haut tut's gut –, sagt sie über Gemüse und lächelt dazu, wie es nur die Loren kann.

Bevor ich heute ein Essen zusammenstelle, denke ich über die Gewohnheiten, den Geschmack und auch die Eigenheiten meiner Gäste nach. Die Küche muß groß genug sein, damit ich die Gäste schon während des Kochens kennenlerne.
Bei Tisch gibt's dann keine Förmlichkeiten, keinen Small talk mehr. Man kennt sich schon, hat ein Häppchen aus dem Topf probiert und auch schon ein Glas zusammen getrunken.
Eine der schönsten Küchen dieser Art hatte Tito, bei dem ich in Jugoslawien einmal eingeladen war. Tito band mir eine Schürze um, und gemeinsam kochten wir Spaghetti bolognese.
Wenn ich mit der ganzen Familie allein im Haus bin, essen wir am liebsten

PEPERONI AUS DER PFANNE MIT KAPERN UND SCHWARZEN OLIVEN

Dazu werden die Peperoni in Streifen geschnitten, gesalzen und in reichlich Öl gebraten. Kurz bevor sie gar sind, herausnehmen und abtropfen lassen. Jetzt wird ein Teil des Öls weggegossen, nur der Pfannenboden darf noch bedeckt sein. Und nun werden die Peperoni zum zweiten Mal gebraten. Erst jetzt kommen eine feingehackte Knoblauchzehe (für 1 kg Peperoni), zwei Eßlöffel Kapern und eine Handvoll entsteinte, zerkleinerte Oliven dazu. Schließlich wird alles mit Pfeffer und reichlich gehackter, glatter Petersilie bestreut.
Dazu gibt's Weißbrot.

Das ist natürlich nur dann ein Essen, wenn es für jeden eine richtige Portion gibt und die Flasche mit dem Rosso di Canca nicht leer wird. Salute, Sophia.

Bibliographie

Albaret, Céleste: Monsieur Proust, München 1974.
Astre, Georges Albert: Hemingway, Reinbek 1961.
Ball, Gregor: Grace Kelly, München 1983.
Balzac, Honoré de: Tolldreiste Geschichten, Hamburg 1954.
Balzac, Honoré de: Über die Liebe, Frankfurt 1983.
Becker, Heinz: Meyerbeer, Reinbek 1980.
Beiträge der Neuen Zürcher Zeitung zur Internationalen Kochkunst-Ausstellung: Von der Kochkunst, Zürich 1930.
Blei, Franz: Glanz und Elend berühmter Frauen. Berlin 1927.
Blüher, P. M.: Meisterwerk der Speisen und Getränke, Leipzig 1901.
Bragg, Melvyn: Richard Burton, Wien 1989.
Conrad, H. E.: England, München 1977.
Courtine: Balzac á table, Paris 1976.
Cucina Italiana: Accademia Italiana della Cucina, Milano 1986.
Cùnsolo, Felice: Italien tafelt, München 1971.
Curnonsky: Cuisine et Vins de France, Paris 1974.
Dali, Salvador: Les diners de Gala, Paris 1973.
Die Küche: Zeitschrift für Kochkunst + Tafelwesen, Internationaler Verband der Köche, Frankfurt 1926.
Dumas, Alexandre: Grand Dictionnaire de Cuisine, Paris 1873.
Escoffier, A.: Kochkunst-Führer, Nordhausen 1923.
Friedell, Egon: Kulturgeschichte der Neuzeit, München 1931.
Gaxotte, Pierre: Le Siècle de Louis XV, Paris 1946.
Goll, Claire: Ich verzeihe keinem, Bern 1978.
Guègan, Bertrand (Hg.): Die Meister der französischen Küche aus acht Jahrhunderten, Basel 1922.
Grigson, Jane: Food with the Famous, London 1979.
Hagen, Valesca: ...á la... Ein kleines Lexikon für Gourmets, Wiesbaden o. J.
Hering, Richard: Lexikon der Küche, 18. Aufl., Gießen 1987.
Hesekiel, George: Aus den Mittheilungen eines Gourmands, Berlin 1890.
Hotchner, A. E.: Sophia Loren. Leben und Lieben, München-Wien 1979.
Kardoff, Ursula von: Feste feiern wie sie fallen. Gastlichkeit früher und heute, Darmstadt, Wien 1965.
Kiaulehn, Walther: Mein Freund der Verleger, Reinbek 1967.

Kochbuch für die Jüdische Küche, Berlin 1926.
Kochkunst: Zeitschrift, Wien o. J.
Kochkunst und Tafelwesen: Internationaler Verband der Köche, Frankfurt 1980.
Konzert in Ess-Dur, Zürich, Stuttgart 1968.
Kühner, Hans: Verdi, Reinbek 1961.
Larsen, Egon: Graf Rumford. Ein Amerikaner in München, München 1961.
Lear, Amanda: Dali, München 1984.
Lecointe, J.: Le Cousinier des Cuisiniers, Paris 1852.
Loren, Sophia: In Cucina con Amore, Milano 1971.
Loren, Sophia: Komm, iß mit mir, München 1972.
Marcuse, Ludwig: Heinz, Reinbeck 1960.
Mauriac, Claude: Perust, Hamburg 1958.
Mayer, Paul: Ernst Rowohlt, Sonderdruck zum 80. Geburtstag, Reinbek 1967.
Mitford, Nancy: Madame de Pompadour, London 1968.
Perinaud, André: Comment on devient Dali, Paris 1973.
Petersen, Carol: John Steinbeck, Berlin 1975.
Petzold, Richard: Guiseppe Verdi, Leipzig 1952.
Picon, Gaetan: Balzac, Reinbek 1959.
Proust, Marcel: Der Weg zu Swann. Berlin 1925.
Der Querschnitt: Band 2, 1930.
Riseman, Freda: Favorite Foods of the Famous, London 1974.
rororo Film-Lexikon, Reinbek 1984.
Santolini, Antonella: Umbria in bocca, Palermo 1978.
Seehaus, Günter: Wedekind, Reinbek 1984.
Sieburg, Friedrich: Chateaubriand. Romantik und Politik, Frankfurt, Berlin 1959.
Simenon, Georges: Intime Memorien, Zürich 1981.
Schindler, Herbert (Hg.): Große Damen aus der Welt von Gestern, München 1969.
Schleswig-Holsteinische Blätter für Polizei und Kultur, Bd. 1, Altona und Kiel 1799.
Schranka, Eduard Maria Dr.: Die Suppe – Ein Stückchen Kulturgeschichte, Berlin 1890.
Schumacher, Karl von: Madame Du Barry, Zürich, Leipzig, Wien 1931.
Steinbeck, John: Positano, Harper's Bazaar, New York, Mai 1953.
Steinbeck, John: Tortilla Flat, Frankfurt 1972.
Taylor, John Russell: Hitchcock, Frankfurt 1982.
Taylor, Elizabeth: Vom Dicksein, vom Dünnsein, vom Glücklichsein, München 1988.
Thiess, Frank: Caruso in Sorrent, Frankfurt 1963.
Toulouse-Lautrec, Henri de, Maurice Joyant: Die Kunst des Kochens, 1967.
Universal-Lexikon der Kochkunst, Leipzig o. J.
Urbain-Dubois: Ecole des Cuisinières, Paris o. J.
Ustinov, Peter: Ach Du Meine Güte, Wien 1977.
Wanner, Oliver: Lord Nelson, Stuttgart 1965.

Weinstock, Herbert: *Rossini, Adliswil/Schweiz 1981.*
Wichmann, Siegfried (Hg.): *Die Leibgerichte des weiland Apothekers und Malerpoeten Carl Spitzweg von ihm eigenhändig aufgeschrieben und illustriert, München 1967.*
Wirlacher, Alois: *Vom Essen in der deutschen Literatur, Stuttgart 1987.*
Wymann, Werner: *Meister der Kochkunst aus aller Welt sprechen, Murten 1954.*
Zschocke, Fee: *Kulinarische Gespräche mit Prominenten, Stuttgart 1985.*
Zuckmayer, Carl: *Gedichte, Berlin 1926.*

Für die in den einzelnen Beiträgen enthaltenen Zitate danken wir den Verlagen Blanvalet, München; Bruckmann, München; Diana, Zürich; Diogenes, Zürich; Econ, Düsseldorf; Harper's Bazaar, New York; Propyläen, Berlin; Rowohlt, Reinbek; Scherz, Bern.

Bildnachweis

Archiv Dr. Karkosch S. 184, 199, 213, 221, 227, 229, 240.
Archiv für Kunst und Geschichte S. 14, 21, 67, 79, 85, 90, 93, 95, 109, 133, 139.
Bildarchiv Preußischer Kulturbesitz S. 19, 28, 30, 47, 51, 54, 60, 61, 70, 81, 104, 111, 124, 127, 137, 146.
Bokelberg, Werner S. 209.
Bruckmann Bildarchiv S. 39 oben.
dpa S. 182 unten 225, 242.
Keystone S. 231, 237.
Ullstein Bilderdienst S. 150, 151, 155, 159, 161, 169, 173, 179, 182 oben, 190, 202, 205, 215, 217.

Alle anderen Bilder aus dem Archiv Küche und Keller (Wolf Uecker).

Sachregister

Aal Pompadour 26
Aillade vom Kalb/Balzac 92
Anchovis-Häppchen/Dali 211
Apfel Pompadour 27
Artischockenböden Du Barry 34
Artischocken-Diät, Fürstin Gracia Patricia 225

Bananen, heiße/Hitchcock 177
Bandnudeln/Caruso 149
Beefsteak Nelson 51
Beurre Blanc/Monet 120
Bischof/Spitzweg s. Punsch 106
Blätterteigpastetchen/Pompadour 26
Bohnen mit Rotwein/Monet 119
Braten, Egerländer mit Gurkengemüse/Spitzweg 104
Büffelkäse in der Kutsche/Loren 240

Chateaubriand 56
Civet de Marmottes/Toulouse-Lautrec s. Murmeltierpfeffer 128
Consommé/Du Barry 33
Consommé/Pompadour 25
Crêpes Aida/Verdi 115
Crêpes Elizabeth Taylor 235

Drinks:
Champagner-Punsch/Hitchcock 174
Daiquiri/Hemingway 170
Papa Hemingway 170
Poor Man's Liqueur/Hemingway 169
– Du Barry, à la ... 33

Eier, eingeschlagene/Spitzweg 106
Eier, Farmer's Art/Hitchcock 177
Eier, pochierte/Du Barry 33
Eierkuchen mit Zucciniblüten/Loren 244
Eintopf: Gepluckte Finken/Rowohlt 160
Enchiladas à la Ingrid and Humphrey 185
Ente mit Oliven/Balzac 91

Fadennudeln/Loren 239
Fasan in Linsen/Hemingway 165
Feldsalat/Caruso 151
Filet de Sole/Rossini s. Seezungenfilet 73
Fischgericht/Pompadour 27
Fischsuppe »Toulouse«/Toulouse-Lautrec 126
Flammande, la/Simenon s. Lauchgratin 203
Forelle in Sahnesauce, überbacken/Bergman 183

Gelu di Muluni/Loren s. Melonen-Eiscreme 243

Hammel, Walisischer/Burton 233
Haricots au vin de Chanturques/Monet s. Bohnen mit Rotwein 119
Hecht Pompadour 25
Heringe, Schornsteinfeger Art/Steinbeck 196
Heringspüree in der Kniekehle/Dali 208